解光宇

尼山世界儒学中心孔子研究院特聘专家、尼山学者，安徽大学教授、博士生导师、博士后合作导师，国际儒学联合会理事，中华孔子学会常务理事，安徽省君子文化研究会副会长，安徽省孟子思想研究会副会长，韩国成均馆大学讲座教授，《中华孔学》副主编。主要研究方向：儒学与传统文化。

主持并完成国家社科基金项目 2 项，其他国家级和省部级项目 7 项。出版学术著作 8 部，在中外学术刊物发表论文百余篇。被国家社科规划办两次授予“认真负责的鉴定专家”。获“安徽大学优秀共产党员”荣誉称号。

尼山儒学文库
第一辑
总主编：杨朝明

儒学流变札记

解光宇 主编

山东友谊出版社
·济南·

图书在版编目（CIP）数据

儒学流变札记 / 解光宇主编 . -- 济南 : 山东友谊出版社 , 2022.1
（尼山儒学文库 / 杨朝明总主编 . 第一辑）
ISBN 978-7-5516-2384-1

Ⅰ . ①儒… Ⅱ . ①解… Ⅲ . ①儒学—思想史—中国
Ⅳ . ① B222.05

中国版本图书馆 CIP 数据核字 (2021) 第 200595 号

儒学流变札记

RUXUE LIUBIAN ZHAJI

责任编辑：赵 锐
装帧设计：刘一凡

主管单位：山东出版传媒股份有限公司
出版发行：山东友谊出版社
地址：济南市英雄山路 189 号　邮政编码：250002
电话：出版管理部（0531）82098756
发行综合部（0531）82705187
网址：www.sdyouyi.com.cn
印　　刷：济南乾丰云印刷科技有限公司

开本：710 mm×1000 mm　1/16
印张：20.25　**字数：**290 千字
版次：2022 年 1 月第 1 版　**印次：**2022 年 1 月第 1 次印刷
定价：78.00 元

总序

2013年11月26日，习近平总书记在考察孔子研究院时指出：世界儒学传播，中国要保持充分话语权；要“大力弘扬中国传统文化”，搞好“四个讲清楚”，要引导人们更加全面客观地认识历史的中国、当代的中国，使我国在东亚文化圈中居于主动。

多年来，孔子研究院牢记总书记嘱托，依托山东省泰山学者工程、济宁市尼山学者工程，全面开展儒学人才高地建设，重点引进了一批国内外著名儒学研究高端人才。他们齐聚孔子故里，围绕儒家思想的研究与阐发，深入思考“两创”时代课题，回应时代的重大关切；他们举办“春秋讲坛”、高端儒学会讲等学术活动，与新时代儒学研究发展同步；他们参加亚洲文明对话大会、尼山世界文明论坛、世界儒学大会等国内外重要学术会议，或登台演讲，或提交论文，在不同的舞台上发出了中华文化的时代强音，握牢了儒学研究领域的话语权；他们立足“原点”，开展儒学研究，提出了许多富有创新意义的学术观点，取得了一批具有时代高度的标志性成果，展现了当代儒学研究的前沿风貌。

尼山是儒学的发源地，也是中国传统文化的重要发祥地。就像孔子“元功济古，至道纳来”那样，尼山作为孔子出生地，同样具有极其重要的象征意义。她虽然“奇不过三山，高不过五岳”，但令人仰止。可以说，尼山是“一座震古烁今的文明之山”，是“一座弥高弥新的思想之山”，是“一座栖息心灵的精神之山”，是“一座弦歌不辍的教化之山”，是“一座光耀四海的智慧之山”。2019 年 8 月，山东省整合力量，正式成立尼山世界儒学中心，确立了打造世界儒学研究高地、儒学人才集聚和培养高地、儒学普及推广高地、儒学国际交流传播高地的发展目标，新时代世界儒学的发展将从尼山再出发。

为认真解答“四个讲清楚”的重大历史与现实课题，深入做好“两个结合”文章，全面加强儒学思想文化研究，及时有效地回顾、总结、前瞻，我们将孔子研究院部分特聘专家近年来具有代表性的学术论文、研究报告、访谈演讲文稿、著作摘录等予以汇总，结集为《尼山儒学文库》（第一辑）。这些专家中，有山东省特聘儒学大家、泰山学者特聘专家、泰山学者青年专家，也有济宁市尼山学者，整体上以中国学者为主，旁涉美国、韩国学者，可以说具有很强的代表性。

《尼山儒学文库》注重思想性、学术性、时代性、普及性的统一，强调学者的学术观点和学术贡献，既有宏观的儒学元典研究，也有微观的专题思考，有助于读者了解当代儒学研究领域代表性学者之所思所想，把握新时代儒学研究的发展方向，进而反躬自省，浸润于中华优秀传统文化。我们希望读者在品读本套书的过程中，能够体悟经典、了解儒家文明，感触中华文化的独特魅力。

是为序。

杨朝明

2021 年 8 月 16 日

前言

济宁是孔孟故里，一直以弘扬儒学为己任，并在国内外产生了广泛影响。尤其是在习近平总书记考察孔子研究院后，济宁市加大了研究和弘扬儒学的力度，采取了一系列重要举措，并在世界范围内招聘儒学研究高端人才。我有幸成为“尼山学者”，并担任孔子研究院特聘专家，这是我从事儒学研究以来取得的最大荣誉。在孔子研究院从事儒学研究的五年中（2016年5月1日—2021年4月30日），在济宁市人才工作领导小组和孔子研究院领导的关心指导下，本人的儒学研究工作取得了一定的成绩，对儒学价值的认识有了进一步提高。

儒学原本来自人民大众，是中华民族优秀思想的结晶。孔子汲取夏商周三代思想文化的优秀成果和同时代社会大众的思想精华，创立了儒家学派。儒家学派经历了先秦儒学、两汉经学、宋明理学以及近代新儒学这几个重要历史阶段，伴随着中华文明的发展而发展。但在近现代，儒学多次遭到冲击，如新文化运动中掺杂着“打倒孔家店”；而在“文革”时期，儒学被当作反动的、封建落后的思想受到批判。可喜的是，“文革”结束后，国家拨乱反正，并重新审视传统文化，尤其是近年来随着中国综合国力的不断增强，中国人对优秀传统文化的信心也不断提升。习近平总书记在多种场合多次强调要弘扬优秀的传统文化，并指出：“优秀传统文化是一个国家、一个民族传承和发展的根本，如果丢掉了，就割断了精神命脉”；“只有坚持从历史走向未来，从延续民族文化血脉中开拓前进，我们才能做好今天的事业”；“孔子创立的儒家学说以及在此基础上发展起来的儒家思想，对中华文明产生了深刻影响，是中国传统文化的重要组成部分”（习近平：《在纪念孔子诞辰2565周年国际学术研讨会暨国际儒学联合会第五届会员大会开幕会上的讲话》，《光明日报》2014年9月25日第2版）。2013年11月26日，习近平总书记到山东曲阜考察，在孔子研究院亲自主持召开关于孔子和儒学的座谈会，可以说是“弘扬传统文化，传播儒学思想”的一个重要里程碑。

习近平总书记指出：“儒家思想同中华民族形成和发展过程中所产生的其他思想文化一道，记载了中华民族自古以来在建设家园的奋斗中开展的精神活动、进行的理性思维、创造的文化成果，反映了中华民族的精神追求，是中华民族生生不息、发展壮大的重要滋养”；“研究孔子、研究儒学，是认识中国人的民族特性、认识当今中国人精神世界历史来由的一个重要途径”；“儒家思想和中国历史上存在的其他学说都是与时迁移、应物变化的，都是顺应中国社会发展和时代前进的要求而不断发展更新的，因而具有长久的生命力”（习近平：《在纪念孔子诞辰2565周年国际学术研讨会暨国际儒学联合会第五届会员大会开幕会上的讲话》，《光明日报》2014年9月25日第2版）。习近平总书记的讲话，深刻地阐明了孔子以及儒家学说在中国传统文化中的地位以及在中华文明发展史中的地位。

在孔子研究院工作的五年中，我们的学术团队在科研上主要围绕以下几个方面进行：

一是中韩儒学发展路径比较研究。其意义在于：儒学是中国和韩国共同的文化财富，全面、系统地研究韩国儒学史，把握中韩儒学思想史的异同，既能推动儒学学术的发展，又能促进中韩儒学学术的交流。在比较研究过程中，我们可以找出韩国儒学研究的长处和优点，为我国研究和弘扬儒学，提供方法和思路借鉴。借鉴儒学在现代韩国重振的经验，研究我国如何理性地对待儒学、传承儒学、创新儒学，可以发挥儒学在当代的作用，为我国精神文明建设、公民道德建设、中华民族精神家园建设服务。

二是儒学的主要理念及价值的研究。主要有:儒学的主要理念及其价值、儒家“大一统”思想及其价值、儒家人性学说与修养、儒家“天人合一”的生态观及其价值、儒学大众化的几个问题。

三是先秦和汉唐儒学研究。主要有:孔子“仁”的内涵及价值、《论语》中的君子观及其价值、荀子哲学思想的创新性、独尊儒术与董仲舒哲学思想、扬雄对孟子思想的继承与发展、韩愈尊孟与孟学复兴。

四是宋明理学研究。主要有:心学与理学分野、朱熹与栗谷理气论比较研究、朱熹与栗谷修养论比较研究、朱熹与田愚的宗法思想比较研究、《朱子家礼》中的祠堂及其意义、朱升理学思想研究、郑玉理学思想研究、《四书辑释》对朱子学的诠释与传承、阳明学在徽州的传播及其意义、朱子新安后学对“理”的解构及其意义。

五是清代儒学研究。主要有:戴震“体民之情,遂民之欲”的民本伦理观、金榜《礼笺》述论。

我们的研究工作有很大的收获。

第一,围绕科研攻关目标“儒家思想的世界价值和世界传播”,确定具体研究课题为“中韩儒学发展路径及其现状比较研究”,同时配合我正在主持的同名国家社科基金项目进行研究。现已完成三十万字的书稿《中韩儒学发展比较研究》,并上报国家社科基金办公室申报结项。

第二,学术成果方面,出版学术著作(合著)四部,主持国家级在研项目两项,包括国家社科基金项目“中韩儒学发展路径及其现状比较研究”、教育部人文社会科学重点研究基地重大项目“明代徽州心学研究”。发表学术论文几十篇,其中在重点期刊发表七篇。

第三,学术团队成绩显著。在这几年的工作中,笔者积极鼓励和支持团队成员参加国内外学术活动，围绕科研课题，共同讨论、调研，共同承担论文和专著的撰写任务。团队成员作为第一作者，出版学术专著数部，参加国内外学术会议近百次，发表论文数十篇，并承担多项科研项目，取得了较好的成绩。

子在川上曰：逝者如斯夫。五年时间转瞬即逝，如果说我们在儒学研究方面取得一定成绩的话，那么我要感谢孔子研究院领导的关心和指导，感谢济宁市人才工作领导小组以及各部门的支持，感谢团队成员的帮助和协作。虽然很快就要结束孔子研究院的工作，但我不忍也不愿作临别赠言，因为我永远是孔子研究院的一员。

目录

第一章 儒学概论

儒学的核心理念及其价值

儒学的核心理念是什么？习近平总书记曾经就中华优秀传统文化的本质有过概括。“习近平总书记今年2月在主持政治局集体学习时强调指出，培育和弘扬社会主义核心价值观必须立足中华优秀传统文化。要深入挖掘和阐发中华优秀传统文化的时代价值，使中华优秀传统文化成为涵养社会主义核心价值观的重要源泉。习总书记用六句话对中华优秀传统文化进行了概括：‘讲仁爱、重民本、守诚信、崇正义、尚和合、求大同。’”[①] 可以说这六个方面不仅是中华优秀传统文化的本质，而且是儒学的核心理念，因为儒学是中华传统文化的主干，儒学的核心理念则是中华优秀传统文化本质的体现。

一、“讲仁爱”及其价值

仁，是儒学的基本范畴，是孔子思想体系的核心。在《论语》中，孔子在不同场合对仁作不同的解释。把孔子对“仁”的各种不同解释联系起来分析，可以推导出仁的最根本义是“孝悌”，孝悌为仁之本。

①《讲仁爱　重民本　守诚信》编者按，《光明日报》2014年7月22日第16版。

孔子说：“其为人也孝弟，而好犯上者，鲜矣；不好犯上，而好作乱者，未之有也。君子务本，本立而道生。孝弟也者，其为仁之本与！”“弟子，入则孝，出则悌，谨而信，泛爱众，而亲仁。”（《论语·学而》）在古代宗法制度中，基本的关系是父子、兄弟。天子与诸侯、诸侯与大夫之间的关系，即是父子、兄弟关系的延伸。维护这种关系是礼的根本。“齐景公问政于孔子。孔子对曰：‘君君，臣臣，父父，子子。’公曰：‘善哉！信如君不君，臣不臣，父不父，子不子，虽有粟，吾得而食诸？’”（《论语·颜渊》）要按照礼的要求摆正君臣关系，恢复君君、臣臣、父父、子子的秩序，严防“礼乐征伐自诸侯出”（《论语·季氏》）。维护这种关系要靠内心的自觉性，即是孝悌。所以说为人孝悌，就不会犯上作乱。孝悌是仁的根本，其意义就在于此。

孝悌是对父兄君王等社会等级秩序而言。人与人之间的关系以什么原则来协调呢？孔子提出了“爱人”。“樊迟问仁。子曰：‘爱人。’”（《论语·颜渊》）仁，其本义就是人与人之间的和睦、亲密关系。许慎在《说文解字》中解释说：“仁，亲也。从人二。”清代段玉裁注解说：“亲者，密至也。从人二……相人耦也……人耦犹言尔我亲密之词。独则无耦，耦则相亲，故其字从人二。”孔子提出爱人，有其重要意义。“爱人”意味着把他人当作平等的人来对待，尊重他人，爱护他人。《论语·乡党》记载孔子关心人的仁爱精神：“厩焚。子退朝，曰：‘伤人乎？’不问马。”

在“仁者爱人”的具体实践中，对待他人要持“忠恕”的态度。“子曰：‘参乎！吾道一以贯之。’曾子曰：‘唯。’子出，门人问曰：‘何谓也？’曾子曰：‘夫子之道，忠恕而已矣。’”（《论语·里仁》）那么，“忠恕”有何具体内涵呢？“夫仁者，己欲立而立人，己欲达而达人。能近取譬，可谓仁之方也已。”（《论语·雍也》）“子贡问曰：‘有一言可以终身行之者乎？’子曰：‘其恕乎！己所不欲，勿施于人。’”（《论语·卫灵公》）

“己欲立而立人，己欲达而达人”，即是说自己要自立，也要帮助别人自立；自己要实现目标，也要帮助别人实现目标，这是“忠”的要求。“己所不欲，勿施于人”，即是说自己不愿要的，不要加之于别人；或者说自己都不想干的，不要强求别人干，这是“恕”的要求。总的说来，“忠恕”就是推己及人，将心比心。

仁，不仅要求“爱人”“忠恕”，而且还包含许多其他道德要求。“子张问仁于孔子，孔子曰：‘能行五者于天下为仁矣。’‘请问之。’曰：‘恭、宽、信、敏、惠。恭则不侮，宽则得众，信则人任焉，敏则有功，惠则足以使人。’”（《论语·阳货》）即恭、宽、信、敏、惠都属于仁的内容，恭敬就不会招致侮辱，宽厚就能得到众人的拥护，诚信就能得到别人的任用，勤敏就能取得成功，慈惠就可以使唤人。在这五者当中，孔子比较重视“信”，认为“信”是很重要的一个规范。孔子说：“人而无信，不知其可也。”（《论语·为政》）信，首先要对人讲信用：“曾子曰：吾日三省吾身——为人谋而不忠乎？与朋友交而不信乎？传不习乎？”（《论语·学而》）“子曰：主忠信，毋友不如己者，过则勿惮改。”（《论语·子罕》）其次要取得别人的信任：“君子信而后劳其民；未信，则以为厉己也。信而后谏；未信，则以为谤己也。”（《论语·子张》）

孔子根据当时的社会背景，认为克己复礼是直接实现仁：“颜渊问仁。子曰：‘克己复礼为仁。一日克己复礼，天下归仁焉。为仁由己，而由人乎哉？’颜渊曰：‘请问其目。’子曰：‘非礼勿视，非礼勿听，非礼勿言，非礼勿动。’”（《论语·颜渊》）但这种克己复礼为仁是以己身的“仁”为基础的，只有按“仁”的要求约束自己，才能做到“非礼勿视，非礼勿听，非礼勿言，非礼勿动”，否则，“人而不仁，如礼何？人而不仁，如乐何？”（《论语·八佾》）即人如果不仁，礼乐都失去作用。怎样才能达到仁的境界呢？孔子强调道德自觉。孔子说：“为仁由己，而由人乎哉？”（《论语·颜渊》）“仁远乎哉？我欲仁，斯仁至矣。”（《论语·述而》）即是说，仁的修养靠自觉，只要自觉、努力地去修养，就能达到仁的境界。

综上所述，孔子将仁看作最高的道德范畴，同时又表现为各种具体的道德规范。按照仁的要求践履的人，就是一个有德行的人。孔子毕生都以实现仁作为自己的责任：“曾子曰：士不可以不弘毅，任重而道远。仁以为己任，不亦重乎？死而后已，不亦远乎？”（《论语·泰伯》）“仁以为己任”，就是以弘扬仁道为己任。如果在弘仁与求生之间发生矛盾时，宁愿牺牲自己捍卫仁，也不能因求生而损害仁，即“志士仁人，无求生以害仁，有杀身以成仁”（《论语·卫灵公》）。

孟子继承了孔子的仁学思想，并主张“亲亲而仁民，仁民而爱物”（《孟子·尽心章句上》），即亲爱亲人而仁爱百姓，仁爱百姓而爱惜万物。孟子的“老吾老，以及人之老；幼吾幼，以及人之幼”（《孟子·梁惠王章句上》）这句话意思是说爱自己家的老人，进而把敬爱之心推广到别家老人身上，从而也去敬爱别家老人；疼爱自己的幼儿，同时把疼爱之心推广到别的幼儿身上，从而也去疼爱别的幼儿。人们如果能在家中对自己的父母尽孝，对自己的兄弟友爱，那么他在外就可以对国家社会尽忠。我们经常会讲：一个连自己父母都不爱的人，何以能爱别人？那么，一个没有仁爱之心的人，何以能使自己的家庭和谐？一个没有足够的爱的社会，何以能使一个国家繁荣昌盛？可见仁的基本目标就是建构和谐的人际关系和社会秩序，把整个国家建成一个尊老爱幼、和谐相爱、秩序井然的社会。

二、“重民本”及其价值

中国古代重民思想渊源甚早。《尚书·五子之歌》说：“民惟邦本，本固邦宁。”《尚书·酒诰》说：“人，无于水监，当于民监。”周公更是注重“敬德保民”，可以说，“民本”是儒家政治学说的重要范畴，是“德治”的根本。

周公关于“敬德保民”的思想，是儒家“德治”思想的直接来源。在殷、周王朝更替的历史变革中，周公参加并目睹了这一变革的全部历程。总结历史经验，使周公对下层人民的力量有了清醒的认识，认为要长治久安、统治人民，首先就要“德治”。《尚书·康诰》中说，“惟乃丕显考文王，克明德慎罚”，“别求闻由古先哲王，用康保民。弘于天若，德裕乃身，不废在王命”。《尚书·梓材》说：“先王既勤用明德，怀为夹，庶邦享作，兄弟方来，亦既用明德。”《尚书·召诰》：“呜呼！天亦哀于四方民，其眷命用懋，王其疾敬德。”周公正是在总结夏、殷之所以灭亡的历史教训后，提出了“敬德保民”“明德慎罚”这一治国的主导思想。在《尚书·泰誓》篇中，更明确提出“民本”思想：“天视自我民视，天听自我民听”，“天矜于民，民之所欲，天必从之”。“民意”即“天意”，民为国家之本，治理国家首先必须“德治”。“敬德”即“用德”，统治者首先要修“德”，才能做到“修己以安人”“修己以安百姓”（《论语·宪问》）。周公所做到的正是“博施于民而能济众”（《论语·雍也》），他是中国古代历史上“德治”理论的开创者，也是“德治”的实行者，他以自身的品格、能力与政绩，为儒家提供了十分理想的典范。

孔孟继承了周公的民本思想，尤其是孟子第一次明确提出了“民贵君轻”的观点：

> 民为贵，社稷次之，君为轻。是故得乎丘民而为天子，得乎天子为诸侯，得乎诸侯为大夫。（《孟子·尽心章句下》）
>
> 三代之得天下也以仁，其失天下也以不仁。国之所以废兴存亡者亦然。（《孟子·离娄章句上》）
>
> 孔子曰：“道二，仁与不仁而已矣。”暴其民甚，则身弑国亡；不甚，则身危国削。（《孟子·离娄章句上》）

天下之得失，国家之兴亡，都与是否实行“仁政”并由此导致的民心向背有关，得民心者得天下。“民为贵”就是强调得民心是政治统治的基础。

既然“得乎丘民而为天子”，那么，失去丘民者自然应该被废掉。孟子赞成伊尹流放不得民心的君主太甲的行为，颂扬“汤放桀，武王伐纣”的义举，主张凡失之于民者，即使是“继世以有天下”（《孟子·万章章句上》）之君也应坚决废掉。

怎样才能得民心、保民而王呢？孟子认为首先要“制民之产”：

> 民之为道也，有恒产者有恒心，无恒产者无恒心。苟无恒心，放辟邪侈，无不为已。（《孟子·滕文公章句上》）
>
> 是故明君制民之产，必使仰足以事父母，俯足以畜妻子，乐岁终身饱，凶年免于死亡。然后驱而之善，故民之从之也轻。（《孟子·梁惠王章句上》）

"制民之产"就是耕者有其田，有能够维持生存的日用私有财产。人民只有有了土地，才能安心生产，从而维持一般家庭的最低生活水平，才不致到处流离作乱。

孟子还将"制民之产"具体化：

> 五亩之宅，树之以桑，五十者可以衣帛矣。鸡豚狗彘之畜，无失其时，七十者可以食肉矣。百亩之田，勿夺其时，八口之家可以无饥矣。谨庠序之教，申之以孝悌之义，颁白者不负戴于道路矣。老者衣帛食肉，黎民不饥不寒，然而不王者，未之有也。(《孟子·梁惠王章句上》)

可见"制民之产"包括解决人民的土地、衣食、教育等问题，这同时也是"仁政"的基本目标。

人民有了田地，可调动生产的积极性。但是统治者横征暴敛，则适得其反。所以孟子提出"省刑罚，薄税敛"的思想，来保护人民的生产积极性，这也是"仁政"的基本要求。孟子说：

> 王如施仁政于民，省刑罚，薄税敛，深耕易耨；壮者以暇日修其孝悌忠信，入以事其父兄，出以事其长上，可使制梃以挞秦楚之坚甲利兵矣。(《孟子·梁惠王章句上》)

> 市，廛而不征，法而不廛，则天下之商皆悦，而愿藏于其市矣；关，讥而不征，则天下之旅皆悦，而愿出于其路矣；耕者，助而不税，则天下之农皆悦，而愿耕于其野矣；廛，无夫里之布，则天下之民皆悦，而愿为之氓矣……如此，则无敌于天下……然而不王者，未之有也。(《孟子·公孙丑章句上》)

在市场储藏货物不征税，对积压的货物则依法收购；关卡上对来往商人只作稽查，不征税；农民只要助耕公田，不另征税；对一般居民，不收额外的雇役钱和地税，这都是为了减轻百姓的负担。

三、"守诚信"及其价值

在儒家典籍中，最早的诚信是分开来说的，即诚是诚、信是信。如"信"

是儒家传统道德中的“五常”之一，孔子把“信”列为对学生教育的四大科目（文、行、忠、信）和五大规范（恭、宽、信、敏、惠）之一。可以说“信”是“五常”之中最具社会道德意义的。“信”作为一种美德和规范性要求，主要包括真实无妄、心口一致、言行一致、贯穿始终等含义，主要表达的就是一种对人对事的忠诚和坚守。

而“诚”的含义较“信”来说有所不同。《中庸》说：“诚者，天之道也；诚之者，人之道也。”在这里，“诚”更多地表达的是人发自内心之道德本性，能言必能行。所以，朱熹也说“信不足以尽诚”。“诚”一般直指内心，是一种真实、诚恳的内心态度和内在品质，而“信”则涉及一个人外在的言行，涉及与他人之间的关系。就是说“信”的重心在人，是关心自己的言行对他人的影响；而“诚”的重心在我，是关心自己的道德水平，更多的是关心自己成为一个什么样的人，正所谓“内诚于己，外信于人”。

虽然诚和信之间有细微的差别，但总体看来，二者是截然不可分的，正如许慎在《说文解字》中说的那样：“诚，信也”，“信，诚也”。也即是说，诚和信是相通的，也正是因为诚、信的相通和相融，才使得诚信演化为我国传统文化中重要的道德范畴。

孔子非常重视诚信的教育，认为诚信是统治者为政的基础和首要的价值准则。《论语·述而》中说：“子以四教：文、行、忠、信。”“信”被列为四教之一，可见孔子的重视程度。孔子十分注重统治者为政要取信于民：“子贡问政。子曰：‘足食，足兵，民信之矣。’子贡曰：‘必不得已而去，于斯三者何先？’曰：‘去兵。’子贡曰：‘必不得已而去，于斯二者何先？’曰：‘去食。自古皆有死，民无信不立。’”（《论语·颜渊》）可以看出，孔子十分强调人民对政府的信心和信任的极端重要性。在孔子看来，君主和政府不失信于民，人民才能够对他们的统治有所信任。可以说，人民对政府是否信任是一个国家能否稳固的根本。

诚信是实现人际关系和谐、社会秩序稳定的法宝。孔子曰：“益者三友，损者三友。友直，友谅，友多闻，益矣。友便辟，友善柔，友便佞，损矣。”

（《论语 · 季氏》）意思是说，与正直的人、诚实守信的人、见多识广的人交朋友就会使自己有所裨益，反之，与那些善于回避而不正直的人、善于谄媚的人和善于夸夸其谈的人交朋友，就会损害自己的利益。孟子更是把“朋友有信”列为五伦之一。可见，诚信是保持人际关系和谐的重要法宝，是维护社会稳定的基础。

诚信是立身进德修业的根本。孔子说：“人而无信，不知其可也。”（《论语·为政》）这是说，人如果没有了信用，似乎就不具备人的基本规定性了。换而言之，诚信是人最基本的道德，人只有守信才能立足于社会，在社会中找到属于自己的位置。这是因为人守信，才能获得他人的认可，取得他人的信任，同时也能得到他人的以诚相待，孔子的“信则人任焉”（《论语·阳货》）讲的就是这个道理。孔子还说：“言忠信，行笃敬，虽蛮貊之邦，行矣。言不忠信，行不笃敬，虽州里，行乎哉？”（《论语·卫灵公》）意思是说，只有言而有信，才能获得他人的信任。只要得到他人的信任，哪怕是在一片荒芜之地也能行得通；反之，如果言而无信，行为不恭敬，就算是在本乡本土，也会处处受到阻挠，无法达到自己的目的。朱熹也同样把忠诚、讲信用看作人们安身立命的根本，他说：“人道惟在忠信……人若不忠信，如木之无本，水之无原，更有甚底？一身都空了。”（《朱子全书》第十四册《朱子语类》卷二十一）陆九渊更是把诚信看作人和动物区别的重要标志，人不讲信用，就和动物无异，即“人而不忠信，何以异于禽兽者乎？”（《主忠信》）由此可知，诚信对于一个人进德修身来说十分重要。

在当代中国，诚信问题受到了全社会的普遍关注，这说明诚信有其重要的现代价值。

第一，诚信是政治稳固和社会进步的可靠保证。

政治中的诚信是非常重要的，政府取信于民是国家有序运转的必要前提和基础。如果失信于民，百姓将会离心离德，这势必危及政权的稳固。那些以权谋私、弄虚作假、欺上瞒下的腐败官员，是败坏政府声誉的罪魁祸首。我们看到，党的十八大以来，以习近平同志为核心的党中央十分重视反腐败工作，“老虎苍蝇一起打”，在短短的几年时间里就取得了一系列重大成果，净化了社会风气，使人民对党和政府信心大增，看到了中华民族的美好前景。

第二，诚信是我国精神文明建设的重要内容。

党的十八大提出了社会主义核心价值观，即富强、民主、文明、和谐，自由、平等、公正、法治，爱国、敬业、诚信、友善，可以见得，诚信是其中很重要的一个组成部分。可以说，诚信在社会主义核心价值观中处于基础地位。如诚信在现代市场经济健康有序发展中起着基石作用，是经济持续健康发展的基本保障；健全社会主义民主政治、发展社会主义政治文明要以诚信为基础；诚信是构建和谐社会的道德基石，等等。

第三，诚信是经济繁荣的基础，是市场经济的灵魂。

人们常说市场经济是法治经济，其实市场经济不仅是法治经济，也是道德经济、诚信经济。市场经济越发达就越要求商家诚实守信，这是现代文明的重要基础和标志。换句话说，诚信是市场正常运行的基石，是市场经济得以发展和完善的灵魂。有诚信就能赢得市场，没有诚信就没有市场，可以说，诚信是进入市场的“通行证”。所以，在社会主义市场经济建设的今天，加强诚信道德建设十分必要。

四、“崇正义”及其价值

“义”作为“五常”之一，是儒家重要的道德哲学范畴。“义”本身就“正”，故正义已成为固定用语，以表示人的言行举止符合社会发展规律以及道德规范，“包涵人之行为的正当与公正，也包涵社会制度评判上的合宜与公平”[①]。儒家认为，坚守正义是事业成功的保证。《荀子·赋》说：“行义以正，事业以成。”贾谊也说：“古之正义，东西南北，苟舟车之所达，人迹之所至，莫不率服。”（《贾谊集·威不信》）尤其是在掌握政权后，更要坚守正义，克服一己私欲，因为“义胜欲则昌，欲胜义则亡”（《六韬》）。

儒家在讨论义时往往和具体的问题联系在一起，如义和利的关系，孔子

① 杨朝明：《正义：核心价值观的牢固根基》，《光明日报》2014年7月29日第16版。

认为要“义以为上”（《论语·阳货》），“见利思义”（《论语·宪问》）。《孟子·梁惠王章句上》就谈到“义利”的问题，其思想很是值得深思。

孟子见梁惠王。王曰：“叟！不远千里而来，亦将有以利吾国乎？”

孟子对曰：“王！何必曰利？亦有仁义而已矣。王曰：‘何以利吾国？’大夫曰：‘何以利吾家？’士庶人曰：‘何以利吾身？’上下交征利而国危矣。万乘之国，弒其君者，必千乘之家；千乘之国，弒其君者，必百乘之家。万取千焉，千取百焉，不为不多矣。苟为后义而先利，不夺不餍。未有仁而遗其亲者也，未有义而后其君者也。王亦曰仁义而已矣，何必曰利？”

孟子对梁惠王说的这段话，主要是阐述仁义的重要性和“利”的危害性。梁惠王将“利”作为治国的指导思想，孟子认为，这种指导思想是十分危险的。如果举国都向钱看，都以利为中心，那么欲壑难填，轻则相互争夺，重则犯上作乱，国家就危在旦夕了。如果以仁义为治国的指导思想，那么，讲仁的人从来不会抛弃父母，讲义的人从来不会犯上作乱。可见，孟子虽然重义轻利，但他所说的“义”实质上是为了整体的、长久的、国家的“利”。只有提倡仁义，才能谋求国家和人民的共同利益，社会才能安定。

孟子的上述思想涉及一个重要命题，即义利关系问题。儒家的代表人物一般都把义置于利之上，重义轻利。如《论语》中就说“君子喻于义，小人喻于利”；董仲舒的“正其义不谋其利，明其道不计其功”，更是至理名言。儒家的义利观，是把义和利看作既对立又统一的整体。其统一性在于义而生利，利中含义，以义统利。孔子说“见利思义”（《论语·宪问》）和“因民之所利而利之”（《论语·尧曰》），就是说明义与利之间的关系，同时也说明重仁义、让利于民、让利于他人是我们中华民族的传统美德，并且这种美德在民间的影响更为深远。

孟子在论述“道”时，有时其内涵是正义。

孟子曰：“天时不如地利，地利不如人和。三里之城，七里之郭，环而攻之而不胜。夫环而攻之，必有得天时者矣；然而不胜者，是天时不如地利也。城非不高也，池非不深也，兵革非不坚利也，米粟非不多也；委而去之，是地利不如人和也。故曰：域民不以封疆之界，固国不以山溪之险，威天下不以兵革之利。得道者多助，失道者寡助。寡助之至，亲戚畔之；多助之至，天下顺之。以天下之所顺，攻亲戚之所畔；故君子有不战，战必胜矣。”（《孟子·公孙丑章句下》）

孟子这段话中有两句家喻户晓的名言，即“天时不如地利，地利不如人和”，“得道多助，失道寡助”。孟子在论述天时、地利、人和之间的关系的时候，认为“人和”是最重要的，人和是事业成功的保证，是起决定作用的因素。但人和必须以“道”为前提，得道才能人和。孟子正是从强调“道”的正义性出发，得出了“得道者多助，失道者寡助”的结论。

由“道”的正义性出发，孟子认为战争有正义和非正义之分，因而孟子反对非正义战争，赞扬正义的征伐。孟子所处的时代，诸侯国林立，他们不实行王道，而是用战争杀戮的手段，对内镇压，对外扩张，给老百姓带来了深重的灾难。针对当时兼并战争中“争地以战，杀人盈野；争城以战，杀人盈城”（《孟子·离娄章句上》）的情况，孟子推崇仁义之师，认为仁义之师的征伐是解救人民于水火之中的正义之举，就像大旱时节人们渴望下雨一样。仁义之师的征伐是“顺乎天而应乎人”（《周易》）的，是受人民欢迎的。所以孟子赞扬商汤，认为商汤推翻了暴政，其使用暴力具有正义性，受到了人民的拥护。

孟子关于正义的论述，还表现在人的品质方面，如关于大丈夫的论述：

景春曰：“公孙衍、张仪岂不诚大丈夫哉？一怒而诸侯惧，安居而天下熄。”孟子曰：“是焉得为大丈夫乎？子未学礼乎？丈夫之冠也，父命之；女子之嫁也，母命之，往送之门，戒之曰：‘往之女家，必敬必戒，无违夫子！’以顺为正者，妾妇之道也。居天下之广居，立天下之正位，行天下之大道；得志，与民由之；不得志，独行其道。富贵不能淫，贫贱不能移，威武不能屈，此之谓大丈夫。”（《孟子·滕文公章句下》）

这一章是围绕着“什么是大丈夫”的问题而展开的。景春认为像公孙衍、张仪那样能够“一怒而诸侯惧，安居而天下熄”的人才是大丈夫，因为他们的这种强悍和威武可以震慑天下的诸侯，让诸侯都害怕他们。但是，孟子却不以为然，他认为首先大丈夫应该“居天下之广居，立天下之正位，行天下之大道”，就是说真正的大丈夫，其行为是合乎儒家的仁义礼等道德规范的。其次，大丈夫还应该有“得志，与民由之；不得志，独行其道”的立身处世态度。最后，大丈夫还应该有“富贵不能淫，贫贱不能移，威武不能屈”的铮铮铁骨。只有具备这三点，孟子认为才能算得上是真正的大丈夫。

孟子寥寥数语就让我们明白了什么才是真正的大丈夫。合乎礼仪的行为，穷则独善其身、达则兼济天下的处世态度，不畏权贵、不怕贫贱的气节，大丈夫身上这种人格魅力，能够穿越历史的沧桑，让每一个人铭记于心。就像文天祥曾写下的“人生自古谁无死，留取丹心照汗青”，这是大丈夫铮铮铁骨的真实写照。总之，孟子关于“大丈夫”的这段名言，激励了一代又一代的仁人志士不畏强暴、坚持真理、坚持正义，成了我们永远不变的座右铭。

五、“尚和合”及其价值

“和实生物”“和为贵”之“和”，皆有和合、和谐之意。儒家不仅在理论上论述“和”的重要性，而且还结合人际关系的实际，论述“和”的实用性。孟子说：“天时不如地利，地利不如人和”（《孟子·公孙丑章句下》），视“人和”为事业成败的关键。儒家的“和”文化告诉我们，小到周围的人、事、物、家庭，大到国家，都要处于一种和谐、安定的状态，而且告诉我们，要用“和”或“中和”“中庸”的思想方法，去处理生活中的一切。只有这样，我们才能建立一个好的人际关系；也只有这样，我们才能有一个稳定而和乐的社会。

从文字演变史可知，“和”字的产生源于上古音乐，并由音乐的合鸣，引申出“和谐”“和合”“唱和”“和美”等含义。另一方面，“和”字的演变与作为酒器的“盉”有着密切的联系，并由酒器能够调酒之作用，引申出“调和”“调节”“调味”等含义。

在儒家文化中，“和”的首要内涵就是天地万物的和谐，这种和谐是宇宙中最高的状态，也是最完美的状态。《周易》曾说：“保合太和，乃利贞。首出庶物，万国咸宁。”“和”即和谐、和美之意，而这里的“太和”是指事物自身天然的、最高的和谐，也是指事物本来具有的状态。整句话的意思是说要保持那种本来和谐的至高状态，这种高度的和谐就是万物产生的首要因素，它能够使万物有序地生长，能够使所有的国家都稳定安宁。换句话说，就是天地万物必须保持一种非常和谐的状态，因为只有在和谐的状态中才能产生新的事物，才能促进万物的生成长养。同样，国家、社会也必须保持和谐的状态，因为只有在和谐安定的状态中，国家、社会才能有所发展，人类才能有所进步。否则，万物则不生，国家社会的发展将停滞不前。

“和”作为动词，还具有调和、协调的内涵。《尚书·尧典》曰：“克明俊德，以亲九族。九族既睦，平章百姓。百姓昭明，协和万邦，黎民于变时雍。”可见，“和”字作为中华民族传统文化的源头概念之一，在社会政治方面起着极其重要的作用。

在中国古代思想史上，还有“和而不同”的观点。“和而不同”就是说不同性质事物之间构成的一种和谐稳定的状态，即追求内在的和谐统一，而不是表象上的相同和一致。《国语·郑语》记载，西周末年周太史史伯提出“和实生物，同则不继。以它平它谓之和，故能丰长而物生之；若以同裨同，尽乃弃矣。故先王以土与金木水火杂，以成百物。”史伯的重点在于说明多样性的重要，认为事物之间的差异性、多样性才是化生宇宙万物的动力和源泉；或者说只有不同性质的事物之间在相互运动、相互摩擦、相互碰撞中才具有产生万物的生机，才能生成万物。正因为“和实生物”，所以五色成文、五味成食、五音成乐、五行成物。可见，“和”是一个动态的过程，是一个生生不息的过程。

孔子在继承和发展前人“和而不同”的理论基础之上，从做人的角度区分了“和”与“同”，强调“君子和而不同，小人同而不和”（《论语·子路》），意思是君子在人际关系上讲求和谐，但并不盲目跟风附和；而小人则盲从附和而不讲求和谐。这里的“和”与“同”显然并不是同一个意思。“同”指的是无差别的统一，是你好我好大家好的代名词，故小人只追求相同、“一团和气”，而反对差别和不同意见，到最后沆瀣一气，结党营私；而“和”则指的是有差别的统一，君子之间会有观点、立场、价值观上的不同，但其最终的目的是要趋向于一个更高层次的和谐圆融之境，其本身具有生生不息的内在价值。可见，“和”是君子为人处世的根本方法，也是社会所追求的至高境界。如中国有五十六个民族，五十六个民族有五十六种民族文化，中国民族政策规定要尊重少数民族的风俗习惯、尊重和保护少数民族的宗教信仰自由，在共同发展的基础上和谐相处，这是“和而不同”思想在中国政治实践中的典型表现。同时，还有“一国两制”，一国就是“和”，两制就是不“同”，“和而不同”体现了具有中国特色的社会主义政治文明。

从国际层面来看，习近平主席在2013年3月23日访问俄罗斯时，在莫斯科国际关系学院发表的演讲中指出：“鞋子合不合脚，自己穿了才知道”，这充分说明在目前全球政治多元化的背景下，各个国家要相互承认并尊重对方的个性存在，不能以己度人，不能把自己的观点、价值观强加于人。当今世界的繁荣发展与丰富多彩，正是各个不同国家的文化、制度、价值观相互碰撞与交融的结果。可见“和而不同”思想不仅在处理我们个人关系，而且在国际关系的处理中也发挥着非常重要的作用。

此外，“礼”在儒家“和”文化中也占有十分重要的地位，在促进社会和谐方面发挥着极其重要的作用。孔子在《论语·学而》中说：“礼之用，和为贵”，即礼的作用主要是调和，是以能让人们和睦相处为贵，以能在人群中间起到调和的效果为贵。简单地来讲就是礼调节人们之间的关系，并使之达到一种和谐的状态。孔子讲“克己复礼”，就是要让人们约束自己的行为使其符合礼的规范，以礼来约束人们的不合理行为，从而达到社会的和谐。孔子所讲的“礼”我们今天可以理解为礼貌、礼节、礼数、行为规范等。要想在纷繁复杂的现代社会中处理好各种各样的人际关系，重要的就是要懂“礼”，或者说要懂礼节。有礼就有秩序，有秩序就有和谐。就家庭而言，个体行为的道德原则必须满足孝、悌、慈、友的要求；对国家而言，个体行为的道德原则必须体现仁、义、礼、智、信、忠。所以，全社会都应该以“礼”行事，这样才能形成良好的人际关系和和谐的社会氛围。

总之，儒家的“和”文化以及“尚和合”的目的，就在于建构和谐社会，对于我们今天构建良好的人际关系、社会关系和国际关系都具有重要的价值。

六、“求大同”及其价值

“大同”是儒家追求的目标之一。《礼记·礼运》就谈到“大同”：“大道之行也，天下为公。选贤与能，讲信修睦，故人不独亲其亲，不独子其子，使老有所终，壮有所用，幼有所长，矜寡孤独废疾者，皆有所养。男有分，女有归。货，恶其弃于地也，不必藏于己。力，恶其不出于身也，不必为己。是故谋闭而不兴，盗窃乱贼而不作。故外户而不闭。是谓大同。”这是儒家对“大同”社会的典型描述。为了实现天下“大同”，儒家更重视求“大一统”，即实现“大同”首先要实现天下“大一统”，只有天下“大一统”，才能实现“天下为公”、天下“大同”。从这个意义上说，“求大同”就是求“大一统”。

《尚书》是我国第一部史书，也是儒家最早和最重要的经典之一，其中蕴含着重要的“大一统”思想。“协和万邦”就出自《尚书·尧典》，赞扬尧发扬大德，以仁政治理国家，以道德教化民众，使百姓亲密团结，并在此基础上来协调万邦诸侯，使得各诸侯国团结，各氏族部落和顺。因此，“协和万邦”可谓开了儒家大一统思想的先河。

孔子继承了《尚书》中“协和万邦”的思想，并坚决维护“大一统”。孔子所处的时代正是我国历史上社会大动荡的时代，面临礼崩乐坏的动乱局面，孔子大声疾呼“礼乐征伐自天子出”，反对“礼乐征伐自诸侯出”（《论语·季氏》）。他维护统一，严厉批判“犯上作乱”，提倡“克己复礼”，试图恢复或重建应有的社会秩序。孔子认为要维持“大一统”，必须要“重礼”或者说是“复礼”，即克制不合理愿望，恢复周礼，这样才能维护社会的正常秩序，巩固国家的统一。礼是维护社会秩序的礼节仪式、法律和道德规范，孔子认为应该以“礼”来约束人们的言行举止，使社会秩序稳定有序。但是要真正做到言行符合于礼，并不是一件容易的事，所以孔子要求人们从根本上杜绝“非礼”的念头，做到“非礼勿视，非礼勿听，非礼勿言，非礼勿动”（《论语·颜渊》）。只有人们在思想上和行为上符合了礼，才能从根本上遏制犯上作乱的越轨行为，才能维护社会的和谐稳定，从而达到国家的统一。

不仅如此，孔子“大一统”的国家观还表现在他提出了“正名”的思想。“正名”用孔子的话来讲就是“君君，臣臣，父父，子子”，其意思就是说君、臣、父、子要各安其分、各行其是。如果天下人都能明白各自的责任和义务，各安其职，各守其分，就能“名正言顺”，也就不存在以下犯上，国家“大一统”的局面就不会被破坏。

孟子在继承孔子的大一统思想的基础上，进一步提出“定于一”的思想。孟子认为国家分裂、年年战争使得人民极其痛苦，国家的统一是社会发展的趋势。孟子与梁惠王在讨论如何使天下安定下来的问题时，梁惠王问：“天下恶乎定？”孟子答曰：“定于一。”（《孟子·梁惠王章句上》）这里的“一”就是统一的意思，反映出了孟子渴望天下太平、国家统一的强烈愿望。

荀子在“一天下”的基础上进一步提出“一制度”的思想。因为战国中后期出现了“天下将归于一”的趋势，秦统一六国的趋势日渐明朗，所以荀子继孟子之后在其“一天下”的基础之上进一步提出了“一制度”的伟大命题。他认为还需要达到社会制度和社会秩序的统一，即“一制度”，这才是深层次的统一。只有将“一天下”和“一制度”结合起来，才是儒家所谓的真正的“大一统”。“一制度”简单地来讲就是统一制度，按照统一的标准来规定人们的行为，建立新的社会秩序。儒家所讲的制度指的是“礼乐刑政”，包括礼仪制度、政治制度、刑罚制度、经济制度、教育制度等。“一制度”的特点在于普天之下都遵奉同一标杆、同一尺度即同一制度来整合社会，维持社会的大致公平，使社会秩序稳定。荀子这种“一制度”的思想显然得到了秦始皇的青睐，秦始皇统一六国之后，立即采取了荀子“一制度”的思想，推行法治，实行郡县制，实行“书同文，车同轨”，统一货币和度量衡等等，并取得了卓越的成效，为国家统一奠定了制度基础。可见，荀子在“一天下”的基础上提出的“一制度”思想，是儒家“大一统”思想的延伸和深化。

先秦儒家的“大一统”思想对后世产生了深远影响。到了汉代，为适应建立统一的中央集权的需要，汉武帝采纳董仲舒的建议，提出“罢黜百家，独尊儒术”，将儒学抬到至高无上的地位，并将其确立为国家的统治思想，在意识形态领域实现“大一统”。

秦汉以降，历朝历代封建统治者在建立“大一统”的国家时都非常注重思想上的统一，尊崇儒学。尤其是在宋明时期，为适应后期强化封建专制统治的需要，产生了宋明理学这种儒学新形态，其中以程朱理学影响最大。程朱理学把封建纲常名教上升为本体的“理”，论证封建纲常名教的合自然性，从而证明封建制度和秩序的必然性、合理性。程朱理学是后期封建社会的官方哲学，统治我国思想界达七百年之久，对我国后期封建社会的统一、稳固，产生很大影响。

由上可见，儒家的“大一统”思想包含着丰富的国家统一和民族团结的理论，是两千多年来维系中华民族团结统一的重要纽带，对于两千多年中国社会的发展有着重大的影响，其深刻而丰富的内涵对于我们实现民族团结、祖国统一，有着十分重要的意义。

（原载《中华孔学》2019 年第 2 期，收入本书时有改动）

“协和万邦”与儒家“大一统”思想

中华民族的“大一统”思想有着悠久的传统，在历史上产生了巨大的作用和影响，是维系中华民族团结统一的重要纽带。轩辕之时，黄帝就提出“监于万国”使“万国和”（《史记 · 五帝本纪第一》）;《尚书》记载尧“协和万邦”。孔子、孟子、荀子以其当时社会历史条件为基础，形成了先秦儒家“大一统”思想。孔子认为要实现“一匡天下”，必须要“复礼”；孟子认为国家的统一是社会发展的趋势，整个局势最后会“定于一”；荀子继孟子之后在其“一天下”的基础之上，进一步提出了“一制度”。大一统思想对后世产生了深远的影响，对于加强民族团结、实现中国的统一，有着十分重要的意义。

一

杨向奎先生曾经说过：“一统和大一统思想，三千年来浸润着我国人民的思想感情，这是一种向心力，是一种回归的力量。这种力量的源泉不是狭隘的民族观念，而是一种内容丰富，包括有政治、经济、文化各种要素在内的‘实体’，而文化的要素有时更占重要地位。‘华夏文明’照耀在天地间，使人们具有自豪感和自信心，因而是无比的精神力量。它要求人们统一于‘华夏’，统一于‘中国’。”[1] 杨向奎先生的这段话，深刻地阐述了大一统思想的实质以及重要意义。那么，大一统思想的源头在哪里？又是如何发展的呢？

中华民族追求“大一统”有着悠久的传统，最早可追溯到黄帝时代。《史记·五帝本纪第一》记载：

轩辕之时，神农氏世衰，诸侯相侵伐，暴虐百姓，而神农氏弗能征。于是轩辕乃习用干戈，以征不享，诸侯咸来宾从。而蚩尤最为暴，莫能伐。炎帝欲侵陵诸侯，诸侯咸归轩辕。轩辕乃修德振兵，治五气，艺五种，抚万民，度四方，教熊罴貔貅貙虎，以与炎帝战于阪泉之野。三战，然后得其志。蚩尤作乱，不用帝命。于是黄帝乃征师诸侯，与蚩尤战于涿鹿之野，遂禽杀蚩尤。而诸侯咸尊轩辕为天子，代神农氏，是为黄帝。天下有不顺者，黄帝从而征之，平者去之，披山通道，未尝宁居。

东至于海，登丸山，及岱宗。西至于空桐，登鸡头。南至于江，登熊、湘。北逐荤粥，合符釜山，而邑于涿鹿之阿。迁徙往来无常处，以师兵为营卫。官名皆以云命，为云师。置左右大监，监于万国。万国和，而鬼神山川封禅与为多焉。获宝鼎，迎日推策。举风后、力牧、常先、大鸿以治民。顺天地之纪，幽明之占，死生之说，存亡之难。时播百谷草木，淳化鸟兽虫蛾，旁罗日月星辰水波土石金玉，劳勤心力耳目，节用水火材物。有土德之瑞，故号黄帝。

从这段记载可看出，轩辕之时，原先可以统摄各部落的神农氏已经衰微，各部落相侵伐，暴虐百姓，而神农氏不能掌控局面。在这样的局势下，轩辕“习用干戈，以征不享，诸侯咸来宾从”。炎帝见许多部落投归轩辕，即行征伐，然事与愿违，几乎所有的部落都投归轩辕。轩辕“修德振兵”，“与炎帝战于阪泉之野。三战，然后得其志”。接着，平叛蚩尤，“蚩尤作乱，不用帝命。于是黄帝乃征师诸侯，与蚩尤战于涿鹿之野，遂禽杀蚩尤。而诸侯咸尊

① 杨向奎：《大一统与儒家思想》，北京出版社2011年版，第1页。

轩辕为天子，代神农氏，是为黄帝”。并“置左右大监，监于万国”，其疆域东至于海，西至于空桐，南至于江，北逐荤粥，合符釜山。至此，轩辕完成了统一中国的大业。

到了尧时代，《史记 · 五帝本纪第一》中说：“帝尧者，放勋。其仁如天，其知如神。……能明驯德，以亲九族。九族既睦，便章百姓。百姓昭明，合和万国。”

夏商周三代，特别是周灭商后，疆域扩大，已经是一统的多民族国家。《尚书》和《诗经》上就已经有了“协和万邦”以及“溥天之下，莫非王土。率土之滨，莫非王臣”的记载。孔子撰《春秋》，书“王正月”，经《公羊传》发挥为“大一统”之说，至汉代董仲舒著《春秋繁露》，形成了完整的儒家大一统思想。

我们知道，孔子在《春秋》中，有“元年春，王正月”这句话，《春秋公羊传注疏》将其诠释为“大一统”：“何言乎王正月？大一统也。”汉代学者何休在诠释“大一统”时也说：“王者始受命改制，布政施教于天下，自公侯至于庶人，自山川至于草木昆虫，莫不一一系于正月，故云政教之始。”唐代学者徐彦疏曰：“王者受命，制正月以统天下，令万物无不一一皆奉之以为始，故言大一统也。”[①] 即“大一统”一词，是由《春秋公羊传注疏》阐发《春秋》大义，而首次提出来的。孔子“元年春，王正月”，本来是属于历法上的，有统一历法的意思，但经过后儒的发挥，演变为政治上的统一。

按照儒家的解释，“大”就是尊重、重视的意思；“一”表示统一、合一的意思；“统”是指纲纪，是治理天下时，所必须拥有的共同的制度、政策、纲领，涉及政治、经济、文化、思想等方方面面。“一统”，即统一，原意指天下诸侯皆统一于周天子。因此后世称封建王朝统治全国为大一统。总的来讲，“大一统”即指以统一的纲领去整合社会，从而达到天下大治。

历代统治者认同大一统，无不以大一统思想为治国方略，实践其政治一

① 阮元校刻：《十三经注疏》，中华书局1980年版，第2196页。

统的理想，使得大一统思想在历史上产生了巨大的作用和影响，成为中华民族的共识。千百年来，“大一统”思想深入人心，成为中华各民族的共同凝聚力。即使在中国分崩离析的时代，“大一统”思想也始终浸润着人们的心田。就是说，建立“大一统”的国家，维护祖国统一，是我们中华各民族儿女的共同心愿，也是中华民族的根本利益所在。同时，“大一统”思想也是三千多年来中华民族的精神支柱，是维系中华民族团结统一的重要纽带，具有重要价值。

二

《尚书》是我国历史上第一部史书，也是儒家最早和最重要的经典之一，其中就蕴含着重要的大一统思想。《尚书·尧典》赞扬尧发扬大德，以仁政治理国家，以道德教化民众，并在此基础上“协和万邦”，即协调万邦诸侯，使得各氏族部落和顺，为中华民族的大一统打下了坚实的基础。因此，“协和万邦”可以说是开了儒家“大一统”思想的先河。不仅如此，《尚书》中还极力赞美大禹通过治理洪水统一天下的功劳，强调大禹治水成功后，形成“九州攸同”的美好社会，这也从侧面反映了儒家“大一统”思想付诸治国实践的情况。

孔子继承了《尚书》中“协和万邦”的思想，并坚决维护华夏大一统。孔子所处的时代正是我国历史上社会大动荡的时代，随着周王室衰微，臣弑君、子弑父的现象频频出现，统治阶级内部自相残杀，你争我夺，互不相让，使得广大百姓处于水深火热之中，严重破坏了西周“大一统”的局面。

面对“礼崩乐坏”的动乱局面，孔子表现出极大的忧虑，并萌生了建立大一统中国的强烈愿望。《论语》中就有许多反映孔子有关“大一统”思想的内容。孔子反对诸侯国闹独立，强烈谴责以分裂为目的的无礼行为。比如孔子批评鲁国的季氏用天子才能用的八佾舞，《论语·八佾》中是这样描述的：“孔子谓季氏，‘八佾舞于庭，是可忍也，孰不可忍也？’”其意思是说季氏以一大夫的身份，竟敢用只有天子才可以用的八佾舞，这是大逆不道，是违背周礼的行为，是目无天子的表现。孔子对此深感愤怒，认为这是对国家的统一礼法的严重破坏。孔子认为："天下有道，则礼乐征伐自天子出；天下无道，则礼乐征伐自诸侯出。"（《论语·季氏》）意思是说世道清明，则制作礼乐和宣战的权力都出自天子；世道混乱，诸侯都敢制作礼乐和宣战。正如陈学凯先生所评说的："在孔子看来，'礼'是王道的根本，礼若损坏，则王道必然陵夷。那么，孔子及其徒众为何要如此地维护'礼'治，一再主张'复礼'和'复古'呢？因为'礼'在这里不仅是王道的基础，而且也是'王道'的象征，'季氏八佾舞于庭'是对礼制的破坏，也是对王道正统的践踏。……这里的王道只是指正统的礼仪制度的外在形式，即国家的根本政治体制。维护这种礼仪制度的就是王道，就是正统，违反这一体制的就是'霸道'，就是非正统。"①

在《论语》中，孔子对当时中国处于分裂割据状态深感忧虑，认为堂堂华夏竟尚不如夷狄。孔子说"夷狄之有君，不如诸夏之亡也"（《论语·八佾》），即是说，处于边远地区的夷狄虽然没有礼乐教化，但是有君王统治百姓，人人都听命于君王，并不像华夏这样虽有礼乐而无所用，人们心中无君主，犯上作乱，没有君臣上下之分，从而扰乱社会，导致国家处于分裂的状态。这段话反映了孔子主张一个国家首先需要有一个有道的君王来统率，使得天下百姓都能臣服于他，不违反国家统一制度，这样才能实现国家的"大一统"局面。

孔子憧憬"大一统"的国家，曾经周游列国宣扬自己的学说。"仁"是孔子的核心思想，孔子认为仁者"爱人"，统治者爱天下万民，体恤百姓，整个社会人人相亲相爱，才能促进社会安定，从而促进国家统一。当然，孔子的"仁爱"思想是以封建等级秩序为基础的，所以孔子认为要实现一匡天下，还必须"重礼"或者"复礼"，即克制自己的不合理愿望，恢复周礼，这样才能维护社会的正常秩序，达到国家的统一。

古代的礼是维护社会秩序的礼节仪式和道德规范，也包括了社会关系和

① 陈学凯：《正统论与革命观》，陕西人民出版社1998年版，第102页。

典章制度。孔子认为应该以“礼”来约束人们的言行举止，不仅要约束百姓，还要约束君王，这样才能调和统治者与被统治者之间的矛盾，使社会稳定有序。但是要真正做到言行符合于礼，并不是一件容易的事。所以孔子要求人们要从根本上杜绝“非礼”的念头，做到“非礼勿视，非礼勿听，非礼勿言，非礼勿动”（《论语·颜渊》）。只有人们在思想上和行为上符合了礼，才能从根本上遏制犯上作乱的越轨行为，才能维护社会的和谐稳定，从而达到国家的统一。不难发现，孔子以“礼”作为统治天下的手段，为的是缓和当时尖锐的社会矛盾，从而达到维护国家统一的目的。

不仅如此，孔子“大一统”的国家观还表现在他提出的“正名”思想上。“正名”用孔子的话来讲，就是“君君，臣臣，父父，子子”（《论语·颜渊》），就是说国君要有国君的样子，要做国君的事；臣子要有臣子的样子，要做臣子的事；父亲要有父亲的样子，要做父亲的事；儿子要有儿子的样子，要做儿子的事。君、臣、父、子要各安其分、各行其是。如果天下百姓都能明白各自的责任和义务，明白各自的职责，就能“名正言顺”，也就不存在以下犯上，不存在诸侯瓜分天下了，天下也就太平了，国家也就统一了。

由上可见，孔子的“重礼”思想、仁学思想，甚至“正名”思想，从其本质上来讲，都是为其“大一统”思想服务的，都是为实现其一统天下的“外王”事业而服务的。

孟子继承了孔子以“仁”为核心的大一统思想，强调内在的“仁”，即内在的修养，从而实现治国、平天下，建立大一统的国家。

三

孟子生活在战国中期，较孔子生活的春秋末期，社会更加动荡不安。春秋时代，齐桓公称霸，虽不是真正的一统，但尚可以“尊王攘夷”相号召，而到战国时期，周天子已无权威，群雄争霸中原。

孟子认为国家分裂、战争频仍，给人民带来了灾难，使得人民渴望和平。孟子曾在与梁襄王讨论如何使天下安定的问题时指出，国家的统一是社会发展的趋势，整个局势最后会“定于一”：

> 孟子见梁襄王。出，语人曰：“望之不似人君，就之而不见所畏焉。卒然问曰：‘天下恶乎定？’吾对曰：‘定于一。’‘孰能一之？’对曰：‘不嗜杀人者能一之。’‘孰能与之？’对曰：‘天下莫不与也。王知夫苗乎？七八月之间旱，则苗槁矣。天油然作云，沛然下雨，则苗浡然兴之矣。其如是，孰能御之？今夫天下之人牧，未有不嗜杀人者也。如有不嗜杀人者，则天下之民皆引领而望之矣。诚如是也，民归之，由水之就下，沛然谁能御之？’”（《孟子·梁惠王章句上》）

孟子回答梁襄王的这段话，主要是关于仁政和国家的统一问题。梁襄王问：“天下恶乎定？”孟子答曰：“定于一。”这里的“一”就是统一的意思。孟子简洁明了的回答，反映出孟子渴望天下太平、国家统一的强烈愿望。只有天下“定于一”，才能结束诸侯争霸的局面，社会才能安定，国家才能和谐统一。所以，天下“定于一”是春秋战国时期历史发展的必然趋势。自古以来，中国的老百姓都希望过太平日子。如果国家分裂、年年征战，最倒霉的是老百姓，轻则饥寒交迫，流离失所；重则贫病交加，家破人亡。因此，老百姓是最反对国家分裂、反对战争的。

但是，从中国的历史来看，时常有分裂、有战争。孟子所处的时代，更是诸侯国林立，每一个诸侯国都想称霸。他们不实行王道，不是以德服人，而是用战争杀戮的手段，对内、对外实施镇压，企图一统天下。国家分裂、年年战争，人民渴望和平与统一。

谁能够统一天下使国家“定于一”呢？孟子指出，能够统一天下的人必须具有的基本素质就是“不嗜杀人”。他认为只有体恤人民的“不嗜杀人者”，才能使天下“定于一”。也就是说只有不残害百姓生命，对百姓仁慈，并且实行仁政的人，百姓才能归顺于他，他才有可能统一和拥有天下。

而孟子把“不嗜杀人”作为统一国家的重要条件，是针对当时兼并战争中“争地以战，杀人盈野；争城以战，杀人盈城”（《孟子·离娄章句上》）的情况而说的。孟子主张非暴力，但并不是绝对地反对暴力。要统一天下，使用暴力是不可避免的，但杀人如麻、把杀人当成嗜好、残害百姓就是不道义的，是不可取的。孟子非常推崇仁义之师，认为仁义之师的征伐解救人民于水火之中，是受人民欢迎的。所以孟子赞扬商汤，认为商汤推翻了暴政，使用的暴力具有正义性，受到了人民的拥护。人民在暴政肆虐下，盼望仁义之师早日到来解救他们的痛苦，就像大旱时节人们渴望下雨一样。仁义之师的征伐是“顺乎天而应乎人”（《周易》）的，所以孟子主张“不嗜杀人”，其实是站在同情人民的立场上，反对违背正义的战争。

孟子提出了“定于一”的主张，并明确了统一天下的君王必须拥有“不嗜杀人”的基本素质。但是“不嗜杀人”的君王如何才能统一天下呢？孟子认为要实行“仁政”，具体表现就是“省刑罚，薄税敛，深耕易耨；壮者以暇日修其孝悌忠信，入以事其父兄，出以事其长上，可使制梃以挞秦楚之坚甲利兵矣！”（《孟子·梁惠王章句上》）即是说施行仁政就是要减免刑罚，减轻赋税，让百姓能深耕细作，早除杂草；还要让年轻人学习孝悌忠信，在家孝顺父母、敬爱兄长，在外尊敬长辈。这样，即使用木棒也可以抵抗拥有坚甲利兵的秦国和楚国。说明只有得民心，让百姓安居乐业，才能为政于天下，才能统一国家。国家的统一、百姓的幸福安宁是人心所向，是社会发展的必然趋势。

当然，孟子所构建的仁政图画是美好的，出发点和动机是善良的，但未必能被时人接受，正如司马迁所评说：“迂远而阔于事情。”（《史记·孟子荀卿列传第十四》）当代著名学者韦政通先生认为孟子“所表达的是一个典型的道德主义的历史观，所谓一治一乱，不只是一般史家所说的历史循环观中的循环现象而已，一治一乱就是一善一恶，纯是一种道德的判断。这种判断，是借历史表达一种价值观，是企图把道德精神实体化。就这个意义说，历史不是人类进化的工具，而是道德演化的工具。……对道德家来说，他只是为了道德的需要而塑造解释，解释是为了达到道德的目的，不是为了得到历史的真相”[①]。

但是无论如何，孟子“定于一”的思想丰富了儒家“大一统”思想的内涵。

荀子是战国后期的大儒，他也极力主张国家的统一。战国中后期出现了“天下为一”的趋势，秦国统一六国的趋势日渐明朗，天下一统的要求更加强烈。荀子说：

古者天子千官，诸侯百官。以是千官也，令行于诸夏之国，谓之王；以是百官也，令行于境内，国虽不安，不至于废易遂亡，谓之君。……世俗之为说者曰：“汤、武不能禁令。”是何也？曰：“楚、越不受制。”是不然。汤、武者，至天下之善禁令者也。汤居亳，武王居鄗，皆百里之地也，天下为一，诸侯为臣，通达之属，莫不振动从服以化顺之，曷为楚、越独不受制也？彼王者之制也，视形势而制械用，称远迩而等贡献，岂必齐哉？（《荀子 · 正论》）

“令行于诸夏之国，谓之王”“天下为一”，即天子法令畅通于千官诸侯而王天下。显而易见，荀子的“天下为一”就是“大一统”。

荀子曾把儒者分为“三儒”，即俗儒、雅儒、大儒。

法后王，一制度，隆礼义而杀《诗》《书》；其言行已有大法矣，然而明不能齐法教之所不及，闻见之所未至，则知不能类也；知之曰知之，不知曰不知，内不自以诬，外不自以欺，以是尊贤畏法而不敢怠傲：是雅儒者也。法先王，统礼义，一制度，以浅持博，以古持今，以一持万；苟仁义之类也，虽在鸟兽之中，若别白黑；倚物怪变，所未尝闻也，所未尝见也，卒然起一方，则举统类而应之，无所拟怍；张法而度之，则暗然若合符节，是大儒者也。故人主用俗人，则万乘之国亡。用俗儒，则万乘之国存。用雅儒，则千乘之国安。用大儒，则百里之地久，而后三年，天下为一，诸侯为臣；用万乘之国，则举错而定，一朝而伯。（《荀子·儒效》）

① 韦政通：《中国思想史 · 上》，上海书店出版社2003年版，第199页。

荀子认为，“三儒”中大儒最为杰出，因为大儒不仅主张“一制度”，而且最终目标是“天下为一”。可见，荀子继孟子“定于一”之后，提出了“一天下”和“一制度”的构想。

“一天下”在荀子那里就是指完成国家和民族的统一。在荀子的文章里，有更多谈“一天下”的文字，如“一天下，财万物”（《荀子·非十二子》），“文王载，百里地而天下一”（《荀子·仲尼》），“四海之内若一家”“齐一天下”“天下为一”（《荀子·儒效》）等。

在如何一统天下的问题上，孟子主张行仁政，尊王贱霸；而荀子不同于孟子：“荀子之不同于孟子，荀子所谓‘霸’非崇尚暴力征服者，而是指君王之才智英武及其谋国家的安和乐利、富强康乐。对荀子而言，王霸皆以安治天下为志业，因此，王霸相容，只是价值的层级上有高下之不同。”①

荀子主张的“一天下”还包括思想的高度统一：“六说者立息，十二子者迁化。”（《荀子·非十二子》）即消除不同思想。

但是荀子又认为“一天下”只是初步实现了天下统一的局面，是一种浅层次的统一。他认为还需要达到社会制度和社会秩序的统一，即“一制度”，这才是深层次的统一。只有将“一天下”和“一制度”结合起来，才是儒家所提倡的真正的“大一统”。

所谓“一制度”，简单地来讲就是统一制度，按照统一的标准来规定人们的行为，建立新的社会秩序。儒家所讲的制度指的是“礼乐刑政”，包括礼仪制度、政治制度、刑罚制度、经济制度、教育制度等。制度即是同一标杆、同一尺度，普天之下，人不分男女老少、地不分东西南北，都遵奉统一的社会制度。以同一制度来整合社会，才能够维持社会的大致公平，使社会秩序稳定。否则，没有一个一以贯之的标准或者制度，人们就会缺乏共识，这必然会埋下分裂的种子。荀子深刻地认识到了这一点，所以他提出不仅要“一天下”，还要“一制度”。荀子这种“一制度”的思想显然得到了秦始皇的青睐。秦始

① 曾春海：《朱熹哲学论丛》，文津出版社2001年版，第170页。

皇统一六国之后，立即采取了荀子“一制度”的思想，他推行法治，实行郡县制，统一货币和度量衡等等，车同轨，书同文，并取得了卓越的成效，为国家统一奠定了基础。荀子在“一天下”的基础上提出的“一制度”思想，显然是儒家大一统思想的延伸。

四

先秦儒家“大一统”思想，对后世产生了深远的影响。到了汉代，为适应建立统一的中央集权的需要，汉武帝采纳董仲舒的建议，提出“罢黜百家，独尊儒术”，将儒学抬到至高无上的地位，于是由董仲舒构建的以“天人感应”为核心的“大一统”学说，登上了意识形态舞台。

我们知道，“大一统”思想起源于统一历法。统一历法也就是“改正朔”。董仲舒认为：“王者必受命而后王。王者必改正朔，易服色，制礼乐，一统于天下。”（《春秋繁露·三代改制质文》）即“大一统”不仅在政治和思想上统一，而且在历法、礼乐，甚至国家的代表颜色等上，都要统一，内容和形式的一致，才是真正的天下一统。

董仲舒的“大一统”思想，超越了《公羊传》统一历法的意义，赋予了国家政权统一和国家意识形态统一的含义，即政治上的一统和思想上的一统。

政治上的“大一统”，就是建立和巩固以封建君主制为核心的、中央高度集权的政治体制。董仲舒极力维护王权的权威，从而继承和发扬了“君权神授”的理论，构建了“天人感应”学说。董仲舒认为：“唯天子受命于天，天下受命于天子。”（《春秋繁露·为人者天》）君王就是天的儿子，所以人们要服从君王的管理；服从君王就是服从天命。人人都听从天子一人，才能达到国家的统一。在董仲舒看来，政治上的“大一统”，其实质上就是“尊君”。国家统一的核心是天子。因为天子是天的人格化，是上天在人间的代表，行使王权的天子是国家的根本。维护天子的权威，就是维护国家。也就是说，行使王权的天子，才是国家统一的根本。“大一统”就是统一于王权。

董仲舒认为，政治混乱是由于思想混乱而引起的，思想上的统一可以促进政治上的统一。所以他主张建立以儒家思想为核心的国家意识形态。在汉武帝寻求治国之方时，董仲舒先后三次上“天人对策”，推崇儒学，主张遵循《春秋》“大一统”的思想，提出了“罢黜百家，独尊儒术”的主张，结束“师异道，人异论，百家殊方，指意不同”（《汉书·董仲舒传》）的思想混乱局面，实现思想上的“大一统”。

董仲舒的主张，契合汉武帝的治世需要，所以受到了汉武帝的重视。元光元年（前134），汉武帝采纳了董仲舒提出的建议，做出了“罢黜百家，独尊儒术”的决策。汉武帝以后，儒学得到封建统治者的重视，成为封建统治阶级的指导思想，并朝经学化、神学化方向发展，从经学和神学上，为统一的中央集权提供了理论依据。

秦汉以降，历朝历代封建统治者，在建立“大一统”的国家时，都尊崇儒学，非常注重思想上的统一。尤其是在宋明时期，为适应强化封建统治的需要，产生了宋明理学这种儒学新形态，其中以程朱理学影响最大。程朱理学把封建纲常名教，上升为本体的“天理”，进而论证“大一统”的封建制度和统治秩序的必然性、合理性。程朱理学是后期封建社会的官方哲学，统治我国思想界达七百年之久，对我国后期封建社会的统一和稳固，起了重要的作用。

虽然在中国历史上有不统一的时期，如两宋时期，尤其是南宋偏安一隅，实非统一，于是朱熹以“正统”理论补充“大一统”理论，认为南宋虽不是大一统国家，但其统治是中华民族的正统。正如杨向奎先生所说：“至朱熹出，遂于大一统论外，更谈正统说”，“盖自有《公羊》大一统学说以来，浸入人心，遂无不以中国之一统为常，而以分裂为变。而时至南宋，四裔交争，而一统无存；朱子遂倡正统说，以补其不足，四裔虽有君，但非正统，正统之君实为大一统之负荷者。虽不一统而居于正统，此说亦深入人心，有助于大一统之实现”[①]。

① 杨向奎：《大一统与儒家思想》，北京出版社2011年版，第271页。

尽管如此，盼望收复中原、统一中国，仍是南宋社会的主流，正如陆游的诗歌《示儿》所云："死去元知万事空，但悲不见九州同。王师北定中原日，家祭无忘告乃翁。"

五

儒家的"大一统"思想，是中华民族在几千年的发展过程中，积淀和养成的一种民族心理与感情，是团结、凝聚中华民族的精神支柱，已深深地融入中国历史和文化之中，并已经渗透到了中华民族的血液之中。在当今时代，大一统思想仍为中华民族广泛接受和认同，这对我们实现民族团结、祖国统一，有着十分重要的意义。

首先，我们通过对中国历史的回顾，认识到任何形式的分裂都是暂时的，只有统一才是长久的；分裂只能给人民带来痛苦，只有统一才能带给人民幸福。其现实意义在于处理两岸关系上，坚持从中华民族整体利益的高度把握两岸关系大局，坚持维护中华民族的根本利益，维护包括台湾同胞在内的全体中华儿女的共同利益。两岸人民具有血缘、历史、文化、认同的同一性。从中华民族整体利益的高度把握两岸关系大局，最根本的、最核心的是维护国家领土和主权完整。大陆和台湾虽然尚未统一，但两岸同属一个中国的事实从未改变，国家领土和主权从未分割、也不容分割。祖国的统一是历史的必然，它是每个中华儿女共同的愿望，符合中华民族的根本利益。两岸应该在巩固和维护一个中国框架这一原则问题上形成更为清晰的共同认知和一致立场，以实现民族振兴、人民幸福为己任，促进两岸同胞团结合作，以"两岸一家亲，共圆中国梦"为共同理念，汇集两岸人民的智慧和力量，努力增进两岸民众福祉，让更多民众共享两岸关系和平发展成果，坚定振兴中华的共同信念。

其次，在解决国家统一的方法上，争取和平统一，反对和遏制"台独"分裂活动。从本质上来讲，儒家"大一统"思想主张和平统一，但是不反对正义的战争。中国古代的君王往往施行霸道，肆意虐杀，依靠武力解决问题，以至于在中国封建社会历史中，几乎每一次从分裂走向统一，都相应地伴随着持久而残酷的战争。从这点上来看，战争带给人们的不仅是物质上的贫穷，更重要的是精神上的痛苦。这在很大程度上给广大的人民群众带来了巨大的灾难，这是每一个中华儿女所不愿意看到的。但是，有些战争是正义的，是为了维护人民群众的利益，为了解救人民于水火之中，是“顺乎天而应乎人”的，所以，我们并不一概反对战争。今天我们要把人民的利益、把中华民族的根本利益放在首位，在台湾问题上坚持主张走和平统一道路，让海峡两岸的同胞们以和平的方式走向大团圆，继续保持两岸关系大局稳定，同时也要认识到“台独”分裂势力及其分裂活动仍然是对祖国统一的现实威胁，必须继续反对和遏制任何形式的“台独”分裂主张和活动，不能有任何妥协。

第三，在新的时期，我们在坚持“大一统”的原则下，实行“一国两制”。儒家大一统思想并不是一成不变的，而是不断发展的。在新的时期，我们要继承儒家大一统思想，同时更要发展和超越儒家大一统思想。“大一统”是两岸关系的总纲，这个总纲凝聚着海峡两岸人民的共识和信念。我们始终坚持台湾是我国领土不可分割的一部分。这种共同的民族心理使得海峡两岸在“一天下”的问题上达成一致，“九二共识”就表明了海峡两岸同胞坚持一个中国的原则。海峡两岸的社会制度虽然不同，但是邓小平同志大胆地提出了“一国两制”的构想，这是对传统大一统思想的伟大超越和创新。在坚持一个中国的原则下，实行两种不同的制度，这既维护了国家主权和领土的完整，又保持了港澳台的繁荣与稳定，有助于中华民族的团结，有助于海峡两岸的共同发展。香港、澳门的顺利回归以及回归之后的繁荣发展正是“一国两制”伟大构想的成功表现。如今，海峡两岸经济交流、文化交流日益频繁，为祖国完全统一、为海峡两岸携手共创中华民族的美好明天奠定了基础。历史证明，只有实现中华民族的“大一统”，才能从根本上建立一个和谐的中国，才能实现中华民族的伟大复兴。

（原载《中华孔学》2020年第1期，收入本书时有改动）

儒家人性学说与修养

中共中央在《公民道德建设实施纲要》的通知中指出，公民道德建设要“继承中华民族几千年形成的传统美德”[1]，这给我们提出了一项重要的任务，就是要注意从传统文化中挖掘优秀伦理思想，为建设社会主义新道德服务。儒学是传统文化的主干，而儒家伦理学说又是中华民族几千年传统美德的集中体现。在道德修养方面，儒家的人性学说以及性情关系说，为我们提供了宝贵的理论财富。

我国古代的人性问题首先是孔子提出的。孔子虽然提出“性相近也，习相远也”（《论语·阳货》）的命题，但没有进行系统的论述。孟子明确提出“性善说”，并且做了系统的论述，使儒家人性学说从此成为中国人性学说的主干。荀子、韩愈、李翱及张载等人的论述，为儒家人性学说的发展演变奠定了比较扎实的理论基础。程颢在前人思想资料的基础上综合创新，提出了“气禀说”，致力于解决性善与性恶之间、性与情之间的矛盾，并且提出了以

① 本书编写组编：《“六大纪律”相关法规适用手册》（第四版），中国方正出版社2018年版，第727页。

"定性"为核心的修养方法，使人性学说日臻完善，在理论上初步定型。

一

"孟子道性善，言必称尧舜"（《孟子・滕文公章句上》），性善论是孟子整个思想的基础。孟子在与告子的争论中阐述了人性善的思想：

> 告子曰："性犹湍水也，决诸东方则东流，决诸西方则西流。人性之无分于善与不善也，犹水之无分于东西也。"孟子曰："水信无分于东西，无分于上下乎？人性之善也，犹水之就下也。人无有不善，水无有不下。今夫水，搏而跃之，可使过颡；激而行之，可使在山。是岂水之性哉？其势则然也。人之可使为不善，其性亦犹是也。"（《孟子・告子章句上》）

告子认为人性无所谓善或不善。孟子认为，人性之善就像水之就下，虽然我们也可以把水引上山，但向上却不是水的本性。所以孟子认为善是人性的表现，不善是违背人的本性的。

善性不仅是圣人所有，一般人同样具有：

> 口之于味也，有同耆焉；耳之于声也，有同听焉；目之于色也，有同美焉。至于心，独无所同然乎？心之所同然者何也？谓理也，义也。圣人先得我心之所同然耳。故理义之悦我心，犹刍豢之悦我口。（《孟子・告子章句上》）

将理义看作"心之所同然"，就肯定了每个人都有对善追求的权利，也都能达到善的境界。同时，也意味着在对善的追求上，人与人是平等的。圣人与一般人的区别只是在于"圣人先得我心之所同然耳"，实际上，"圣人，与我同类者"（《孟子・告子章句上》），"尧舜与人同耳"（《孟子・离娄章句下》）。从这点出发，孟子得出一个重要的结论，即"人皆可以为尧舜"（《孟子・告子章句下》）。

孟子虽然主张人性善，但这种善并不是说人人天生就是善人，而只是"善端"，是善的萌芽，需要培养、扩充。

所以谓人皆有不忍人之心者，今人乍见孺子将入于井，皆有怵惕恻隐之心——非所以内交于孺子之父母也，非所以要誉于乡党朋友也，非恶其声而然也。由是观之，无恻隐之心，非人也；无羞恶之心，非人也；无辞让之心，非人也；无是非之心，非人也。恻隐之心，仁之端也；羞恶之心，义之端也；辞让之心，礼之端也；是非之心，智之端也。人之有四端也，犹其有四体也。……凡有四端于我者，知皆扩而充之矣，若火之始然，泉之始达。苟能充之，足以保四海；苟不充之，不足以事父母。（《孟子·公孙丑章句上》）

在这里，孟子把恻隐之心、羞恶之心、辞让之心、是非之心称为仁、义、礼、智四端，“仁义礼智根于心”（《孟子·尽心章句上》），“非由外铄我也，我固有之也”（《孟子·告子章句上》）。所以，要培养“四端”并“扩而充之”，才能显示善性。

由于仁、义、礼、智四端是“我固有之”，因此，其表现为“良能”“良知”也是与生俱来的：

人之所不学而能者，其良能也；所不虑而知者，其良知也。孩提之童无不知爱其亲者，及其长也，无不知敬其兄也。亲亲，仁也；敬长，义也；无他，达之天下也。（《孟子·尽心章句上》）

孟子认为“良知”“良能”像“四端”一样是天生就有的，即是人本性所固有的，并用小孩爱父母、敬兄长来论证人具有先天的“善性”。

孟子虽然强调人的本性中有“善端”“良知”“良能”，但不是说人生来就有完善的道德。社会上的人确实有不善的。孟子把人的不善归因为“不能尽其才”。他说：“若夫为不善，非才之罪也。……或相倍蓰而无算者，不能尽其才者也。”（《孟子·告子章句上》）“才”指人生来就有的质料，也就是性。不善者就是没有很好培养“善端”。人能否培养和扩充自己的“善端”，主要取决于自身的主观愿望和努力与否。孟子举舜为例，说明舜一心向善，故为圣人：

舜之居深山之中，与木石居，与鹿豕游，其所以异于深山之野人

者几希；及其闻一善言，见一善行，若决江河，沛然莫之能御也。（《孟子·尽心章句上》）

所以向善与否取决于主观的"心"，这就要求我们要养心，养心才能培养、扩充"善端"。

如何"养心"？孟子以为"养心莫善于寡欲"（《孟子·尽心章句下》），因为追求过多的物质欲望会使人失去善性，故孟子反对"求利"和"多欲"，以"寡欲"为养心的主要内容。

如果不能"寡欲"进而丧失善性，就应努力把它找回来，恢复善之本性：

仁，人心也；义，人路也。舍其路而弗由，放其心而不知求，哀哉！人有鸡犬放，则知求之；有放心而不知求。学问之道无他，求其放心而已矣！（《孟子·告子章句上》）

这就是所谓的"求放心"。

人的善性是天生俱有的，但要靠"心"来把握。孟子认为：

耳目之官不思，而蔽于物。物交物，则引之而已矣。心之官则思，思则得之，不思则不得也。此天之所与我者。先立乎其大者，则其小者不能夺也。（《孟子·告子章句上》）

孟子视耳、目等感官为"小体"，视心官为"大体"，认为耳、目无思考作用，常为外物所蒙蔽，把人引向迷途。心官能思，通过思维的明辨，便能克制物欲以存善性。所以他强调要先把心中固有的"善"树立起来，以防感官因"蔽于物"而夺走善性。

二

孟子的"性善说"是儒家人性学说发展的逻辑起点。虽然后继者大部分都继承"性善"思想，但在论述"情"的方面时发展出了"性恶"的思想。中国哲学史上人性善恶争论的过程，实质上是"性"与"情"这对范畴发展和演变的过程。

孟子虽然没有提出"情"的概念，但在论述"性"时透露出关于"情"的思想。他从人性善出发，认为人皆有"恻隐之心""羞恶之心""辞让之心”“是非之心”，这“四端”就是仁义礼智，恻隐、羞恶、辞让、是非就是“情”。既然人性是善的，那么情也善。

荀子首次明确提出“情”的概念。荀子说：“性者，天之就也；情者，性之质也；欲者，情之应也。”（《荀子 · 正名》）荀子把性、情、欲三者联系在一起，认为情、欲是性的表现。“情”表现在哪些方面呢？荀子提出“六情说”：“性之好、恶、喜、怒、哀、乐谓之情。”（《荀子 · 正名》）特别是“好”，往往表现为恶的欲望，即所谓“目好色，耳好声，口好味，心好利，骨体肤理好愉佚”（《荀子 · 性恶》），就是说人“生而有好利焉”，“生而有耳目之欲，有好声色焉”，如果“从人之性，顺人之情，必出于争夺，合于犯分乱理，而归于暴”（《荀子 · 性恶》）。因此，人性恶，其表现的情欲也恶。

董仲舒的“性仁情贪，性有三品”，明显具有调和性的善恶色彩。他认为，人一生下来就具有“性”和“情”：“身之有性情也，若天之有阴阳也。言人之质而无其情，犹言天之阳而无其阴也。”（《春秋繁露 · 深察名号》）董仲舒“性仁情贪”观点：“身之名，取诸天。天两有阴阳之施，身亦两有贪仁之性。”（《春秋繁露 · 深察名号》）就是说天有阴阳，表现在人性上也有阴阳两种属性，即性是阳的体现，其属性为“仁”，情是阴的体现，其属性为“贪”，这就是所谓“性仁情贪”。所以他认为孟子的性善说有缺陷，“谓性已善，奈其情何”（《春秋繁露 · 深察名号》），也不同意荀子性情皆恶的观点，认为情虽然恶，但是性“仁”，恶的情最终要受到性的控制。他根据人所禀受情欲的多少而划分了三种人性，第一类是情欲极少的“圣人之性”，第二类是情欲极多的“斗筲之性”，第三类是仁贪对半、可以为善也可以为恶的“中民之性”（《春秋繁露 · 实性》）。

董仲舒“性三品”的提出，理论上旨在调和性善和性恶之间、性与情之间的矛盾。唐代的韩愈、李翱在此基础上加以发挥，使之更加精致。

韩愈认为，不能把性和情截然分开，应该将性与情并提。他说：“性也者，与生俱生也；情也者，接于物而生也。”（《原性》）并且指出性的内容有五，即仁、义、礼、智、信；情的内容有七，即喜、怒、哀、惧、爱、恶、欲。

韩愈在论述性情的基础上，把人性也分为上中下三品："性之品有上中下三。上焉者，善焉而已矣；中焉者，可导而上下也；下焉者，恶焉而已矣。"（《原性》）性有三品，性情相应，情也依附而分为三种，即上品的性必发为上品的情，它基本上符合五德；中品的性必发为中品的情，它于五德虽然有违背或不足，但其中包含有合乎五德的地方；下品的性则必发为下品的情，它从本质上是与五德相违背的。性与情一一对应，二者紧密相连。韩愈性情相关联的思想是对董仲舒割裂性情关系的修正，为李翱的"灭情复性"做了理论上的准备。

李翱在性与情的关系上，以性善说为基础，融汇佛家"灭情见性"的思想，提出了"灭情复性说"。

李翱在反佛之余，觉察到佛性说与儒家修心养性说有共同点，因此他注意"以佛理证心"，援佛入儒，以儒融佛。在论述性与情的关系时，李翱认为：

> 人之所以为圣人者，性也，人之所以惑其性者，情也。喜、怒、哀、惧、爱、恶、欲七者，皆情之所为也。情既昏，性斯匿矣。非性之过也，七者循环而交来，故性不能充也。水之浑也，其流不清；火之烟也，其光不明；非水火清明之过。沙不浑，流斯清矣；烟不郁，光斯明矣。情不作，性斯充矣。（《李文公集》之《复性书上》）

这就是说，每一个人的本性，都先天符合封建道德标准，都有做圣人的可能性。为什么有人不能成为圣人呢？因为受到了情感欲望干扰。人的七情不断从各个方面干扰人的本性，使善性不能得到扩展，就像夹杂着泥沙的水，泥沙沉淀，水就清了；就像夹杂着烟的火，去掉烟，火光就显露出来了。去掉情，人的善性就可以得到扩展。所以，情是性之累，只有"灭情"才能"复性"。

在如何复性这一问题上，李翱也借鉴佛教的修养方法：

> 或问曰："人之昏也久矣，将复其性者，必有渐也，敢问其方。"曰："弗虑弗思，情则不生。情既不生，乃为正思。正思者，无虑无思也。"（《李文公集》之《复性书中》）

不难看出，李翱提倡无虑无思，以静息一切念虑为主要修养方法，这与佛家的“静虑”“禅定”的修养方法并没有什么不同。

不过，李翱的人性学说尚有许多问题不能自圆其说。如在闻睹与思虑的问题上，就简单地割裂感性与理性的关系。人的感官功能是客观存在的。李翱也承认人的感官作用：“不睹不闻，是非人也。”（《李文公集》之《复性书中》）但李翱又认为“视听昭昭而不起于见闻者，斯可矣”（《李文公集》之《复性书中》）。既然“不闻不睹，是非人也”，那么为什么认识又“不起于见闻”呢？

同样，在性与情的关系上，既然性善情恶，那么又是怎样得出“情不自情，因性而情，性不自性，由情以明”（《李文公集》之《复性书上》）的结论呢？显然，关于性与情以及善与恶的关系，他不能自圆其说。

三

孟、荀以降，历代学者都力图对人性的善恶问题进行理论上的综合，有“性有善有不善”“善恶混”“无善无不善”等观点。但是，照朱熹的说法大都不得要领，仅有韩愈的“性三品”说“却是说得稍近”（《朱子语类》卷四）。然而朱熹又说韩愈的“性三品”说尚有不尽之言。那么，韩愈的不尽之言又是什么呢？“韩退之原性中说三品，说得也是，但不曾分明说是气质之性耳”（《朱子语类》卷四），“盖人之所以有万殊不齐，只缘气禀不同”（陈淳《北溪字义・性》）。如此看来，“气禀之性”对于解决人性问题的争端是何等重要。

首先明确提出“气质之性”思想的是张载。张载说：“形而后有气质之性，善反之则天地之性存焉”（《张子正蒙・诚明篇》）。在这里，张载把人性分为“天地之性”与“气质之性”。天地之性纯善，气质之性则有善有不善。气质之性是由特殊体质而具有的特性，所禀什么气，就具有什么性。张载认为：“大凡宽褊者是所禀之气也，气者自万物散殊时各有所得之气。”（《语录》下）可见，所禀之气决定所具之性。问题在于张载并没有提出如何改善气质之性成为天地之性，也就是说，没有提出如何进行道德教化使人恢复善性的问题。显然，张载的气质之性并没有从理论上解决人性善恶的矛盾。如果说“气禀之性”是人性学说发展过程中的一个重要纽结，那么，是程颢系起了这个纽结。程颢在坚持孟子“性善说”的基础上，把人性理论推向了一个新的高峰。程颢说：

> 人生气禀，理有善恶，然不是性中元有此两物相对而生也。有自幼而善，有自幼而恶，是气禀有然也。善固性也，然恶亦不可不谓之性也。……皆水也，有流而至海，终无所污，此何烦人力之为也？有流而未远，固已渐浊；有出而甚远，方有所浊。有浊之多者，有浊之少者。清浊虽不同，然不可以浊者不为水也。如此，则人不可以不加澄治之功。故用力敏勇则疾清，用力缓怠则迟清，及其清也，则却只是元初水也。亦不是将清来换却浊，亦不是取出浊来置在一隅也。水之清，则性善之谓也。故不是善与恶在性中为两物相对，各自出来。（《二程集》之《河南程氏遗书》卷第一）

这段论述可归纳为这样几层意思：

第一，“气禀有然”。程颢认为，具体的人性与天地之性并无多少瓜葛，人性的善恶是由于气禀的缘故。“有自幼而善，有自幼而恶，是气禀有然也”，即如程颐所云：“气有清浊。禀其清者为贤，禀其浊者为愚。”（《二程集》之《河南程氏遗书》卷第十八）这就明确地肯定了气禀是善恶的根本原因。以往的人性学说往往各有所偏，不是强调善的一面，就是强调恶的一面。程颢认为，就人性的本质来说，只能是至善而无恶，即“水之清，则性善之谓也”。具体人性的善恶，是由于禀受的气之不同。圣贤之人禀受的是清气，愚恶之人禀受的是浊气。因此，人性就有了善恶之分。把人性的善恶归源于“气禀”，这就巧妙地把人性善恶对立统一到“气禀”之中，同时也为封建伦理道德说教和“澄治之功”提供了理论前提。

程颐也分性为二，一为性，一为才，也即气质之性。性即是理，是善的：

> 性即理也，所谓理，性是也。天下之理，原其所自，未有不善。（《二程集》之《河南程氏遗书》卷第二十二上）

"才"是有善有不善的，才出于气。他说：

受于天之谓性，禀于气之谓才，才之善不善由气之有偏正也。乃若其情，则无不善矣。(《二程集》之《河南程氏外书》卷第七)

性出于天，才出于气，气清则才清，气浊则才浊。(《二程集》之《河南程氏遗书》卷十九)

性无不善，而有不善者才也。性即是理，理则自尧、舜至于涂人，一也。才禀于气，气有清浊。禀其清者为贤，禀其浊者为愚。(《二程集》之《河南程氏遗书》卷十八)

程颐认为，性出于天，所以纯善；"才"出于气，气有清浊，所以"才"有善恶之别，禀其清气则善、则贤，禀其浊气则恶、则愚。"二程"（程颢、程颐）对人性的表述虽不同，但在实质上是一样的，都是以性善论为前提，都是以气禀不同解释善恶，都认为必须通过修养改变气质。

第二，气禀之性的等级。程颢将气禀之性分为三个等级。上等人性是"流而至海，终无所污"；中等人性是"出而甚远，方有所浊"；下等人性是"流而未远，固已渐浊"。在这三个品级中，上等人性即是"圣人之性"，中等人性即是"中民之性"，下等人性即是"斗筲之性"。不难看出，这种品级的划分，继承发展了董仲舒、韩愈的"性三品"思想。遗憾的是，"退之说三品等，皆是论气质之性，说得尽好。只是不合不说破个气质之性"（《朱子语类》卷之四），也就是说，韩愈的"性三品"说只是对人性的感性认识，没有上升到理性认识，而这个任务是由程颢完成的。所以，朱熹赞云："性分三品，正是说气质之性，至程门说破'气'字，方有去着。"（《朱子语类》卷九十六）

第三，"气禀之性"是"澄治之功"的理论根据。张载虽然提出了"气质之性"，但没有提出解决问题的方法。对于禀其浊气的愚恶之人怎么办？程颢认为："不是将清来换却浊，亦不是取出浊来置在一隅也"，而是"不可以不加澄治之功"。经过"澄治之功"，愚恶之人完全可以成为圣贤。

"澄治之功"实质上就是强调封建伦理纲常教育的重要性：

王彦霖以为：人之为善，须是他自肯为时，方有所得，亦难强。曰：

“此言虽是，人须是自为善，然又不可为如此却都不管他，盖有教矣。‘修道之谓教’，岂可不修！”（《二程集》之《河南程氏遗书》卷第一）

而“修道之谓教”就是要恢复人的善性。什么是人的善性呢？程颢说：

仁、义、礼、智、信五者，性也。仁者，全体；四者，四支。仁，体也。义，宜也。礼，别也。智，知也。信，实也。（《二程集》之《河南程氏遗书》卷第二）

可见，人的善性就是仁、义、礼、智、信，这就是善性的规定。另外，“修道之谓教”使人为善，是性即理的必然、天理的必然：

盖上天之载，无声无臭，其体则谓之易，其理则谓之道，其用则谓之神，其命于人则谓之性。率性则谓之道，修道则谓之教。（《二程集》之《河南程氏遗书》卷第一）

即人的善性来自天，是由天命规定的。

显而易见，“修道之谓教”的“澄治之功”就是要加强道德教化，通过道德教化来恢复人的善性。

上述可见，程颢以“气禀之性”为出发点，然后过渡到“修道则谓之教”的“澄治之功”，最后上升到天道观，可谓逻辑严密。所以，朱熹对程子的“气禀之性”十分赞赏：

孟子未尝说气质之性。程子论性所以有功于名教者，以其发明气质之性也。以气质论，则凡言性不同者，皆冰释矣。（《朱子语类》卷四）

亚夫问：“气质之说，起于何人？”曰：“此起于张、程。某以为极有功于圣门，有补于后学，读之使人深有感于张、程。”（《朱子语类》卷四）

即是说，朱熹非常赞赏张、程把性区分为“天命之性”和“气质之性”，认为这种区分解决了人性学说的种种矛盾，为解决人性善恶问题、性与情的关系问题做出了重大的理论贡献。

四

“天命之性”与“气质之性”的关系也就是性与情的关系。关于性与情的关系，程颢之前的许多思想家都做了有益的探讨。例如荀子认为人性恶，实际上是把性作为情。李翱以孟子的性善思想为基础，吸收佛教“灭情见性”思想，提出了“灭情复性”的学说。宋理学家们往往把人的情感欲望谓之“人欲”，把伦理道德、纲常义理看作是“天理”。“天理”与“人欲”是对立的，要维护伦理道德与纲常义理的“天理”，就必须克服“人欲”。当然，这里的“人欲”并不是指人生存本能的欲望，而是指违背伦理道德与纲常义理的欲望。怎样才能做到“存理灭欲”呢？这就是程颢在《答横渠先生定性书》中所要解决的问题。

《答横渠张子厚先生书》(《二程集》之《河南程氏文集》卷第二)是程颢和张载讨论“定性”问题的一封书信，后人称之为《定性书》。朱熹的语录中有一条云：“‘定性’字，说得也诧异。此‘性’字，是个‘心’字意。”(《朱子语类》卷九十五)即是说“定性”的实质就是“定心”。在书信中，张载希望得到“定性”，但“犹累于外物”，以至于不得不动。程颢回答说：

> 所谓定者，动亦定，静亦定，无将迎，无内外。苟以外物为外，牵己而从之，是以己性为有内外也。且以性为随物于外，则当其在外时，何者为在内？是有意于绝外诱，而不知性之无内外也。既以内外为二本，则又乌可遽语定哉？

张载累于外物不能定性，“以己性为有内外”，导致“以外物为外，牵己而从之”。这样，己性为内，外物为外，外物引诱己性，使己性逮于外物而不能定。程颢认为，必须认识己性与万物一体，无所谓内外之分。“仁者，浑然与物同体”，“天地之用皆我之用”。(《二程集》之《河南程氏遗书》卷第二上)只有认识己性与万物一体，才能做到“动亦定，静亦定”(《定性书》)。

己性与万物一体，己性无内外，这不是一般人能做到的，只有那些圣人才能做到：“夫天地之常，以其心普万物而无心；圣人之常，以其情顺万事而无情。故君子之学，莫若廓然而大公，物来而顺应。”(《定性书》)天地化生万物，天地之心也就是万物之心，万物与天地一体。圣人之情顺应万事，圣人之心好像一面镜子，能照一切东西。在这里可以看到佛老的痕迹：“圣人之用心若镜，不将不迎，应而不藏，故能胜物而不伤。”(《庄子·应帝王》)“圣人之情，应物而无累于物者也。”(何劭《王弼传》)“善知识，我此法门，

从上以来，先立无念为宗，无相为体，无往为本。无相者，于相而离相；无念者，于念而无念。”（《坛经·定慧品第四》）

那么，一般人与圣人的根本区别在何处呢？“人之情各有所蔽，故不能适道，大率患在于自私而用智。自私则不能以有为为应迹，用智则不能以明觉为自然。”（《定性书》）一般人与圣人的根本区别在于一般人“自私”“用智”，圣人则“廓然而大公”。一般人的思想行为都是以自己的利益为出发点，出于自私的动机，都是有所为而为，而不是对于事物的自发反映，故“自私则不能以有为为应迹。”

“自私”“用智”是不知“性之无内外也”，如果以“内外为二本”，这就必然“累于外物”，不能抵御外物对己的诱惑。所以“定性”必须做到：

> 与其非外而是内，不若内外之两忘也。两忘则澄然无事矣。无事则定，定则明，明则尚何应物之为累哉？圣人之喜，以物之当喜；圣人之怒，以物之当怒。是圣人之喜怒，不系于心而系于物也。（《定性书》）

张载以己性为内外，这样永远达不到“定性”的精神境界。若想“定性”，就必须“内外之两忘也”，以“内外为一本”。

上述可见，程颢关于“定性”的论述，并不像李翱那样简单地割裂性与情之间的关系，生硬地“灭情复性”，而是承认情感欲望的客观性，让人情顺应万物。所谓“内外为一本”，就是以封建义理纲常为内的“天理”，统率人的情感欲望，情动不能超越封建纲常义理所规定的范围。只有这样，方能“澄然无事”，“无事则定，定则明”，情就不会有应物之累了，这就是“定性”的实质所在。

综上所述，儒家人性学说强调“性善”，是“人本”“民本”的理论基础；强调“性善”与“修道之谓教”的道德教化，既强调道德他律，又强调道德自律；并且通过道德他律向道德自律的转换，达到理想道德人格的境界。这些思想可为当代的伦理建设和道德修养提供很好的借鉴。

（原载《儒学评论》2013年第9辑，收入本书时有改动）

儒家“天人合一”的生态观及其价值

党的十八大以来，习近平总书记提出了中国梦，释放出强大的感召力和感染力。中国梦就是坚持中国特色社会主义道路，国家富强、人民幸福，实现中华民族的伟大复兴。中国梦是设计，更是我们奋斗的目标。中国梦的内涵是丰富的，从大的方面来看，有经济建设、政治建设、文化建设、社会建设和生态文明建设，其中的生态文明建设，我党将之放在突出地位。可以说，建设美丽中国是我们实现中国梦的重要内容之一。

党的十八大报告指出：“建设生态文明，是关系人民福祉、关乎民族未来的长远大计。面对资源约束趋紧、环境污染严重、生态系统退化的严峻形势，必须树立尊重自然、顺应自然、保护自然的生态文明理念，把生态文明建设放在突出地位，融入经济建设、政治建设、文化建设、社会建设各方面和全过程，努力建设美丽中国，实现中华民族永续发展。”[①] 可见，保护自然，建设生态文明，建设美丽中国，已是摆在我们面前的重要任务。

---

① 胡锦涛：《坚定不移沿着中国特色社会主义道路前进　为全面建成小康社会而奋斗——在中国共产党第十八次全国代表大会上的报告》，《求是》2012 年第 22 期，第 18 页。

保护自然、重视人与自然的和谐，是我国优秀的思想文化传统，尤其是儒家“天人合一”的思想，可为我们当代生态文明建设，提供宝贵的借鉴。

儒家所说的“天”有多种含义，有主宰之天、命运之天、道德之天、自然之天等。我们这里所说的“天人合一”之“天”，是指自然之天。

儒家“天人合一”思想认为，人是自然的一部分，人与自然界是同一的。儒家所主张的人与自然的关系，是一种人与自然平等的宇宙观，是一种整体普遍联系的大生命观，表现出“泛爱众”的宇宙关怀。儒家认为自然界有其自身秩序和规律，即“天行有常”，遵从自然规律则“吉”。儒家主张人与自然应和谐相处，对自然资源要取之有节、用之有度，以保证生态资源的可持续利用。儒家关于“天人合一”的思想，对于建立生态伦理道德体系，对于建设生态文明、美丽的中国以及美丽的地球，都具有重要的借鉴意义。

一、人与自然的同一

(一) 天地者，生之本也

儒家以“天人合一”为主旨的天人关系，即是人与自然的关系。“天人合一”认为人是自然的一部分，与自然是不可分割的整体。同时也指天道与人道、自然与人为相通与统一。《周易・乾・文言》说：“夫大人者，与天地合其德，与日月合其明，与四时合其序，与鬼神合其吉凶，先天而天弗违，后天而奉天时。”将天人合一看作人生的理想境界。

孔子作为儒家的创始人，虽然没有明确提出过“天人合一”思想，但将人和自然界看作一个整体的生态伦理观念非常明确。孔子对天有着很深的敬意，但他对天的理解还具有生命意义的自然界这层含义。孔子说：“天何言哉？四时行焉，百物生焉，天何言哉？”（《论语・阳货》）这里所说的天就是自然界。他所说的“知者乐水，仁者乐山”（《论语・雍也》），绝不仅仅是一种简单的比附，而是人的生命存在的需要，因为人的生命与自然界是密不可分的，人与自然在生态关系上是一致的。

孟子最早明确提出“天人合一”思想。孟子说：“尽其心者，知其性也。

知其性，则知天矣。”（《孟子·尽心章句上》）认为人与天相通，人的善性是天赋的，认识了自己的善性便能认识天。要求通过尽心、养性等途径，达到“上下与天地同流”（《孟子·尽心章句上》）。

《中庸》也说：“唯天下至诚，为能尽其性；能尽其性，则能尽人之性；能尽人之性，则能尽物之性；能尽物之性，则可以赞天地之化育；可以赞天、地之化育，则可以与天、地参矣。”

荀子提出：“天地者，生之本也。”（《荀子·礼论》）也就是说，人和物其生命皆源自自然界，人根本离不开天地这个自然界。

董仲舒则把天地人看成一个有机整体。他说：“为人者天也。人之人本于天，天亦人之曾祖父也。”（《春秋繁露·为人者天》）“天人之际，合而为一”（《春秋繁露·深察名号》）；董仲舒强调天与人以类相合，认为“人有三百六十节，偶天之数也；形体骨肉，偶地之厚也。上有耳目聪明，日月之象也；体有空窍理脉，川谷之象也”（《春秋繁露·人副天数》），“天亦有喜怒之气、哀乐之心，与人相副。以类合之，天人一也”（《春秋繁露·阴阳义》）。

宋明理学家更是从理论上论证天一合一。张载提出：“乾称父，坤称母，予兹藐焉，乃浑然中处。故天地之塞，吾其体；天地之帅，吾其性。”（《张子正蒙·乾称篇上》）乾（天）如父亲，坤（地）如母亲，天地之体就是我们之体，天地之性就是我们之性。“儒者则因明致诚，因诚致明，故天人合一”（《张子正蒙·乾称篇下》）。

程颢提出“仁者，以天地万物为一体”（《二程集》之《河南程氏遗书》卷第二上）的观点。所谓“仁者，以天地万物为一体”是说通过人心固有的仁爱之性的扩展，而把人与天地万物构成一个有机的整体，是一种无私的、大我的天地境界。故“天人本无二，不必言合”（《二程集》之《河南程氏遗书》卷第六）。

上述儒家代表人物关于天人合一的各种表述，都明确肯定人是自然界的产物，是自然界的一部分，人的生命和万物的生命是统一的，而不是对立的；并都力图追索天与人的相通之处，以求天人协调、和谐与一致。

(二) 泛爱众的宇宙关怀

儒家所主张的人与自然的关系，是一种人与自然平等的宇宙观，是一种整体普遍联系的大生命观，表现出“泛爱众”的宇宙关怀。

儒家“天人合一”思想不只肯定人和自然不可分割，并且把尊重所有生命、爱护天地间万物看作人类的崇高道德职责。孔子讲“仁”者不仅要“爱人”，而且还要爱万物。“智者乐水，仁者乐山”，把人所具有的智、仁等德性与自然界的水、山相联系，透露出对自然界的尊敬与热爱。孟子进一步提出了“亲亲而仁民，仁民而爱物”（《孟子 · 尽心章句上》）的主张，把“爱物”即爱护自然万物视为仁的基本内涵。

董仲舒也说：“质于爱民，以下至于鸟兽昆虫莫不爱。不爱，奚足谓仁？”“泛爱群生，不以喜怒赏罚，所以为仁也。”（《春秋繁露 · 仁义法》《春秋繁露 · 离合根》）即是说，仅仅爱人还不足以称之为仁，只有将爱民扩大到爱鸟兽昆虫等生物，才算做到了仁。可见这里的仁，不仅包含了人际关怀，而且包含了生态关怀。

宋明理学家更注重生命关怀和宇宙关怀，他们对于自然界的万物充满了爱，因为万物与人的生命是息息相关的。张载在《张子正蒙》中说：“性者，万物之一源，非有我之得私也。惟大人为能尽其道，是故立必俱立，知必周知，爱必兼爱，成不独成。”人不仅要爱人类，而且还要爱鸟兽、草木、瓦石，要尽力加以爱护，勿使之遭到破坏。

“二程”主张要以同情、关爱的情感对待自然界。程颢提出“仁者，以天地万物为一体”“学者须先识仁。仁者，浑然与物同体。”（《二程集》之《河南程氏遗书》卷第二上）把仁的对象扩大到了天地万物和整个自然界，实现了人道和天道的贯通，把人际道德和人对自然的道德完整地统一起来。“惟其与万物同流，便能与天地同流。”（《二程集》之《河南程氏遗书》卷第六）“与天地同流”就是与万物生命相通相贯，而不要自外于万物，更不要高居于万物之上对万物实行宰制。要做到“与天地同流”，必须要有恻隐之心，这样就会更多地保护动植物，以使人类有一个丰富多样而又美好的自然环境，与万物共生共荣，和谐相处。

二、“取之有节”与生态平衡

(一) 遵从自然规律则“吉”

儒家认为自然界有其自身秩序和规律。孔子说：“天何言哉？四时行焉，百物生焉，天何言哉？”(《论语·阳货》)明确提出自然界的万事万物按其固有规律来运行。

孟子同样认识到自然界有规律可循。“天之高也，星辰之远也，苟求其故，千岁之日至，可坐而致也。”(《孟子·离娄章句下》)在孟子看来，天虽高不可攀，变化莫测，但有一定的规律，是能够被认识的。孟子有一句警语：“顺天者存，逆天者亡。”(《孟子·离娄章句上》)就是告诫人们，认识了自然规律还必须遵循自然规律行事，违反者必然遭受灾难。

荀子则进一步认为，“天”是具有独立运行规律的自然存在，自然万物与人类一样，也具有存在的客观实在性，而且不随人们主观意志而改变自己的运行规律。荀子指出：“天行有常，不为尧存，不为桀亡。应之以治则吉，应之以乱则凶。”(《荀子·天论》)在这里，他不仅肯定了自然万物运行规律的客观性，而且强调人们只有认识规律，严格按客观规律办事才能避凶趋吉，由乱致治。

董仲舒提出“行有伦理，副天地”，他说：“行有伦理，副天地也。此皆暗肤著身，与人俱生，比而偶之奄合。”(《春秋繁露·人副天数》)即人的行为伦理与天地相符，人要顺应天地，按自然界固有的规律行事。这样就会得到自然之赏，否则，人就会受到自然之罚。

但是，人在自然界和自然规律面前不是消极被动的，而是在尊重自然规律的前提下发挥人类的主观能动性，以达到利用自然规律为人类服务的目的。荀子认为，天和人各有不同的职能，天的职能是通过无意识的“不为而成”“不求而得”的自然过程生成万物，即自然界的运行变化都是有不以人的意志为转移的客观规律；人的职能是对自然和社会“有其治”，即治理自然和社会，使人与自然协调和谐。所以，人类在审视人与天之间的关系时，与其持仰慕天意、赞颂天德、期待天时的消极态度，倒不如持利用自然、变革万物、治理万物的积极态度。所以，荀子认为：

大天而思之，孰与物畜而制之？从天而颂之，孰与制天命而用之？望时而待之，孰与应时而使之？因物而多之，孰与骋能而化之？思物而物之，孰与理物而勿失之也？愿于物之所以生，孰与有物之所以成？故错人而思天，则失万物之情。(《荀子·天论》)

制天命之“制”在这里理解为利用和改造，即不要迷信天的权威，而要发挥人的主观能动性，利用自然规律，甚至改造自然界本来就存在的（如沙漠、盐碱地等）不适合人类生存的状况，使之符合生态要求，为人类服务。

（二）取之有节、用之有度

儒家主张人与自然应和谐相处，对自然资源要取之有节、用之有度，以保证生态资源的可持续利用。

孟子说：

不违农时，谷不可胜食也；数罟不入洿池，鱼鳖不可胜食也；斧斤以时入山林，材木不可胜用也。谷与鱼鳖不可胜食，材木不可胜用，是使民养生丧死无憾也。养生丧死无憾，王道之始也。(《孟子·梁惠王章句上》)

只有尊重自然万物生长的规律，取之有时，用之有节，不过分掠夺与破坏，才能保证生态资源的可持续利用。孟子对自然资源还强调“养”：“苟得其养，无物不长；苟失其养，无物不消。”(《孟子·告子章句上》)养护万物，这是人类的责任。孟子反对“辟草莱，任土地”(《孟子·离娄章句上》)，告诫人们尽量减少向自然界的索取，保持自然界原有的面貌，从而养护好自然资源，使自然界的万物繁育旺盛、和谐有序，维持可持续的良好生态循环系统。

荀子说：

圣王之制也；草木荣华滋硕之时，则斧斤不入山林，不夭其生，不绝其长也；鼋鼍、鱼鳖、鳅鳣孕别之时，罔罟、毒药不入泽，不夭其生，不绝其长也。春耕、夏耘、秋收、冬藏，四者不失时，故五谷不绝而百姓有余食也；污池渊沼川泽，谨其时禁，故鱼鳖优多而百姓有余用也；斩伐养长不失其时，故山林不童而百姓有余材也。(《荀子·王制》)

荀子提出“圣王之制”的生态资源爱护观，强调人与自然的和谐共存，体现了“制用”和“爱护”相结合的生态伦理辩证法思想。

三、人与自然的和谐

儒家关于天人关系的思想，对于建立生态伦理道德体系和推动全人类可持续发展，具有重要的意义。我们在审视人与自然的关系时，既要看到人对自然界的依赖，人的生存和发展须臾不能离开自然界；又要看到人最为天下贵，具有主观能动性。因此，我们在处理人与自然的关系时，既要反对“人类中心主义”，也要反对“生物中心主义”。“生物中心主义”主张人与其他生物处在同一地位上。这种观点无视人类由于劳动和直立行走后大脑发达、出现了思维，形成了自主性和创造性，造就了人类社会和人类文明这一事实。这种观点抹杀人的主观能动性。如果照这样的观点处理人与自然的关系，那么，人在自然缺陷（如沙漠、盐碱地等）和自然灾害面前则会束手无策，这势必危及人类的生存。显然“生物中心主义”是偏颇的、不科学的。

“人类中心主义”认为，在处理人与自然的关系时，人是中心、是主宰，自然界只是服务人类的对象。人类对于自然界，只行使控制、改造、利用、索取的权利，却没有任何责任和义务。如果有的话，也只是从人类的利益出发，考虑如何使自然界更多更好地为人类提供可利用的东西。“人类中心主义”是片面的，它把自然界视为纯粹被动的、机械的存在，而作为主体的人，则扮演自然的主人和征服者的角色。人与自然这种统治与被统治、征服与被征服的关系，使人对自然滥用权力，破坏了人与自然发展的平衡关系，导致自然状况日益恶化，从而导致人类生存状况的日益恶化。目前，全球变暖就是威胁人类生存的一个典型例证。

全球变暖的主要原因是人类在近一个世纪以来大量使用矿物燃料（如煤、石油等），排放出大量的二氧化碳等多种温室气体。这些温室气体对来自太阳辐射的可见光具有高度的通透性，导致全球气候变暖，也就是常说的“温室效应”。全球变暖会使全球降水量重新分配、冰川和冻土消融、海平面上升等，危害自然生态系统的平衡，更威胁人类的食物供应和居住环境。所以，必须引起全球的高度重视。

在生态环境日益恶化的今天，儒家天人关系的思想具有重要的现代价值。儒家“天人合一”命题肯定人是自然界的产物，人与自然是不可分割的统一体，并把尊重一切生命、爱护自然万物视为人类的崇高道德职责；强调人应当尊重自然，遵循自然规律，以实现人与自然的和谐发展；提倡人与自然和谐相处，对自然资源要取之有节、用之有度，反对将自己与自然对立起来。人与自然的和谐是和谐社会的基本内容。儒家所主张的人与自然的关系，是一种人与自然平等的宇宙观，是一种整体普遍联系的大生命观，表现出“泛爱众”的宇宙关怀。应该用“泛爱万物”“天人合一”的观点来对待自然，加强生态道德建设。我们必须看到，自然界是一个按照自身客观规律发展的有机整体，人类社会的发展只能以尊重客观规律为前提，否则必将危及人类自身的生存和发展。

儒家天人关系的思想对于我们今天处理人与自然的关系给予了很好的启迪，为构建以生态平衡为中心的现代生态伦理观、生态哲学，提供了丰富的思想资源。要有效地保护生态环境，就应高度重视人与自然的关系，坚决摒弃“人类中心主义”，改变人类对自然的错误价值导向，辩证地认识和确立“天人合一”的价值取向。儒家的“天人合一”观，无疑能为我们今天研究和处理人与自然关系提供重要的理论支撑。只有保持“天人合一”的崇高生态道德境界，才能保证我们顺利地实施可持续发展战略。

（原载《中国梦与儒家文化》，齐鲁书社2014年版，收入本书时有改动）

儒学大众化的几个问题思考

儒学原本来自大众，是大众优秀思想的结晶。孔子汲取夏商周三代思想文化的优秀成果和同时代社会大众的思想精华，创立了儒家学派。儒家学派经历了先秦儒学、两汉经学、宋明理学以及近代新儒学这几个重要历史阶段，伴随着中华文明的发展而发展。但在近现代，儒学遭到多次冲击，如新文化运动中掺杂着“打倒孔家店”，而在“文革”时期，儒学被当作反动的、封建落后的思想受到批判。可喜的是“文革”结束后，国家拨乱反正，并重新审视传统文化。尤其是近年来随着中国综合国力的不断增强，中国人对优秀传统文化的信心也不断提升。习近平总书记曾在多种场合多次强调要弘扬优秀的传统文化，并指出：“优秀传统文化是一个国家、一个民族传承和发展的根本，如果丢掉了，就割断了精神命脉”；“只有坚持从历史走向未来，从延续民族文化血脉中开拓前进，我们才能做好今天的事业”；“孔子创立的儒家学说以及在此基础上发展起来的儒家思想，对中华文明产生了深刻影响，是中国传统文化的重要组成部分"[①]。2013 年 11 月 26 日，习近平总书记到山东曲阜考察，在孔子研究院亲自主持召开关于孔子和儒学的座谈会，可以说是"弘扬传统文化，传播儒学思想"的一个重要里程碑。正因为儒学是中国传统文化的重要组成部分，所以弘扬儒学，使之大众化，不仅是文化自信的表现，而且更是建设社会文明的需要。那么，如何使儒学走向大众并使之大众化呢？

一、儒学经典大众化

儒学经典指以孔孟为代表的早期儒学，代表经典就是"四书五经"。在中国，幼年时读过私塾的老人对"四书五经"耳熟能详，但这样的老人为数不多；当代中青年人大多没有学过。因此，儒学的经典如何走向大众，是我们首先要思考的问题。

从整个儒学史来看，"四书五经"也好，宋明理学也好，传统的儒学概念范畴，都带有历史的特征，在一定程度上，影响我们对儒学实质的理解。在对儒学概念范畴的创新过程中，如何将之与现代概念范畴融会，是我们研究的新课题，在这方面，我们不妨借鉴对西方哲学概念范畴的诠释。这些年来，对于中西哲学有无融会贯通之处的讨论，一直都在进行着，部分学者认为中西哲学各有各的体系和表述方式，很难融会，更有甚者怀疑中国哲学的合法性。更多的学者则认为，人类思维以及认识水平有一致性，因而哲学同样有一致性。笔者非常赞成后一种说法，即中西哲学有共通性。如古希腊哲学家泰利士有"水是万物的始基"的命题，而先秦的管子有"水者何也？万物之本原也，诸生之宗室"（《管子·水地》）的论说；黑格尔有"理念"说，程朱有"理气"说；西方有宇宙起源的"星云说"，我国有老子的"道生一，一生二，二生三，三生万物"说，以及周敦颐的"太极图说"，等等。即是说，中西哲学有共通性是毫无疑问的。既然有共通性，我们在诠释传统儒学概念和范畴

① 习近平：《在纪念孔子诞辰 2565 周年国际学术研讨会暨国际儒学联合会第五届会员大会开幕会上的讲话》，《光明日报》2014 年 9 月 25 日第 2 版。

时，就可借鉴对西方哲学概念和范畴的表述方式。这并不是顺着西方哲学路径走，因为对西方哲学的翻译和诠释，仍然是用我们的汉文字和语言，不过是表述得通俗化、现代化而已。这一点，现代新儒家给我们提供了经验和教训。

我们不仅要借鉴现代新儒家的经验，还要借鉴胡适提倡白话文的经验，即如何用现代的概念和范畴阐述传统的儒学。儒学走向大众的，首先是儒学经典读本。“四书五经”晦涩难懂，现在普及儒学，首先遇到的就是对文字的理解障碍。那么，我们就要把“四书五经”白话化。同时，为了加深大众对经典的理解，我们在解读这个环节上要多下功夫。如在解读中，能够概括元典的中心思想，并结合事例加以说明，则可收到事半功倍的效果。

如普及以《论语》为核心的白话读本。《论语》是孔子言论较集中的辑录，经过几千年的传承，已成为实实在在、地地道道的“圣经”，许多名言名句，也已成为人们的座右铭。为了使大众都能听懂、读懂，我们还需要一本以现代白话文为主的、文白对照的《论语》读本，其特点应该是深入浅出、通俗易懂、朗朗上口、便于传诵。《论语》中有关教化和劝人向善的观点比比皆是，如忠恕、和为贵、忠孝等。我们应该普及以《论语》为核心的儒家思想，发挥其劝人向善和教化的功能，并配以插图，结合事例解读，使儒学经典大众化。

二、儒学传播大众化

儒学的大众化离不开传播。近十年来，大众传媒在弘扬优秀传统文化方面功不可没。许多报纸杂志很早就注重对儒学与优秀传统文化的宣传；许多出版社出版了《论语》《孟子》《大学》《中庸》以及“五经”读物；中央电视台开设“百家讲坛”，影响面更广，效果相当好，使更多人认识到了儒学的价值。最近许多电视台开展关于文字、古诗词的竞赛，亦有力地推动了优秀传统文化的传播。

但是，儒学传播不能仅仅依靠大众传播这一条渠道，还应同时考虑多种渠道。近几年，山东的尼山圣源书院发起乡村儒学大讲堂，开创了乡村儒学传播模式，值得借鉴。从2013年初开始，在孔子的诞生地尼山周围的乡村，尼山圣源书院在书院领导牟钟鉴、王殿卿、刘示范等先生的支持下，开始进行乡村儒学实验，参加活动的主要有刘示范、赵法生、颜炳罡、陈洪夫、王连起、孔为峰、张颖欣、金英涛、陈春等学者。

为什么选择在乡村传播儒学？尼山圣源书院秘书长赵法生先生在接受《瞭望东方周刊》记者采访时说："梁漱溟80年前指出，中国乡村最大的问题是文化破坏和伦理失调，所以他意图通过文化重建来振兴乡村。我们所以首先从乡村儒学开始，是因为乡村的文化衰落最严重，尤其是孝道的破坏使得众多老人处于老无所依的状态，这里对于传统文化复兴的要求最急迫。儒家文化的根在乡村，老子曰'归根复命'，儒学这棵历史巨树的复活也应该从其根部的复活入手。"①

赵法生认为，儒学的根在乡村，梁漱溟、费孝通等近代学者都对乡土社会与儒学的内在联系做过深入的考察，北宋吕氏乡约、明代泰州学派以及梁漱溟的乡村建设等也为乡村儒学的发展做了有意义的探索。今天，在儒学遭受到了空前的历史摧残之后，它的复兴也必须遵循归根复命的规律，从最为荒漠化的乡野开始，进行灵根再植。

尼山圣源书院学者们在乡村传播儒学，首先选择的是儒家的孝。他们在乡村调查时发现，在各地乡村，不孝敬老人的情况很多，以致出现很多"老人房"，即儿女一结婚，老人就要搬离出来，搬到远处一个又矮又小的房子里，单独在那里生活。居住条件差还不是最为关键的，更重要的问题是，大多数"老人房"离儿女家很远，如果老人半夜突发疾病，后果不堪设想。老人似乎也已经习惯了此种待遇，有的在儿子谈女朋友时就已经主动表态，一旦他们结婚，自己就主动地搬出。这在很大程度上是子女放弃了自己对老人日常照顾和赡养的义务，与遗弃老人很接近了。不孝者并不感到脸上无光，其他人也并不谴责他们，这表明维系乡村孝道的舆论氛围已经淡化。甚至有一位儿

① 郑秋轶：《儒家文化的根在乡村——专访乡村儒学发起人赵法生》，《瞭望东方周刊》2014年第37期。

媳妇公然在大街上打她婆婆的耳光。乡村孝道的式微是对传统文化进行大批判和改革开放以来部分人“一切向钱看”这双重因素作用的结果。孔子当年曾经感叹：养老人不是养牲口。但是，一旦孝道的观念沦落，一旦金钱至上的观念占了上风，农民们就宁愿养牲口也不养老人，因为前者可以挣钱而后者只能赔钱。面对此类情况，村干部以为这是村民的家务事，不好管，况且这样的事情又很多，管不过来。

那么，儒学教育有效果吗？赵法生介绍说，到了年底过春节的时候，村子里变了，尤其是孝道的正气被树立起来了。不管在家里怎么样，现在在村子里没有人敢公开不孝敬老人。有些原来非常不孝的人，也有了很大的转变。那个打婆婆的儿媳妇，到了年底就给她婆婆买了一身新衣服送过去了，这是以前从来没有过的事情，她的婆婆自然非常激动，后来这个儿媳妇还经常用三轮车带婆婆去赶集。还有位老大娘，有三个儿子，因为身处山区，生活水平比较低，每个儿子每年的赡养费只有二百元，但是二儿子从来都不给，二儿媳妇还经常挑老人家的毛病。经过一年的学习，二儿媳妇到腊月二十八就主动送来二百元，还请婆婆回家过年，因为她婆婆也是住在一个又破又旧的“老人房”里，结果婆婆不敢去。到了第二天，二儿子又来请她，这老婆婆才放心地回去过年，老婆婆回去后发现，这回变了，全家人待她若上宾。除了孝道的改善之外，村里的社会风气也有较为明显的改善，这是赵法生他们没有料到的，因为他们一开始目标就定位在家庭伦理方面。村民们经过一年学习，偷东西的明显减少，以前，尤其是收花生的时候，得抢收，收下来赶紧运到家里，一个不注意，花生就可能会被别人拉走，现在没事了，村民在大街上晒花生都不要紧。村里骂街的明显减少了，村里的卫生条件也有显著改善。乡村儒学只要扎实开展，坚持一年左右，都会产生效果。

尼山圣源书院乡村儒学的传播，是儒学传播大众化的成功案例，为儒学的传播提供了很好的经验和启迪：

一、儒学学者本着对中华民族负责的态度，放下身段，不计功利，从书斋里走出去，身体力行，以儒学教育民众，并吸取民众的长处，与民众打成一片。

二、根据民众的实际情况，采取实事求是的传播策略，以取得好的传播效果。尼山圣源书院乡村儒学的传播，首先选择儒家的孝道作为重点，因为孝道是现在农村最为突出的问题，也是农村的老年人、中年人包括青年人都关心的问题。据赵法生先生介绍：在农村讲孝道，结果效果非常好，村主任说当时来听的老人有好几位都掉泪了，听完课了回家还在掉泪。什么原因呢，他说肯定是老人在家受委屈了，他们讲课的内容触动了他的心弦。不单是讲孝道，最重要的是要践行孝道。所以，他们不断从村里找一些孝道的典型，让他们也介绍自己行孝的经验，来表彰先进，带动落后。

同时，据赵法生先生介绍，乡村儒学的讲课要生动，切忌只讲书本不联系实际。因为它不同于学历教育，目的不是考试升学，它是修身做人的教育、信仰的教育，这就决定了讲课的方式不是满堂灌，尤其不能讲抽象的大道理。如果村民听不懂，他们搬起板凳就回家去了。这不是说大道理不重要，而是说你要把大道理讲得村民愿意听。其实，给村民讲课并不是没有道理可言，只不过你要给抽象的义理涂上形象的奶油，这样村民就能接受。在课堂上讲乡村里一些感人的家庭故事，以及祖祖辈辈流传下来的老道理，村民最愿意听。所以，讲故事谈体会是让村民明理的最好方法。

儒学传播大众化还有一条渠道就是从娃娃抓起，即从幼儿园和中小学抓起。幼儿和少年背诵儒家经典名句，是中国古代教育的重要一环。他们虽然在背诵时还不知其中的含义，但到了懂事时还会记得少儿时背诵的内容，并加以深刻且亲切的理解。目前，中国各地的幼儿园和中小学等，都纷纷开展少儿读经活动，并得到了家长的称赞和支持，这是儒学大众化不可或缺的重要一环。

三、儒家礼仪大众化

中国素以“礼仪之邦”著称于世。注重礼仪是中国传统文化的重要特质之一。孔子不仅把“六经”作为教学内容，而且将以“礼”为核心的教育作为国家政治制度、人伦道德秩序建设的基础。儒家认为，礼是修身做人的基本准则，一个人只有知礼义、懂礼仪、行礼仪，才能使君臣名分确立，父子关系亲密，长幼上下和睦。学会尊礼好礼，对于做人的尊严以及社会文明的建设，都具有重要意义。

儒家礼仪教育的基本内容主要反映在《仪礼》和《礼记》中。

《仪礼》为儒家“十三经”之一，共17篇：士冠礼、士昏礼、士相见礼、乡饮酒礼、乡射礼、燕礼、大射仪、聘礼、公食大夫礼、觐礼、丧服、士丧礼、既夕礼、士虞礼、特牲馈食礼、少牢馈食礼、有司彻。内容记载着周代的冠、婚、丧、祭、乡、射、朝、聘等各种礼仪，其中以记载士大夫的礼仪为主。

《礼记》共49篇，是一部儒家礼仪思想的资料汇编。它作为儒家经典，已流传两千多年，构建了中国传统社会的基本礼仪制度和礼仪文化精神。《礼记》的内容大体包括三个方面：一是诠释《仪礼》和考证古礼，这些礼仪制度是此后儒家文化中生活习俗的源头；二是记载孔门弟子的言行杂事，这在一定程度上反映了儒家“礼”的生活实践；三是对“礼”的理论性论述。

古代儒家的礼规定繁杂，在现代不可能照搬照抄，但我们可以参考古代的礼，结合时代的特点而创新。礼虽然贯穿个人和社会的方方面面，难以全部掌握，但有些常用的、重要的礼仪我们必须要懂得和掌握。如日常礼仪、童蒙礼（拜师礼）、成年礼（冠礼）、婚礼、释奠礼等。

日常礼仪如果照搬古代的做法的确比较烦琐，如坐，则有“坐如尸”“坐不中席”“虚坐尽后”“坐毋箕”等；站立则有“立如斋”“立不中门”“立容辨”“立毋跛”“离立，毋往参焉”等；走路则有“行不中道”“堂上接武，堂下布武”“拾级聚足”“离立者，不出中间”等。古代的相见礼同样比较烦琐，有趋、拜、拱手、作揖、唱喏、长跪、鞠躬、寒暄、叉手等，其中拜就有九种，即“九拜”：一曰稽首，二曰顿首，三曰空首，四曰振动，五曰吉拜，六曰凶拜，七曰奇拜，八曰褒拜，九曰肃拜。现代可继承古代重礼的精神，化繁为简，进行改革。如站和坐等日常行为，可简括为“站如松、坐如钟、行如风、卧如弓”。相见礼可简化为握手（平辈）、敬礼、鞠躬等。当然，日常礼仪还有很多内容，如平辈交往的礼节、拜访尊长的礼节、餐饮礼节、社会活动礼节等，都需继承和创新。

在古代，当孩子渐懂人事时，启蒙教育也就开始了。童蒙礼也有一套比较重要的礼仪，就是给孩子请老师，或是请到家里，或是把孩子送到外边去，请老师发蒙。古代童蒙礼一般在孔庙（文庙）举行，重要内容是学生先拜孔子，然后再向先生行谒见礼，行三叩首之礼。童蒙礼培养幼儿尊师重教的意识，既是传统的礼仪习俗、礼仪文化，又是对孩子一生进行传统文化教育的开篇。

古代的冠礼，即我们现在所说的成年礼。现在很多中学都为学生举办成年礼。《仪礼·士冠礼》详细记载了古代的“士”举行成年仪式的全过程。冠礼，是古代男性的成年礼。冠礼表示男青年至一定年龄，可以婚配，并从此作为氏族的一个成年人，参加各项活动。成年礼（也称成丁礼）由氏族长辈依据传统为青年人举行一定的仪式，标志着其已成人。冠礼的根本目的，是要树立青年人的成年意识，在自己成年之后，要自觉地担当起对家庭、社会、国家的责任。所以说，成年礼有必要继承下来，成为一种制度。

释奠礼是古代在学校设置酒食以奠祭先圣、先师的一种典礼，后成为国家和社会祭祀孔子的一种公祭形式。

《礼记·文王世子》曰：“凡学，春官释奠于其先师，秋冬亦如之。凡始立学者，必释奠于先圣先师。”“释奠”本是古礼，此礼应是在官办的学校中祭先圣、先师之礼。新生入学和学校开学，都要举行释奠礼。“始立学”之礼显然较为隆重，贵族子弟入学的始年，举行“释奠”礼，不仅要祭祀先师，还要祭祀先圣。那么，释奠礼的主要内容是什么？郑玄训解“释奠”曰：“释菜奠币礼先师也。”（《十三经注疏》之《礼记正义》卷十二）郑玄在释《周礼》中“春入学，舍采合舞”之“舍采”云：“舍即释也，采读为菜，始入学，必释菜，礼先师也。菜，蘋蘩之属。”（《十三经注疏》之《周礼注疏》卷二十三）可见，释菜即是向先师敬献果蔬食品，奠币即是向先师敬献丝绸。

早期的释奠礼主要内容是释菜和奠币，并没有“释奠”和“释菜”的区别，但到后来有了“释奠”与“释菜”的区别。释奠礼是“杂见于群祀，乃所以神事之也”（《经礼补逸》）的，声势浩大；而释菜礼是专于祀先圣、先师的，不舞，不授器，声势较小。如《紫阳书院志》记载的祭祀朱子礼就是规模较大的释菜礼，也可称为释奠礼；而《茗洲吴氏家典》卷之八《释菜仪节》，就是祭祀朱子规模较小的释菜礼。释奠礼规格最高的是在曲阜孔庙举行的释奠孔子礼，除有皇帝亲临或御遣钦差外，例由衍圣公主祭孔子。

释奠礼作为祭祀先圣先师的大型礼仪，不仅有尊师重教的意思，而且对国家意识形态与民众思想产生了深远的影响。释奠礼的目的，在于提倡文明教化与人伦和谐，表达对先哲、对中华文明的诚敬心，增强中国人的文化自信，弘扬华夏精神和中华文明，因此，释奠礼应成为现代中国最重要的礼仪之一。

（原载《儒学与当代社会》，陕西师范大学出版社2018年版，收入本书时有改动）

第二章 先秦儒学

也谈“老子是殷商派老儒”

近又重读胡适先生在20世纪30年代所写的那篇著名的《说儒》，对其中的两个问题更感兴趣，即《说儒》中的第二个问题：论儒是殷民族的教士；第六个问题：论老子是正宗的儒，并且是个殷商派的老儒。胡适当时发表这些观点时，由于与其有关的考古文物资料尚未发现，学术界怀疑的有之，反驳的有之。但胡适先生很自信，他曾说：“《说儒》一篇提出中国古代学术文化史的一个新鲜的看法，我自信这个看法，将来大概可以渐渐得着史学家的承认，虽然眼前还有不少怀疑的评论。”[1] 现在看来，胡适的上述两个观点已被新发现的资料所证实。

关于《说儒》中的第二个问题：论儒是殷民族的教士，胡适从古书所记的儒的衣冠上，推测儒的历史来历；又从儒服是殷服的线索上，大胆推想最初的儒都是殷人，都是殷的遗民，他们穿戴殷的古衣冠，习行殷的古礼，同时胡适还引用《尚书》以及傅斯年《周东封与殷遗民》的有关篇章来证明自己的

① 胡适：《胡适论学近著第一集》，山东人民出版社1988年版，自序第1页。

观点。

关于儒是殷民族的教士，胡适根据殷墟出土的遗物与文字，认为殷人的文化是一种宗教文化，祖先的祭祀在他们的宗教里占一个很重要的地位。这种宗教需用一批经过特别训练的人：卜筮需用“卜筮人”，祭祀需用祝官，丧礼需用相礼的专家。亡国之后，这些有专门知识的人往往沦为奴隶，或散在民间。因为他们有专门的知识技能，故往往能靠他们的专长换得衣食之资，即他们主要从事宗教职业：他们熟悉礼乐，人家有丧祭大事，都得请教他们。他们虽然贫穷，却有相当崇高的社会地位。他们正是那殷民族的祖先教的教士。

胡适上述观点一出，就引来当时学术界的热烈争论。钱穆先生在香港大学主办的《东方文化》一卷一期发表《驳胡适之〈说儒〉》一文。该文从五个方面驳胡适的《说儒》。与胡适“论儒是殷民族的教士”观点相关，钱穆先生从“驳最初儒皆殷人皆殷遗民之说”“驳儒为殷遗民穿戴殷代古衣冠习行殷古礼说”“驳儒以相丧为本业及孔门师弟子皆为殷儒商祝之说”三个方面来与胡适商榷。钱穆认为，孔子是殷人，不能即证儒者皆殷遗民。实际上钱先生这个命题等于部分地同意胡适的观点，即大儒孔子是殷遗民。接着，郭沫若在1937年7月20日出版的《中华公论》创刊号上发表《驳〈说儒〉》（原题为《借问胡适》）。郭沫若认为：“儒应当本来是‘邹鲁之士缙绅先生’们的专号。那在孔子以前已经是有的，但是是春秋时代的历史的产物，是西周的奴隶制逐渐崩溃中所产生出来的成果。……古之人称儒，大约犹今之人称文绉绉，酸溜溜，起初当是俗语而兼有轻蔑意的称呼，故尔在孔子以前的典籍中竟一无所见。《周礼》里面有儒字，但那并不是孔子以前的书，而且是经过刘歆窜改的。儒所以先起于邹鲁而不先起于周或其它各国，记得冯友兰说过一番理由。大意是说周室东迁，文物已经丧失，而鲁在东方素来是文化的中心。我看这理由是正确的。”[①] 从上述话语中可知，郭沫若认为儒在孔子以前已经

①《郭沫若全集》历史编第一卷，人民出版社1982年版，第456—458页。

有了，这个“以前”的上限是“春秋时代的历史的产物，是西周的奴隶制逐渐崩溃中所产生出来的成果”，即不同意胡适的“最初的儒是殷民族的教士”，也即在殷代不曾有儒。然而，甲骨文资料却证实了胡适的说法。

1975年，根据甲骨文资料，徐中舒先生发表了《甲骨文中所见的儒》① 一文。该文明确提出：“儒在殷商时代就已经存在了。”徐中舒认为，甲骨文中“需”字即原始的“儒”字，整个字像以水冲洗沐浴濡身之形。古人还不能制造大盆洗澡，只能用水罐灌水来冲洗，如今日之淋浴。“需”字正像人在淋浴时水自头顶上冲洗而下之形。然而，沐浴濡身何以又和儒联系起来？原来古代的儒在祭祖事神、办理丧事、为人相礼等时，都须经常斋戒。《礼记·儒行》说：“儒有澡身而浴德。”澡身即是沐浴，浴德则为斋戒。《孟子·离娄章句下》说：“虽有恶人，齐戒沐浴，则可以祀上帝。”足见沐浴、斋戒可表对上天、鬼神之诚敬。可见，甲骨文中的儒，像沐浴濡身之形，从儒者最初的职业来分析，是很有一些道理的。也就是说，甲骨文的资料证明了胡适的“最初的儒是殷民族的教士”说，与其相左的观点不攻自破。

关于《说儒》的第六个问题：论老子是正宗的儒。胡适认为，老子也是儒，而且是个“老儒”，是一个殷商老派的儒。儒的本义为柔，而《老子》书中教义正是一种“宽柔以教，不报无道”（《中庸》）的“柔道”：“弱之胜强，柔之胜刚，天下莫不知，莫能行”，“上善若水。水善利万物而不争”，“夫唯不争，故天下莫能与之争”，“报怨以德”，“强梁者不得其死”，“曲则全，枉则直，洼则盈”等，这都是“柔”的人生观。如果“儒，柔也”的古训是有历史意义的，那么，老子的教义正代表儒的古义。

至于老子这个老儒是不是殷商派的，胡适没做考证。故钱穆认为以老子为殷商老儒，显属无据。要考证老子是殷商派，关键要考证老子是否是殷商的后代。要考证老子是否是殷商的后代，首先要考证老子是否是宋国人。从有关史料可知，周克殷后，殷本部一分为二：其一为宋，承殷之后，为殷文化

① 参见《四川大学学报》（哲学社会科学版）1975年第4期。

的直接继承者；其一为卫，封给康叔，是新朝用来监视那残存的宋国的。为什么周还保留一个宋国，大概因为还是承认那个殷民问题的严重性，所以不能不在周宗亲（卫与鲁）和外戚（齐）的包围监视下，保存一个殷民族文化的故国。孔子的先祖为宋国贵族，而宋本殷后，因此，孔子的先祖为殷之贵族。

那么，老子是否是宋国人呢？如果是，才有可能是"殷商派"的老儒。最近读到孙以楷先生的《〈论语·子路〉中"南人有言"之"南人"考》[①]，关于老子的国籍问题可以明了了。孙以楷认为，《论语·子路》以及《礼记·缁衣》中的"南人有言"之"南人"是老子，因为"南人"所言强调"恒"。在春秋末，给予"恒"以道的含义，对"桓"特别重视的是老子。《老子》一开头就提出了"恒道"和"恒名"，并以"恒道"作为五千言的最高范畴。老子又居于沛，在孔子眼中自是"南人"。《庄子·庚桑楚》里也有一段记载，庚桑子曰："今吾才小，不足以化子。子胡不南见老子？"于是南荣趎"七日七夜至老子之所"。即南荣趎是自鲁出发南见老子。不仅"南人"是"老子"，而且这位"老子"是宋人而不是陈人，这是郭店楚简《缁衣》透出的信息。将今本《缁衣》与楚简《缁衣》同一段文字对比，可以看出老子的国籍。"今本《缁衣》：南人有言曰：人而无恒，不可为卜筮。楚简《缁衣》：宋人有言曰：人而亡恒，不可为卜筮。今本《缁衣》中的'南人'，在楚简《缁衣》中明确写为'宋人'。南人、宋人，都是指老子。"[②] 至此，老子是宋国人不成问题了。

老子不仅是宋国人，而且老子还出身于世家贵族。关于这一问题，孙以楷先生也做了论证。在《老聃是宋国老氏之后》一文里，孙先生的结论是："从老子姓老，我们推知老子当为宋国人。这不是说只有宋国才有老姓，除宋国外，楚国有，鲁国也有。但只有宋国老氏是世家贵族，才有资格出任史官。老氏祖上封地在彭城，后逃匿至离彭城不远的宋之相邑。老子是宋国相人。从老子为周王朝史官，我们推知他是世为史官的老馑之后，是宋国老氏

① 参见《孔子研究》2001年第6期。

② 孙以楷：《〈论语·子路〉中"南人有言"之"南人"考》，《孔子研究》2001年第6期，第112页。

之后。”[1]

以上史料佐证了胡适关于老子这个老儒是殷商派的说法是有根据的。但是还有一个关键问题，既然老子是殷商派的老儒，为什么通行本《老子》的一些说法和儒家的伦理观念针锋相对呢？譬如在“仁义”问题上，通行本《老子》有一些话语明显否定儒家的仁义观，这又做何解释呢？然而，随着1993年郭店竹简《老子》的出土，这一迷雾被拨开了。

众所周知，“仁义”是儒家人文精神的精华。传统看法以为先秦儒道两家的根本冲突，是对“仁义”的价值评价不同，而且对“仁义”的态度截然相反。郭店竹简《老子》的出土，表明了老子并没有反对仁义，由此改变了传统的看法。

简本《老子》没有与儒家伦理针锋相对的文字，通行本中那些明显否定儒家伦理观念的文字，在简本中皆有异文或文字上的增减。儒道冲突最激烈的一句话是“绝仁弃义，民复慈孝”，但在简本《老子》甲组一开头时是这样说的：“绝智弃辩，民利百倍；绝巧弃利，盗贼无有；绝伪弃诈，民复孝慈。”与通行本《老子》相比，只有三个关键字不同，那就是“绝智弃辩”，通行本作“绝圣弃智”；“绝伪弃诈”，通行本作“绝仁弃义”。“圣、仁、义”这三个关键性的字，关系到老子对儒的根本观点。然而简本《老子》并没有弃绝这三者，它所要弃绝的“辩、伪、诈”三者，也是儒家鄙视的。

另外，通行本《老子》第十八章有“大道废，有仁义”，简本《老子》丙组作“故大道废，安有仁义？”其意是大道废失了，何有仁义？换言之，大道存而不废，便有仁义了。可见“道”与“仁义”是具有同一内涵的概念。老子对“仁义”的理解和诠释与儒家仁义观具有一致性。

那么为什么通行本《老子》有与儒家伦理针锋相对的文字呢？简本《老子》与通行本《老子》之间是什么样的关系呢？郭沂先生认为：“竹简《老子》属于一个早已失传的传本系统，它出自春秋末期与孔子同时的老聃。帛书本

① 孙以楷：《老子通论》，安徽大学出版社2004年版，第29页。

和各种传世本属于另一个传本系统（正因为如此，笔者将它们统称为今本），它出自战国中期与秦献公同时的太史儋。后者曾将前者全部纳入并加以改造。在今本系统中，帛书本比通行的王弼本更接近于简本。也就是说，《老子》一书，有一个从简本到帛本再到通行本演化的过程。历史上的有关争议，大致都可以在这一框架下获得合乎情理的解释。”[1] 原来，通行本《老子》是经过太史儋改造的，是太史儋增加了与儒家伦理针锋相对的文字。根据郭沂先生的见解，简本《老子》的作者是与孔子同时并略长于孔子，且曾被孔子问礼的老子。

上述史料可见，老子不仅是殷商遗民，而且还是保持儒之古义并且熟谙仁义的儒家思想先驱，证实了胡适先生“老子是殷商派老儒”的论断。

（原载《孔子研究》2004年第4期，收入本书时有改动）

① 郭沂：《郭店竹简与先秦学术思想》，上海教育出版社2001年版，第481页。

《论语》中的君子观及其价值

君子是传统文化中理想人格的典范。君子的观念在孔子那里是指仁义的、道德品格高尚的、有远大抱负的人，这也是儒家“内圣”的内涵。君子追求的是“内圣”，要达到内圣的境界必须加强内在的修养。儒家有较系统的修养理论，尤其是在关于人性问题方面，集中体现了君子的修养观。儒家的“内圣外王”是君子的人生观，体现了个人与社会、自我价值与社会价值的高度统一。在推进中华民族伟大复兴的今天，我们对于这一传统的理想人格模式应加以吸收和改造，使其在培育和弘扬当代中华民族精神的过程中发挥积极作用。

一、君子的品格

在我国传统文化中，君子是一个非常常用的称谓。在我们一般人的观念中，君子是具有完善人格的人，讲礼貌、讲义气、行仁道、有修养、有正气的人被称为君子；反之，则被称为小人。在我们平时的生活之中，君子的观念也是非常流行的，如我们说某某有君子的风范、某某有失君子之风、某某是一个小人等等。现在也有很多俗语，比如“以小人之心，度君子之腹”等。说明君子的观念深刻地融入了我们的血液之中，已经形成了深层的文化心理结构。

君子的名称在中国文化中早已存在，《诗经》里就经常提到君子。如大家所熟知的“窈窕淑女，君子好逑”，《隰桑》中也说：“隰桑有阿，其叶有沃。既见君子，云何不乐？”而这个古代的观念经过孔子与其弟子的阐述，变得更加常用和流行，同时也被赋予了一些更为丰富的内涵。《论语》中提到君子的地方非常多，《论语》对君子的阐述，使我们进一步理解了“君子”的内涵。

在《论语》中，孔子从多种角度论述了君子的含义。从君子的本质来讲，孔子说：“君子去仁，恶乎成名？君子无终食之间违仁，造次必于是，颠沛必于是。”（《论语·里仁》）我们知道，“仁”是孔子思想的核心。孔子认为“仁”是君子的本质所在。意思是说，君子离开了仁，怎么还能称为君子呢？君子是一刻也不离开仁的，与仁融为一体，密不可分。又说“君子义以为质，礼以行之，孙（逊）以出之，信以成之。君子哉！”（《论语·卫灵公》）认为义是君子的质，义和仁一样，是君子的本质。作为一个君子，义是基础，是质，礼、孙（逊）、信是君子的行为，是文。孔子说：“文质彬彬，然后君子。”（《论语·雍也》）具备了仁义，再以礼、孙（逊）、信，就是一个真正的君子了。孔子又说：“君子义以为上。”（《论语·阳货》）认为义是君子的一个根本品质。在孔子看来，仁义就是君子的本质所在。这也说明，仁义是儒家思想最本质的特征，也是君子的根本特质。

关于君子所具有的品格，孔子也有很多论述。他说：“君子上达，小人下达。”（《论语·宪问》）认为君子是积极进取、向上发展的；而小人则刚好相反，是消极颓废、沉沦向下、走下坡路的。孔子又说：“君子坦荡荡，小人长戚戚。”（《论语·述而》）君子是坦荡荡的，是光明正大的，是心胸广阔的，是没有什么见不得人的东西的。这种坦荡，不仅指为人处世上的坦荡，而且指心态和修养上的坦荡。有了这种坦荡，自然也就能够从容不迫、一身正气。

而小人则不然，心胸狭窄、不坦荡，常常会感到忧愁和悲伤。还会为自己犯过的罪、做过的违背良心之事感到害怕。孔子通过对比君子和小人，把君子的这些光明磊落、积极进取的品格更深刻地体现了出来。

孔子认为，君子的心里面总是关心着道德之类的大事情。孔子说："君子怀德，小人怀土；君子怀刑，小人怀惠。"（《论语·里仁》）也就是说君子关心道德建设、治安秩序和社会的发展，而小人却只关心自己的土地财产，以及个人利益。孔子又说："君子喻于义，小人喻于利。"（《论语·里仁》）君子明白道义，而小人只明白私利。

君子的品格更多的是通过行为体现出来的。我们可以从以下几个方面来看一看：一是君子的志向和胸怀，二是君子的言行，三是君子对人的态度，四是君子严谨的生活作风。

君子的志向是远大的，不会仅仅局限于个人的一己之私和利益得失，他们关注的是全社会和全人类的命运和道的实现。孔子说："君子谋道不谋食。耕也，馁在其中矣；学也，禄在其中矣。君子忧道不忧贫。"（《论语·卫灵公》）就是说君子注重道的实现，不注重谋取食物。也就是说，君子是为了实现道而努力，不是为了生活和生存而打拼。何况仅仅为了生活去打拼的话，也会有挨饿的时候。学习是为了道的实现，俸禄也会因此而来。君子所忧患的是道能否实现，而不会因为贫而感到忧愁。孔子又认为："君子食无求饱，居无求安。"（《论语·学而》）君子对食物和居住条件没有特别的要求。"隐居以求其志，行义以达其道"（《论语·季氏》），君子在隐居的时候，也不会放弃自己的志向，能够出来做事的话，就以行义来实现自己所要推行的大道，"士志于道"就是这个意思。这说明君子的志向在于道义，同时也表现了君子的广阔胸襟。

孔子在《论语》中多次提到和论述君子的言行。子贡问什么是君子，子曰："先行其言而后从之。"（《论语·为政》）孔子认为君子对于言，首先是要去实践，然后再说出来。在这里，孔子也是针对子贡的。因为子贡经常话说得好，但不一定能够去做。这话虽然有针对性，但同样具有普遍的意义。

孔子认为言行要一致，他说："古者言之不出，耻躬之不逮也。"（《论语·里仁》）即古人的言论不轻易出口，他们以自己的行为跟不上为可耻，就是说古代有修养的人，是要做得到才说的。孔子认为君子"敏于事而慎于言"（《论语·学而》），"君子欲讷于言而敏于行"（《论语·里仁》）。君子的语言不太多，同时还说得很慎重，而行动却是敏捷的，对事情也是敏捷的，因为"君子耻其言而过其行"（《论语·宪问》），即我们常说的"言过其实"，君子对于言行不一致会感到羞耻。

君子对于人的态度，也是值得我们去学习的。孔子说："君子成人之美，不成人之恶。"（《论语·颜渊》）这也是我们中国文化的一个特质。君子会去成全别人的好事，而不会去成全别人的恶。假如成人之恶的话，那就不是君子了。

君子生活在社会当中，表现出来的是高尚的操守和修养。孔子说："君子矜而不争，群而不党。"（《论语·卫灵公》）君子有自己的坚持和操守，而不会去争夺什么，也不会像小人一样去拉帮结派，集合起来去干坏事。即便有所争，也是君子之争："君子无所争。必也射乎！揖让而升，下而饮。其争也君子。"（《论语·八佾》）君子之争如体育竞赛的射箭，按照一定的礼仪规范来，比完以后还要一起来喝一杯，在规则的范围内竞争。

君子重视朋友的感情。曾子认为，君子以文会友。曾子说："君子以文会友，以友辅仁。"（《论语·颜渊》）可以看出，君子重视友情，以文会友，探讨共同的话题，有一种很自然的深沉的友爱之情，同时也具有高雅的情致和仁爱的情怀。孔子认为："君子易事而难说也。"（《论语·子路》）君子和人交往，很容易共事，但不会取悦别人。又说："君子和而不同。"（《论语·子路》）君子与人交往重视和谐，而不求无原则的同。

君子的生活作风是严谨的。君子在平时的生活中，很注重自己的修养和仪表。曾子认为君子所贵乎道者三："动容貌，斯远暴慢矣；正颜色，斯近信矣；出辞气，斯远鄙倍矣。"（《论语·泰伯》）意思是君子注意修饰自己的动作和外貌，举止优雅，热情待人，这样就会避免粗暴放肆；君子端正自己的态度和表情，这样就会让人觉得可信；君子讲究语言和语气，这样就会远离粗野和悖理。子夏赞扬孔子说："君子有三变：望之俨然，即之也温，听其言也厉。"（《论语·子张》）子夏把孔子称为君子。孔子的外在修养有三种情况：远远看上去他很威严庄重，和他交往时他却是很温和的，听到他说话，则觉得很深刻、很有道理。孔子也认为"君子不重，则不威；学则不固"（《论语·学而》），告诉我们要庄重、端正，这样学习的知识才会牢固。这也是孔子在日常生活中所表现出来的君子之风。

实事求是也是君子的优秀品格之一。《论语》中说："君子于其所不知，盖阙如也。"（《论语·子路》）君子对于自己不知道的事物，不会去乱讲，就放在一边，不表达自己的观点。这也就是所谓"知之为知之，不知为不知，是知也"（《论语·为政》）的意思。

君子做事情，是融入了自己的真挚情感的，也就是带着自己的情感去为人处世的。孔子认为："君子之居丧，食旨不甘，闻乐不乐，居处不安。"（《论语·阳货》）君子在有亲人不幸离开人世的时候，就是吃美味也不会感到甜，听音乐也不会高兴，住在家里也不会感到舒适。这也是人天性的表现，君子保持了纯真的天性，把内心深厚的情感表现在了日常生活之中。

而君子的上述品格，对比小人，就会更加凸显出来。孔子经常把小人和君子做对比。如"君子和而不同，小人同而不和"；"君子易事而难说也"，"小人难事而易说也"（《论语·子路》）等。小人的品质刚好和君子相反："君子泰而不骄，小人骄而不泰。"（《论语·子路》）君子安泰从容而不会骄傲自满，小人刚好相反，骄傲自满而不安泰从容。孔子告诫子夏："女为君子儒！无为小人儒！"（《论语·雍也》）"君子儒"自然要有君子的风范，而"小人儒"就是读书再好、知识再多也还是小人。君子与小人对待过错的态度也是截然不同的。子夏曰："小人之过也必文。"子贡曰："君子之过也，如日月之食焉：过也，人皆见之；更也，人皆仰之。"（《论语·子张》）小人有过错了，必然会文过饰非；而君子有了过错，承认过错，改了过错，大家同样赞扬。

总之，君子在孔子那里是指仁义的、道德品格高尚的、有远大抱负的人，这也是儒家所谓“内圣”的内涵。

二、“君子”与“内圣外王”

儒家要求“君子”要做到“内圣外王”，即“内圣外王”是君子的人生观。

人生观是指对人生的目的、意义和价值等看法和态度的总和。说简单一点，人生观就是对人活在世上的看法。如认为“人为财死，鸟为食亡”，人生在世就为吃喝玩乐，是一种人生观；古人发愤于科举，为的是金榜题名，光宗耀祖，享尽人间荣华富贵，也是一种人生观。可见，不同的人有不同的人生观。

儒家的人生观是什么？儒家强调入世，强调进取，强调对社会的担当意识，所以，“自强不息”是儒家人生观的重要特征。儒家的这种人生观在不同的历史阶段有不同的表述，如在先秦为“内圣外王”的人生观；而北宋的理学家张载的“四句教”，更是将儒家的担当意识发挥得淋漓尽致，即“为天地立心，为生民立命，为往圣继绝学，为万世开太平”。我们可以把张载的“四句教”解释如下：为社会建构精神世界，为民众提供生存保障，传承古代学术与文明，开拓万世太平。“四句教”涉及社会和民众的精神价值、生活意义、学统传承、政治理想等内容，可以说，张载的“四句教”是对“内圣外王”人生观的具体化。

那么，如何理解“内圣外王”呢？

“内圣外王”是儒家为人生确立的根本方向。“内圣”即内在的知识修养和道德修养达到了较高的境界，也就是我们常说的道德高尚、综合素质比较高；“外王”即用知识和道德报效国家，服务社会，也就是我们现代意义上的为人民服务。

“内圣外王”的思想原出自儒家的经典《大学》。《大学》所提出的“三纲八目”，集中表述了儒家“内圣外王”的人生观。《大学》一开篇提出“三纲”：“大学之道，在明明德，在亲民，在止于至善。”“明明德”就是使美好的品德显明，包含个人品德和社会道德风尚；“亲民”即是走群众路线，既深入民众又改造和影响民众；“止于至善”就是要达到“善”的境界，实现平天下、民富国强的理想。

所谓“八目”，就是为了实现“三纲”所确立的具体步骤。“八目”即“格物、致知、诚意、正心、修身、齐家、治国、平天下”。一般又把“八目”分为两大方面，即“格物、致知、诚意、正心、修身”为自我内在的修养工夫，也就是“内圣”工夫；“齐家、治国、平天下”为外在的实践工夫，即服务社会，报效国家，也就是“外王”的工夫。“八目”后来简化为我们常说的“修身、齐家、治国、平天下”，即“修、齐、治、平”。“修身”就是加强自身的道德修养，使自己成为一个高尚的人、一个有远大理想的人。“齐家”就是要管理好自己的家庭和家族。因为家庭是社会最基本的细胞，能够管理好自己的家庭，才有可能管理好国家。如果连自己的家庭都管理不好，就更说不上治理国家了。“治国、平天下”是儒家外在努力的最高目标。这个目标的提出，应与春秋战国时代整个中国的政局有关。因为这个时代诸侯国林立，周王朝名存实亡，中国面临分裂。而儒家一贯主张中国的大一统，所以，维护中华民族统一的“治国、平天下”，就成了儒家外在努力的最高目标。

“三纲”和“八目”构成了一个有机的逻辑整体。“三纲”是最高境界，“八目”是具体实现步骤。“三纲”“八目”以精练的语言揭示了儒家思想丰富的精神内涵，以及儒家理想人格修行和作为的整个过程，形成了一个由“内圣”到“外王”的缜密思想体系，展示了儒家服务社会、报效国家的远大志向和宏伟抱负。孔子所说的“修己以安人”“修己以安百姓”（《论语·宪问》）就是“内圣外王”之道，其中“修己”是“内圣”，“安百姓”是“外王”。“圣”是理想人格的最高境界，达到这一境界的就是“圣人”。只有“内圣”，才能成就“外王”的事业。这种“外王”事业，以“博施济众”为极致，孔子将它树立为儒家的最高政治理想。

三、“内圣外王”的当代价值

儒家“内圣外王”的人生观，体现了个人与社会、自我价值与社会价值的高度统一。儒家很重视人的社会本性，个人不脱离社会群体而生存。而要生存，就必须处理好个人与社会之间的关系。儒家“内圣外王”的人生观，正是建立在个人与社会关系的基础上。个人生存的意义乃是个人价值与社会价值的统一，自我满足与满足社会的统一。孔子说：“夫仁者，己欲立而立人，己欲达而达人。”（《论语 · 雍也》）己立、己达是起点，立人、达人是归宿，满足自己同时也要满足他人，才是仁者情怀。人的价值与社会的价值在本质上是统一的，人的个人价值只有转化为社会价值，才有意义，也就是说，社会价值的实现也就是人的自我价值的实现。

儒家“内圣外王”的人生观，不仅对中华民族精神的形成与发展产生了巨大的推动作用，而且对我们今天塑造理想人格以及培育良好的个人修养也有着重要的借鉴意义。“内圣”即是进行道德修养，成就圣贤人格，形成正确的人生观、世界观和价值观。养成高尚的道德人格是做人的根本，是建功立业的条件。“外王”则是从事实践以建功立业。“内圣外王”就是正己才能正人，修己才能修人，才能治国平天下。从道德建设这个角度来说，一个道德高尚的人必然会感染他人、教育他人，激发他人内心的道德意识，进而使他人自觉或不自觉地向往、学习、效法。如果人人都注重个人修养，起榜样示范作用，就会带动周围人相互学习，从而改善社会风气。

儒家“内圣外王”就是提倡“忧国忧民”的忧患意识和献身精神。儒家的忧患意识表现出一种爱国情怀，是“天下兴亡，匹夫有责”的强烈责任感与捍卫民族尊严、维护祖国利益的崇高品德，表现在行动上就是奉献精神。学习儒家的忧患意识和献身精神，可使我们主动把自我与社会联系起来，处处以大局和国家为重，激发爱国情怀。

诚然，“内圣外王”的人格模式并非十全十美，但不容否认，这种人生观的理想人格、价值取向是积极和有意义的，是中华民族文化的主体精神。尤其是其中自强不息、积极有为、以天下为己任的使命感和责任感，以及“国家兴亡，匹夫有责”的博大精神，更是中华民族精神不可分割的一部分。中国历代知识分子常常以“穷则独善其身，达则兼济天下”“乐以天下，忧以天下”来激励自己，这和“内圣外王”的人生观思想是一致的。就是在现代，这一思想体系也仍然有其积极的成分，仍能为我们所借鉴。它所提出的知识的学习和道德的修养，以及“治国、平天下”的人生目标，要求我们既要有较强的知识才能，又要有较高的道德修养，更要有胸怀祖国的远大目标。为了这样的目标去奋斗的人，就是一个高尚的人、一个有道德的人、一个有远大抱负的人。在推进中华民族伟大复兴的今天，我们对于这一传统的理想人格模式应加以吸收和改造，使其在培育和弘扬当代中华民族精神的过程中发挥积极作用。

（原载《中华孔学》2018年第4期，收入本书时有改动）

论荀子哲学思想的创新性

荀子（约前313—前238），名况，字卿，战国末期著名的哲学家、思想家。多次游学齐国，在稷下学宫三为“祭酒”。后至楚国，被春申君任命为兰陵令。《史记·孟荀列传》说：“春申君死而荀卿废，因家兰陵。”从此，荀子就一直在兰陵居住，著书终其一生。

荀子的学术渊源于儒家，他以继承仲尼、子弓（孔子的弟子仲弓，姓冉名雍）的学说为己任。但荀子长期在稷下学宫，接触各学派思想，吸收了各家学说，其思想与孔孟思想有所不同，因此遭到宋儒的激烈批评，宋儒甚至要把他排除在儒家之外。“二程”批评荀学“极偏驳”，朱熹则将其视为“异端”。朱熹说：“荀卿则全是申、韩，观“成相”一篇可见。……其要卒归于明法制，执赏罚。”（《朱子语类》卷一百三十七）他认为荀学的最大缺陷是粗糙，“如吃糙米饭相似”（《朱子语类》卷一百三十七）。特别是荀子的性恶论，在朱熹看来是从根本上犯了错误：“今于头段处既错，又如何践履？”（《朱子语类》卷一百三十七）他要求弟子“不须理会荀卿，且理会孟子性善”（《朱子语类》卷一百三十七）。朱熹对于韩愈给予荀子“大醇而小疵”的评价也不满意，他说这种评价并不是程颐说的“责人恕”的问题，而是“看人不破”。如果荀学还有什么“好处”的话，只可说“胜似扬子”（《朱子语类》卷一百三十七）。由此，荀子思想在很长时期内不为正统儒学所重视，被看作儒家的别派。

荀子的哲学思想果真像“程朱”所批评的那样吗？其实不然，荀子在论述自己的哲学思想时，既体现了对孔孟思想的坚持和继承，又体现了对孔孟思想的发展和创新。

一、坚持孔孟“天命”范畴，发展其“自然”的内涵

天人关系问题是儒家研讨的重要问题之一，孔孟对这一问题都提出了自己的见解。孔子认为天命是支配自然和人类社会的必然性，主张“畏天命”“知天命”，但也继承了“以德配天”的思想，赋予“天”以伦理意义。孟子继承孔子天命思想，把天作为人世的重要支配力量，并进一步赋予天以道德属性，同时也肯定了人的主观能动性，认为心、性、天原为一体，天人相互贯通，二者在道德属性上合而为一，“尽心”就能“知性”，“知性”就能“知天”。可见孔孟是以人的知性以及社会的伦理道德来解决天人关系问题的。

在对“天命”和天人关系的理解上，荀子的观点与孔孟的学说有所不同。荀子认为自然界之天和人类社会各有自身的运动发展规律，主张“明于天人之分”，认为“天”是客观存在的自然界，其运行规律也是客观的。日月星辰、山川草木、阴阳四时，都同属于这个物质性的自然界。荀子说：

> 列星随旋，日月递照，四时代御，阴阳大化，风雨博施。万物各得其和以生，各得其养以成。不见其事而见其功，夫是之谓神。皆知其所以成，莫知其无形，夫是之谓天。（《荀子·天论》）

荀子把运动变化等机能叫作“神”，把运动变化所形成的自然界叫作“天”。荀子认为宇宙万物不是神造的，而是自身差异运动的结果：“天地合而万物生，阴阳接而变化起。”（《荀子·礼论》）这就把天视为有运行变化、产生万物机能的自然物质世界。

荀子进一步认为：“天有常道矣，地有常数矣。”（《荀子·天论》）“常

道”“常数”都是指自然界所固有的法则、规律。荀子说：“天行有常，不为尧存，不为桀亡。应之以治则吉，应之以乱则凶。”（《荀子·天论》）就是说自然界是按其自身固有的规律运动变化的，它不因人世间统治的好坏而发生改变。相反，人们只有遵循自然规律，才能取得好的结果；如果违背自然规律，就要遭殃。荀子还指出自然界的“星坠、木鸣”“日月之蚀”“风雨不时”“怪星党见”等怪异现象都是自然界的物质性变化，人们既不必“畏”，也不必“恐”，它对人间的政局既“无伤”也“无益”：

星队（“坠”的古字）、木鸣，国人皆恐，曰：是何也？曰：无何也。是天地之变、阴阳之化、物之罕至者也。怪之，可也；而畏之，非也。夫日月之有蚀，风雨之不时，怪星之党见，是无世而不常有之。上明而政平，则是虽并世起，无伤也；上暗而政险，则是虽无一至者，无益也。（《荀子·天论》）

荀子明确指出日月之蚀、风雨不调、陨星彗星出现，都是自然界的变化，无论什么世道都可以出现，与社会的治乱吉凶无关。政治清明，这些怪异现象即使同时出现也无害；如果政治昏乱，即使没有一件怪异现象，也不会得到什么益处。所以真正可怕的是“人祆”，“人祆则可畏也”（《荀子·天论》）。自然的力量可以造成天灾，但不能祸国殃民。如果为政措施得当，依道而行，那么怪异现象出现无妨于治；如果为政措施失当，即使没有出现异常现象也无助于治。

荀子在规定天的自然物质性的基础上，认为天和人、自然和社会各有不同的职能。荀子说：

不为而成，不求而得，夫是之谓天职。如是者，虽深，其人不加虑焉；虽大，不加能焉；虽精，不加察焉；夫是之谓不与天争职。天有其时，地有其财，人有其治，夫是之谓能参。舍其所以参，而愿其所参，则惑矣！（《荀子·天论》）

天能生物，不能辨物也；地能载人，不能治人也。（《荀子·礼论》）

天的职能是通过无意识的“不为而成”“不求而得”的自然过程生成万物；

人的职能是对自然和社会“有其治”，即治理自然和社会。对于天的职能，人应该“不加虑”“不加能”“不加察”，即“不与天争职”。对于人的职能，人则不应该放弃。如果人放弃了自己的职能，而一心与天争职，这就叫“舍其所以参，而愿其所参”，这就是“惑”，是一种不懂天人相分道理的糊涂表现。所以，“天不为人之恶寒也辍冬，地不为人之恶辽远也辍广”（《荀子·天论》），自然界的运行变化都有不以人的意志为转移的规律。

由于天有天的职能，人有人的职能，所以，天道不干预人事，强调“治乱非天也”“治乱非时也”（《荀子·天论》），社会的治乱完全在于人为，与天无关。即社会治乱的根源只能从社会自身去寻找。荀子说：

强本而节用，则天不能贫；养备而动时，则天不能病；循道而不忒，则天不能祸。故水旱不能使之饥，寒暑不能使之疾，祆怪不能使之凶。本荒而用侈，则天不能使之富；养略而动罕，则天不能使之全；倍道而妄行，则天不能使之吉。故水旱未至而饥，寒暑未薄而疾，祆怪未至而凶。受时与治世同，而殃祸与治世异，不可以怨天，其道然也。故明于天人之分，则可谓至人矣。（《荀子·天论》）

这是说，人的所作所为，自然界是不能给以祸福的。由于“人有其治”，所以能治理好万物和人类社会的是有为之人。

揭示天人有不同的职能并不是荀子的目的，其目的在于“制天命而用之”，在于让人们不要迷信天，而应该积极发挥主观能动性，去征服自然，使之为人类服务。荀子说：

大天而思之，孰与物畜而制之？从天而颂之，孰与制天命而用之？望时而待之，孰与应时而使之？因物而多之，孰与骋能而化之？思物而物之，孰与理物而勿失之也？愿于物之所以生，孰与有物之所以成？故错人而思天，则失万物之情。（《荀子·天论》）

这里荀子比较了对待天和自然的两种不同的态度和观点：一种是仰慕天意、赞颂天德、期待天时以及听任万物、思念万物、仰慕万物的迷信而消极的态度；一种是控制自然、利用自然、变革万物、治理万物的理智而积极的态度。荀子明确否定了前者而赞扬后者，并且指出前者的错误在于“错人而思天，则失万物之情”，即丢掉人的主观能动性而消极地等待天的恩赐。与其迷信天的权威去思慕它、歌颂它，等待天的恩赐，不如利用自然规律，使其得到充分合理的利用。在这里可以看到“制天命而用之”的观点同孔子“君子畏天命”的主张是根本不同的。

总之，荀子天人关系的学说继承了孔孟肯定人的能动性的积极成分，克服其“尊天”“知命”“畏天命”等消极成分，并吸取道家天道自然的思想，使先秦的天人关系论达到了一个新的理论高度。

二、扬弃“性善”，主张“化性起伪”

人性问题是荀子思想的又一个闪光点。荀子从“明于天人之分”出发，主张在人性问题上，也应把属于自然的东西和人为的东西加以区分，否认在人性中具有先验的道德因素。荀子反对孟子的性善说，批评孟子的性善说是“不及知人之性，而不察乎人之性、伪之分”，“故性善，则去圣王、息礼义矣；性恶，则与圣王、贵礼义矣”（《荀子·性恶》）。因此，荀子的人性论先从区分“性”“伪”入手，进而论述“性恶”的特征和“伪”的作用，最后落脚到通过“化性起伪”的途径而达到“涂之人可以为禹”（《荀子·性恶》）的目标。

与孟子的性善说相反，荀子认为人性恶。荀子性恶论的起点是首先把人性分为“性”和“伪”两部分：“凡性者，天之就也，不可学，不可事。礼义者，圣人之所生也，人之所学而能、所事而成者也。不可学、不可事而在天者，谓之性；可学而能、可事而成之在人者，谓之伪；是性、伪之分也。”（《荀子·性恶》）就是说自然生成的是“性”，经过学习和努力形成的人性是“伪”。人的本性和人通过后天的学习形成的品德能力是有区别的。荀子所说的人性仅指人的自然本能。“生之所以然者谓之性”（《荀子·正名》），“性者，本始材朴也”（《荀子·礼论》），不包括人的社会属性。凡是人在社会生活中获得的属性，他不称之为“性”，而谓之“伪”。

在规定了性分为“性”和“伪”两部分后，荀子进而明确提出“人之性恶”

的观点。荀子说：

今人之性，生而有好利焉，顺是，故争夺生而辞让亡焉；生而有疾恶焉，顺是，故残贼生而忠信亡焉；生而有耳目之欲，有好声色焉，顺是，故淫乱生而礼义文理亡焉。（《荀子·性恶》）

若夫目好色，耳好声，口好味，心好利，骨体肤理好愉佚，是皆生于人之情性者也，感而自然、不待事而后生之者也。（《荀子·性恶》）

由上可见，荀子所讲的人性，是一种单个人的抽象的自然生物性，是一种本能心理，与封建道德礼仪规范格格不入，认为人性“生而有好利焉”“生而有疾恶焉”“生而有耳目之欲，有好声色焉”，如果“从人之性，顺人之情，必出于争夺，合于犯分乱理，而归于暴”（《荀子·性恶》），所以人性是恶的。

先天的人性是“恶”的，那么，如何使之变“善”呢？荀子认为，“人之性恶，其善者伪也”（《荀子·性恶》）。“善”是人为的结果，是由于后天环境的影响和主观上的努力学习，修养而化“恶”为“善”，这就是“化性起伪”。“伪”，即人为。唐人杨倞注曰：“伪，为也，矫也，矫其本性也。凡非天性而人作为之者，皆谓之伪。故为字‘人’傍‘为’，亦会意字也。”（《荀子集解》）荀子主张“人之性恶”，但并不是说人性止于“恶”，他同样要求将人性转向礼义、转向善。

故古者圣人以人之性恶，以为偏险而不正、悖乱而不治，故为之立君上之势以临之，明礼义以化之，起法正以治之，重刑罚以禁之，使天下皆出于治、合于善也。是圣王之治而礼义之化也。（《荀子·性恶》）

然则从人之性，顺人之情，必出于争夺，合于犯分乱理，而归于暴。故必将有师法之化、礼义之道，然后出于辞让，合于文理，而归于治。用此观之，然则人之性恶明矣，其善者伪也。（《荀子·性恶》）

故圣人化性而起伪，伪起而生礼义，礼义生而制法度。然则礼义法度者，是圣人之所生也。（《荀子·性恶》）

荀子认为人的本性可以“化”，可以改造，可使先天之“恶”变为后天之

“善”，“化性起伪”是成为圣人的根本途径。普通人与圣人在天赋的自然人性上并无区别：“圣人之所以同于众、其不异于众者，性也”，“凡人之性者，尧、舜之与桀、跖，其性一也；君子之与小人，其性一也”。(《荀子·性恶》)圣人之所以可贵，之所以不同于常人，就在于他能“化性起伪”，即“所以异而过众者，伪也”(《荀子·性恶》)。由于圣人已具备完善的人格、人性，所以圣人制定礼义法度：“然则礼义法度者，是圣人之所生也”，“凡所贵尧、禹、君子者，能化性，能起伪，伪起而生礼义；然则圣人之于礼义积伪也，亦犹陶埏而生之也”(《荀子·性恶》)。

荀子还指出，通过“化性起伪”而成为圣人、君子，这种可能性对于任何人都是存在的：“凡禹之所以为禹者，以其为仁义法正也。然则仁义法正有可知可能之理，然而涂之人也，皆有可以知仁义法正之质，皆有可以能仁义法正之具；然则其可以为禹明矣。”(《荀子·性恶》)人们既然都有懂得和做到“仁义法正”的可能，那么当然都有可能成为尧禹。问题在于人们是否发挥主观能动性积极向善。如果他能够持续不断、日积月累地努力，就会使可能变为现实，这就是荀子的“圣可积而致”：

> 今使涂之人伏术为学，专心一志，思索孰察，加日县久，积善而不息，则通于神明，参于天地矣。故圣人者，人之所积而致也。(《荀子·性恶》)

“圣可积而致”，但并非所有的人都能达到这一点。荀子说：“可以而不可使也。”(《荀子·性恶》)就是说，有可能达到，但不能强使人人达到，因为有些人“不肯为”，不愿意发挥能动性成为圣人，“涂之人可以为禹，则然；涂之人能为禹，未必然也”(《荀子·性恶》)，即要把“为禹”的可能性与必然性区分开来，可能性不等于必然性。但没有必然性不等于取消可能性：

> 然则可以为，未必能也；虽不能，无害可以为。然则能不能之与可不可，其不同远矣，其不可以相为明矣。(《荀子·性恶》)

荀子的性恶说同孟子性善说似乎完全是对立的，但实际上二者有同有异。他们都强调人之所以为人是在于人有人伦道德；他们都肯定人人有对善的追求，肯定人在道德上的平等。如孟子提出“人皆可以为尧舜”，荀子主张“涂之人可以为禹”。之所以有性善性恶之争，除对人性理解的不同外，还有他们对善的理想与现实存在的恶的矛盾认识不同。人性善恶之争，实质上是对于善是性还是伪之争，以及对人性是任其自然还是积极有为地改造之争。从荀子整个思想体系来看，不仅要“制天命而用之”改造自然界，而且要“化性起伪”改造人和人类社会，这反映出荀子治国、平天下的积极向上精神。

三、坚持“隆礼”、注重“重法”的政治思想

孔孟在政治思想方面，强调礼和仁，强调为政以德、仁政。荀子基本上继承儒家的政治思想，主张隆礼重教，以礼教为主；但也吸收法家思想，主张礼、法并重。“隆礼、尊贤而王，重法、爱民而霸”（《荀子·强国》），这可以说是荀子政治思想学说的基本纲领。

在儒家思想中，“礼”是指社会的等级制度、道德规范和礼节仪式。荀子继承儒家礼治的基本精神，同时对礼治思想做了较大的改造与发展。“礼者，政之挽也”（《荀子·大略》），挽，引车也，政之行必须以礼牵引或指导。

关于礼的起源，荀子认为“欲多物少”是礼产生的原因。他说：

> 礼起于何也？曰：人生而有欲；欲而不得，则不能无求；求而无度量分界，则不能不争；争则乱，乱则穷。先王恶其乱也，故制礼义以分之，以养人之欲、给人之求，使欲必不穷乎物，物必不屈于欲，两者相持而长。是礼之所起也。（《荀子·礼论》）

就是说人的欲求和物质生活资料之间的矛盾如不予以解决和调节，就会导致人与人之间的争夺，导致社会动乱和穷困。先王为了解决这一问题，制作礼义，将欲求和物质的供给矛盾协调好，并且使两者平衡发展。可见礼的起源如同国家契约论，源自人类社会的经济生活。

关于礼的作用，荀子指出是“明分”。他说，“分莫大于礼”（《荀子·非相》），先王“制礼义以分之”。礼的“明分”主要有：

财物多寡之分。为了解决“欲”和“物”的矛盾，就必须用礼来规定各类

人物对物质财富占有的多少，即“礼者，贵贱有等，长幼有差，贫富轻重皆有称者也”（《荀子·富国》）。

等级贵贱之分。荀子说：“贵贵、尊尊、贤贤、老老、长长，义之伦也。行之得其节，礼之序也。”（《荀子·大略》）只有以礼来区分社会等级，使“贵贱有等，长幼有差”，人们才能安分，社会才能安宁。

道德要求之分。荀子说：“礼也者，贵者敬焉，老者孝焉，长者弟焉，幼者慈焉，贱者惠焉。”（《荀子·大略》）这就是说，对不同的人，其道德要求也有所不同。

由于礼是一种区别等级、划分名分和职分的标准，所以礼在社会政治生活中十分重要。荀子说：“礼之所以正国也，譬之，犹衡之于轻重也，犹绳墨之于曲直也，犹规矩之于方圆也。”（《荀子·王霸》）“人无礼则不生，事无礼则不成，国家无礼则不宁。”（《荀子·修身》）“礼者，政之挽也。为政不以礼，政不行矣。”（《荀子·大略》）荀子不仅重视礼，同时重视法。荀子认为法同礼一样，都是治理国家的根本。荀子认为：“法者，治之端也”，“隆礼至法，则国有常”。（《荀子·君道》）荀子所说的法侧重于国家政策和法律法令。荀子指出，在法治的实践中，应以法胜私，不能以私乱法。他说：“怒不过夺，喜不过予，是法胜私也。”（《荀子·修身》）就是说，不以个人的喜怒而“过予”“过夺”，“予”与“夺”皆以法律为准绳。

关于刑罚与罪行之间的关系，荀子认为应相称，而不能失称。如果刑罪不称，“罪至重而刑至轻”，“杀人者不死，而伤人者不刑，是谓惠暴而宽贼也，非恶恶也”；“刑称罪则治，不称罪则乱”。（《荀子·正论》）

关于礼、法之间的关系，荀子说：“《礼》者，法之大分，类之纲纪也。”（《荀子·劝学》）即礼是确定法的总纲，法从属于礼。因此，礼是法的核心，是法的纲纪；礼高于法，礼大于法，“礼义生而制法度”。可以看出，荀子以法治充实礼治、以礼治统摄法制的政治思想，是对战国晚期地主阶级发展封建制和建立中央集权专政的自觉适应，又是继承和坚持儒家基本立场的自觉表现。正因为他以“隆礼”为主，所以理当被归之于“儒家”行列；但又因其兼重法治、讲性恶，故又遭后世“大醇而小疵”“极偏驳”之责难。

四、从“一天下”到“一制度”：对儒家“大一统”思想的深化

儒家的“大一统”思想有着悠久的传统，在历史上产生了巨大的作用和影响，是中华民族的共识和维系中华民族团结统一的重要纽带。《尚书》就提出了“协和万邦”。孔子、孟子以其当时社会历史条件为基础，形成了先秦儒家“大一统”思想。孔子认为要实现一匡天下，必须要“复礼”。孔子憧憬“大一统”的国家，曾经周游列国宣扬自己的学说。“仁”学是孔子的核心思想。孔子认为“仁者爱人”，统治者爱天下万民，体恤百姓，整个社会人人相亲相爱，才能促进社会安定，从而促进国家统一。当然，孔子的“仁爱”思想是以封建等级秩序为基础的，所以孔子认为要实现一匡天下，还必须要“重礼”或者说是“复礼”，即克制自己的不合理愿望，恢复周礼，这样才能维护社会的正常秩序，达到国家的统一。

孟子认为国家分裂、年年战争，给人民带来了灾难，使得人民渴望和平。孟子曾在与梁襄王讨论如何使天下安定的问题时指出，国家的统一是社会发展的趋势，整个局势最后会“定于一”。

荀子继承孔孟“大一统”思想，明确提出“一天下”和“一制度”。

战国中后期出现了“天下为一”的趋势，秦国统一六国的趋势日渐明朗，天下一统的要求更加强烈。荀子说：

> 古者天子千官，诸侯百官。以是千官也，令行于诸夏之国，谓之王；以是百官也，令行于境内，国虽不安，不至于废易遂亡，谓之君。……世俗之为说者曰：“汤、武不能禁令。”是何也？曰：“楚、越不受制。”是不然。汤、武者，至天下之善禁令者也。汤居亳，武王居鄗，皆百里之地也，天下为一，诸侯为臣，通达之属，莫不振动从服以化顺之，曷为楚、越独不受制也？彼王者之制也，视形势而制械用，称远迩而等贡献，岂必齐哉？（《荀子·正论》）

“令行于诸夏之国，谓之王”“天下为一”，即天子法令畅通于千官诸侯而

王天下。显而易见，荀子的“天下为一”就是大一统的“一天下”。

荀子曾把儒者分为“三儒”，即俗儒、雅儒、大儒。

法后王，一制度，隆礼义而杀《诗》、《书》；其言行已有大法矣，然而明不能齐法教之所不及、闻见之所未至，则知不能类也；知之曰知之，不知曰不知，内不自以诬，外不自以欺，以是尊贤畏法而不敢怠傲：是雅儒者也。法先王，统礼义，一制度，以浅持博，以古持今，以一持万；苟仁义之类也，虽在鸟兽之中，若别白黑；倚物怪变，所未尝闻也，所未尝见也，卒然起一方，则举统类而应之，无所拟怍；张法而度之，则暗然若合符节：是大儒者也。故人主用俗人，则万乘之国亡。用俗儒，则万乘之国存。用雅儒，则千乘之国安。用大儒，则百里之地久，而后三年，天下为一，诸侯为臣；用万乘之国，则举错而定，一朝而伯。（《荀子·儒效》）

荀子认为，“三儒”中大儒最为杰出，因为大儒不仅主张“一制度”，而且最终目标是“天下为一”。可见，荀子继孟子“定于一”之后，提出了“一天下”和“一制度”的构想。

“一天下”在荀子那里就是指完成国家和民族的统一。在荀子的文章里，有更多谈“一天下”的文字，如“一天下，财万物”（《荀子·非十二子》）、“文王载，百里地而天下一”（《荀子·仲尼》）、“四海之内若一家”（《荀子·儒效》）等。

在如何一统天下的问题上，孟子主张行仁政，尊王贱霸；而荀子不同于孟子：“荀子之不同于孟子，荀子所谓‘霸’非崇尚暴力征服者，而是指君王之才智英武及其谋国家的安和乐利、富强康乐。对荀子而言，王霸皆以安治天下为志业，因此，王霸相容，只是价值的层级上有高下之不同。”[①] 荀子主张的“一天下”还包括思想的高度统一：“六说者立息，十二子者迁化。”（《荀子·非十二子》）即消除不同思想。

① 曾春海：《朱熹哲学论丛》，文津出版社2001年版，第170页。

但是荀子又认为“一天下”只是初步实现了天下统一的局面，是一种浅层次的统一。他认为还需要达到社会制度和社会秩序的统一，即“一制度”，这才是深层次的统一。只有将“一天下”和“一制度”结合起来，才是儒家所提倡的真正的“大一统”。

所谓“一制度”，简单来讲就是统一制度，按照统一的标准来规定人们的行为，建立新的社会秩序。儒家所讲的制度指的是“礼乐刑政”，包括礼仪制度、政治制度、刑罚制度、经济制度、教育制度等。制度即是同一标杆、同一尺度，普天之下，人不分男女老少、地不分东西南北，都遵奉统一的社会制度。以同一制度来整合社会，才能够维持社会的大致公平，使社会秩序稳定。如果没有一个一以贯之的标准或者制度，人们就会缺乏共识，这必然会埋下分裂的种子。荀子深刻地认识到了这一点，所以他提出不仅要“一天下”，还要“一制度”。荀子这种“一制度”的思想显然得到了秦始皇的青睐。秦始皇统一六国之后，立即采取了荀子“一制度”的思想，他推行法治，实行郡县制，统一货币和度量衡，车同轨，书同文，取得了卓越的成效，为国家统一奠定了基础。荀子在“一天下”基础上提出的“一制度”思想，显然是对儒家大一统思想的深化。

（原载《邯郸学院学报》2017年第4期，收入本书时有改动）

第三章 汉唐儒学

罢黜百家独风流

——“独尊儒术”与董仲舒哲学思想简论

汉初的黄老思想有利于缓和矛盾，治疗战争创伤。但是如果一味谨守黄老无为而治的原则，势必助长不思进取、懒汉无为的社会风气，势必带来政治、经济等的混乱，势必影响社会的进步和发展。汉初占统治地位的黄老思想已不能适应政治上的需要。尤其到了汉武帝时期，为了加强中央集权专制，急需建立一种适应封建大一统社会的政治思想体系，于是，汉武帝接受董仲舒的建议，“罢黜百家，独尊儒术”，置五经博士，并把经董仲舒改造过的儒家思想作为统治思想，将儒家学说定于一尊。

一、罢黜百家，独尊儒术

据《汉书·武帝纪》载：“建元元年冬十月，诏丞相、御史、列侯、中二千石、二千石、诸侯相举贤良方正直言极谏之士。丞相绾奏：‘所举贤良，或治申、商、韩非、苏秦、张仪之言，乱国政，请皆罢。’奏可。”“建元”是汉武帝第一个年号，建元元年即公元前140年。汉武帝刘彻即位，下令诏举贤良方正直言极谏之士，问以古今之治道，对者百余人。其中景帝时的博士董仲舒连对三策。《汉书 · 董仲舒传》记载说："武帝即位，举贤良文学之士前后百数，而仲舒以贤良对策焉。"董仲舒这个"对策"就是有名的《天人三策》。其第三策的末尾说：

《春秋》大一统者，天地之常经，古今之通谊也。今师异道，人异论，百家殊方，指意不同，是以上亡以持一统；法制数变，下不知所守。臣愚以为诸不在六艺之科孔子之术者，皆绝其道，勿使并进。邪辟之说灭息，然后统纪可一而法度可明，民知所从矣。(《汉书 · 董仲舒传》)

这就是董仲舒向汉武帝建议的"罢黜百家、独尊儒术"的主张。

董仲舒的建议得到武帝的赏识，"天子善其对，以仲舒为江都相"（《资治通鉴 · 汉纪九》）。是年，"议立明堂。遣使者安车蒲轮，束帛加璧，征鲁申公"（《汉书 · 武帝纪》）。武帝将当时名望较高的儒学大师申公迎入宫中，问治乱之事。第二年，御史大夫赵绾竟依儒家妇人不干政之礼"请毋奏事太皇太后"（《汉书 · 武帝纪》），触怒了好黄老之学的窦太后，赵绾被迫自杀。第五年，置"五经"博士，儒学有回升之势；第六年，窦太后死，儒学复尊的一大障碍消失。

元光元年（前 134），即窦太后死翌年，汉武帝在彻底摆脱窦太后的束缚之后，其最重要的活动之一，就是恢复被窦太后阻止的儒学复兴运动。是年冬十一月，从董仲舒之言，令郡国举孝廉，复举贤良文学之士，策问古今之治道。儒学终于独占统治阶级意识形态的宝座。

儒学之所以在汉武帝时期成为国家的意识形态，主要因为儒家思想更满足当时的政治需要。汉建立之初，反秦道而行之，分封诸侯。但是一些诸侯王骄恣无恐，西汉中央集权受到严重威胁。儒生们带着这样的重大问题"援经义以折衷是非"（孙原湘《两汉五经博士考》序，见《爱日精庐文稿》），力图在儒家经典中找到解决问题的答案。而董仲舒等人所治的《春秋公羊传》中的大一统理论，正好符合社会政治的需要。根据大一统的理论，重建以天子为人间至高无上的社会等级结构，并将早期儒家"君君，臣臣，父父，子子"

的思想理论化、系统化，为阻止诸侯分裂、巩固西汉中央政权提供了强有力的思想理论支撑。

二、董仲舒的哲学思想

董仲舒（前179—前104），广川（今河北景县）人。少治《春秋》，景帝时为博士。尝“下帷讲诵，弟子传以久次相授业，或莫见其面。盖三年不窥园”（《汉书·董仲舒传》）。董仲舒治学，精思专一，志无他顾。其品格也很受人称道：“进退容止，非礼不行，学士皆师尊之。”（《汉书·董仲舒传》）武帝征贤良对策，董仲舒颇得赏识，“天子以仲舒为江都相，事易王”（《汉书·董仲舒传》）。易王虽骄悍好勇，但仲舒“以礼谊匡正，王敬重焉”（《汉书·董仲舒传》）。董仲舒治国思想与主张以《春秋》大一统理论为主导，以灾异之变推阴阳所以错行，从而采取相应的措施。时有辽东高庙、长陵高园殿灾，仲舒以为这是上天对当政者的谴告，并由此推说当杀亲近权贵以自省。他奏折刚草具，被主父偃偷而上奏，因此下狱，几乎招致杀身之祸。由是仲舒不敢再说灾异。

与董仲舒并世的公孙弘亦治《春秋》，其学不如仲舒，却以曲阿逢迎之术，位至公卿。仲舒为人廉直，声望益高，弘嫉之，欲加害仲舒。武帝之兄胶西王刘端，为人纵恣暴戾，曾数害大臣，弘乃荐“独董仲舒可使相胶西王”（《汉书·董仲舒传》）。幸刘端亦知仲舒为当世大儒，竟“善待之”。董仲舒知官场险恶，恐时久获罪，乃称病辞职回家，专以讲学著书为事。朝廷或有大议，常派人“就其家而问之”（《汉书·董仲舒传》），他仍受皇帝器重。后终老于家。

董仲舒的主要著作是《春秋繁露》，内容主要是以公羊学阐明《春秋》经中的“微言大义”，全面反映了董仲舒公羊哲学的思想体系。公羊学是研究《春秋公羊传》的一门学问。《春秋公羊传》或曰《公羊春秋》，儒家经典之一，专门解释《春秋》，战国时齐人公羊高撰。公羊高为子夏的弟子。初仅口说流传，五世相口授，西汉景帝时，其玄孙公羊寿与齐人胡母生将口头流传的

《春秋公羊传》著于竹帛，流传于世，该书遂成为汉代今文经学的主要经典。董仲舒的公羊哲学以儒家的政治伦理学说为基础，以阴阳家的阴阳五行理论为框架，其中心是讨论“天人相与之际”，认为天人相互感应。

《天人三策》，即《举贤良对策》，为汉武帝举贤良文学三次策问的对答，是董仲舒政治哲学的纲领。强调“天人相与之际，甚可畏”（《汉书·董仲舒传》），即以神权论证君权，又以神权限制君权；认为“道”是治天下的至上原则，“天不变，道亦不变”，建议“罢黜百家，独尊儒术”，以儒术“正法度”“教化民”，通过统一思想而实现“《春秋》大一统”（《汉书·董仲舒传》）。

（一）天人感应学说

汉武帝时塑造出“太一”至上神，但是神权和皇权之间的关系还缺乏理论说明。为了封建大一统，必须将皇权和神权联系起来，以强化皇权。武帝在举贤良文学之士的策问中，特别提出了“天人感应”的问题。董仲舒正是以“天人相与之际”的论证，为汉武帝的政治意图提供了理论根据。

董仲舒从天人相通的观点出发，认为四时运行，自然物春生、夏长、秋收、冬藏，都表明了天和人一样是有意志有感情的。董仲舒说：

> 天亦有喜怒之气、哀乐之心，与人相副。以类合之，天人一也。春，喜气也，故生；秋，怒气也，故杀；夏，乐气也，故养；冬，哀气也，故藏。四者天人同有之。（《春秋繁露·阴阳义》）

人有喜怒哀乐，天也有喜怒哀乐，天人有共性且相通。董仲舒进一步认为，人本于天，人副天数，天主宰人。他说：

> 人之人本于天，天亦人之曾祖父也。此人之所以乃上类天也。人之形体，化天数而成；人之血气，化天志而仁；人之德行，化天理而义。人之好恶，化天之暖清；人之喜怒，化天之寒暑；人之受命，化天之四时。人生有喜怒哀乐之答，春秋冬夏之类也。喜，春之答也；怒，秋之答也；乐，夏之答也；哀，冬之答也。天之副在乎人。人之情性有由天者矣，故曰受，由天之号也。（《春秋繁露·为人者天》）

不仅天主宰人，而且天也主宰自然界。董仲舒通过主观类比，将天拟人化，并把天说成是自然界的主宰。他说：

是以天高其位而下其施，藏其形而见其光，序列星而近至精，考阴阳而降霜露。高其位所以为尊也，下其施所以为仁也，藏其形所以为神也，见其光所以为明也，序列星所以相承也，近至精所以为刚也，考阴阳所以成岁也，降霜露所以生杀也。为人君者其法取象于天。（《春秋繁露·天地之行》）

董仲舒为给“王权神授”以理论依据，将自然之天塑造为有意志之天，它不仅主宰人和自然界，还要支配社会人事、沟通天人。董仲舒首先制造出阳尊阴卑的理论，认为“天数右阳而不右阴”，“贵阳而贱阴”（《春秋繁露·阳尊阴卑》）。

用这种理论比附人事，就得出如下的论断：

君臣父子夫妇之义，皆与诸阴阳之道。君为阳，臣为阴；父为阳，子为阴；夫为阳，妻为阴。……天之亲阳而疏阴，任德而不任刑也。是故仁义制度之数，尽取之天。天为君而覆露之，地为臣而持载之；阳为夫而生之，阴为妇而助之；春为父而生之，夏为子而养之。……王道之三纲，可求于天。（《春秋繁露·基义》）

这里明确提出“三纲”，即君为臣纲、父为子纲、夫为妻纲，并说明这是天意的安排。由此他进一步提出“受命”说：

唯天子受命于天。天下受命于天子。（《春秋繁露·为人者天》）

天子受命于天，诸侯受命于天子，子受命于父，臣妾受命于君，妻受命于夫。诸所受命者，其尊皆天也，虽谓受命于天亦可。（《春秋繁露·顺命》）

受命之君，天意之所予也。故号为天子者，宜事天如父，事天以孝道也。号为诸侯者，宜谨视所侯奉之天子也。号为大夫者，宜厚其忠信、敦其礼义，使善大于匹夫之义，足以化也。士者，事也；民者，瞑也。士不及化，可使守事从上而已。（《春秋繁露·深察名号》）

天子到下民，各有其号，各安其事，从而形成稳定有序的社会等级体系。而这一切，都是天意安排的。这就是“道”，这就是自然事物运行之道和人类社会秩序之道，即“道之大原出于天，天不变，道亦不变”（《汉书·董仲舒传》）。

董仲舒据此更提出“天人感应”说，认为社会人事活动会从“天”得到反应，特别是代天治民的君主的行为好坏，“天”会直接地降下“符瑞”以奖励，或降下灾异以“谴告”。他说：

臣谨案《春秋》之中，视前世已行之事，以观天人相与之际，甚可畏也。国家将有失道之败，而天乃先出灾害以谴告之，不知自省，又出怪异以警惧之，尚不知变，而伤败乃至。以此见天心之仁爱人君而欲止其乱也。（《汉书·董仲舒传》）

美事召美类，恶事召恶类，类之相应而起也。如马鸣则马应之，牛鸣则牛应之。帝王之将兴也，其美祥亦先见；其将亡也，妖孽亦先见。（《春秋繁露·同类相动》）

“天者，百神之大君”（《春秋繁露·郊祭》），天是至上的，是威临一切的，天能以某种迹象预示社会的祸福。就是说，天命是有予有夺的。如果人君逆天而行暴政，而且又不知警惧之变，那么，天命就要转移，政权就难保。

董仲舒的灾异谴告说与韩非、李斯等法家理论有所不同。法家理论认为，天子因握有绝对权力便可以为所欲为和无所不为，不受任何制约。而董仲舒的这个理论借天意来限制君主独裁，有警告和约束君主的意图。正如董仲舒所说：“屈民而伸君，屈君而伸天，《春秋》之大义也。”（《春秋繁露·玉杯》）

（二）人性三品说

董仲舒从天人感应说出发，建立了他的人性三品说理论。董仲舒认为，整个宇宙中的人和万物，都是天有意识、有目的地创造和安排的。人副天数，人是天的缩影，是天的副本。人之性来源于天命，人性是由天赋予的。董仲舒说：

今世暗于性，言之者不同，胡不试反性之名？性之名非生与？如其生之自然之资谓之性。性者质也。诘性之质于善之名，能中之与？既不能中矣，而尚谓之质善，何哉？性之名不得离质。离质如毛，则非性已，不可不察也。（《春秋繁露·深察名号》）

人性的本质是什么？董仲舒认为人性是受之于天、得之于天的自然资质，“性者质也”，是生而有之者。人禀受天命而生，生而有性，“性之名不得离质”。

关于人性的善恶，董仲舒认为不是全善，也不是全恶，而是有善有恶：

人受命于天，有善善恶恶之性，可养而不可改，可豫而不可去，若形体之可肥臞，而不可得革也。（《春秋繁露·玉杯》）

正也者，正于天之为人性命也。天之为人性命，使行仁义而羞可耻，非若鸟兽然，苟为生、苟为利而已。……今善善恶恶，好荣憎辱，非人能自生，此天施之在人者也。（《春秋繁露·竹林》）

天给人以性命，使人行仁义，人有先天的善质，人性有先天的善端，但也有恶端。人性之所以有恶，在于性中有情，情为恶。董仲舒说：

天之副在乎人。人之情性有由天者矣，故曰受，由天之号也。（《春秋繁露·为人者天》）

天地之所生，谓之性情。性情相与为一瞑。情亦性也。谓性已善，奈其情何？故圣人莫谓性善，累其名也。身之有性情也，若天之有阴阳也。言人之质而无其情，犹言天之阳而无其阴也。（《春秋繁露·深察名号》）

人之诚，有贪有仁。仁贪之气，两在于身。身之名，取诸天。天两有阴阳之施，身亦两有贪仁之性。天有阴阳禁，身有情欲栣，与天道一也。（《春秋繁露·深察名号》）

人之性情都来自天，为天所授。天有阴阳，人有情性。性为阳气为仁，情为阴气为贪，即性为阳为善，情为阴为恶。人有贪仁之性，故人性含有善恶。善生于性，但性不是善，不是所有的性都是善的。性好比是禾，善好比是米，禾虽然生米，但禾不是米，不是所有的禾都能生米：

> 性比于禾，善比于米。米出禾中，而禾未可全为米也；善出性中，而性未可全为善也。善与米，人之所继天而成于外，非在天所为之内也。（《春秋繁露·深察名号》）

> 善如米，性如禾。禾虽出米，而禾未可谓米也。性虽出善，而性未可谓善也。（《春秋繁露·实性》）

性又好比茧和卵，缫丝以后，茧才能成为丝；卵孵了以后，才有小雏；性待教化以后，才能成为善：

> 性如茧如卵。卵待覆而为雏，茧待缫而为丝，性待教而为善。此之谓真天。（《春秋繁露·深察名号》）

> 天生民性，有善质而未能善；于是为之立王以善之，此天意也。民受未能善之性于天，而退受成性之教于王。王承天意，以成民之性为任者也。今按其真质，而谓民性已善者，是失天意而去王任也。万民之性苟已善，则王者受命尚何任也？（《春秋繁露·深察名号》）

> 性者，天质之朴也。善者，王教之化也。无其质，则王教不能化；无其王教，则质朴不能善。（《春秋繁露·实性》）

性不教不能为善，性善是教化的结果。瞑昧未觉之民需要先知先觉的圣王教化：

> 天令之谓命，命非圣人不行；质朴之谓性，性非教化不成；人欲之谓情，情非度制不节。是故王者上谨于承天意，以顺命也；下务明教化民，以成性也；正法度之宜，别上下之序，以防欲也；修此三者，而大本举矣。（《汉书·董仲舒传》）

圣王承天意，代表天教化万民，防止人欲为恶，以成善性，这是圣王为政之大本。可见这是为封建帝王的思想统治作论证的。

董仲舒进一步发挥孔子的“唯上知与下愚不移”（《论语·阳货》）与“中人以上，可以语上也；中人以下，不可以语上也”（《论语·雍也》）的思想，提出“性三品”说。

董仲舒把人性分为三种，一是情欲很少、不教自善的“圣人之性”；二是情欲很多、教也不能为善的“斗筲之性”；三是有情欲、而可以为善也可以为恶的“中民之性”。他说：

> 圣人之性不可以名性；斗筲之性又不可以名性；名性者，中民之性。中民之性如茧如卵，卵待覆二十日而后能为雏，茧待缫以涫汤而后能为丝，性待渐于教训而后能为善。善，教训之所然也，非质朴之所能至也，故不谓性。(《春秋繁露·实性》)

> 穷论者，无时受也。名性，不以上，不以下，以其中名之。(《春秋繁露·深察名号》)

在这里，董仲舒把人性分为三个等级，即“圣人之性”“中民之性”“斗筲之性”。“斗筲”是容量很小的量具，比喻才短量浅、地位低下的人。在他看来，纯善的“圣人之性”和纯恶的“斗筲之性”都不能被称为性，只有包含善恶之资质、经由圣王教化可以为善的“中民之性”才可以被称为性。董仲舒在中国人性论的发展史上，第一次提出人性有上、中、下三品的三品说，这成为后儒经常探讨的一个重要问题。

三、“三统”“三正”的历史循环论

董仲舒根据“天之道终而复始”的循环论，提出黑白赤三统互相交替循环的历史观。既然“天道无二”“天不变，道亦不变”“三纲五常”的定位不变，那么怎样解释历史上朝代的兴亡呢？殷周统治者是用“以德配天”来做解释的。旧王朝因为失德而失掉王命，新王朝由于明德才享有天命。到战国时邹衍用“五行相胜”“五德终始”说来解释各个朝代的兴亡。他将五行相生相克的物理性能，比附到社会历史方面，认为历史的变化是受“五德转移”支配的。每一个朝代受一种德的支配。所谓“五德”就是五行水、火、木、金、土的“德”。每一个德都有盛和衰的时候。在它盛的时候，它支持一个朝代；到它衰的时候，为它所支持的这个朝代也就灭亡，另外一个德起而代替支持另一个朝代。这就是所谓的“从所不胜”。在五行中，木胜土，金胜木，火胜金，水胜火，土胜水。“虞土”就是说舜“以土德王”；“夏木”就是说夏“以木德王”；“商金”就是说商“以金德王”；“周火”就是说周“以火德王”。这样历史的发展就变成五德循环。秦始皇统一全国后也以水德自居，衣服和旌旗都改用黑色。刘邦建国后开始也自称水德，可能他不承认秦代而自认为直承周统。但后来不断遭到反对，理由是汉承秦后应该是土德。汉武帝终于听从“汉是土德”的主张，正式宣布改正朔，用夏历建寅（以农历正月为首）之制；易服色，服色也改为尚黄。于是黄帝的土德，经过夏、商、周、秦、汉的一次循环，也就完成了第一轮的五德终始。

董仲舒也主张以“德”来解释天命，认为“天子命无常，唯命是德庆”（《春秋繁露·三代改制质文》）。他赞成“五行莫贵于土”“五色莫盛于黄”（《春秋繁露·五行对》），也主张汉以土德受命。不过他在此基础上提出了自己的历史发展观，即“三统”“三正”说。

“三统”即黑统、白统、赤统。董仲舒认为夏、商、周三代，夏是黑统，商是白统，周是赤统。改朝换代是“三统之变”的依次循环，“改正朔，易服色”，在历法和礼仪上必然要改换。

“三正”就是夏、商、周三代正月的改换。夏朝以寅月（农历正月）为正月，商朝以丑月（农历十二月）为正月，周朝以子月（农历十一月）为正月。寅月以黑色为上色，因此夏朝为黑统；丑月以白色为上色，故商朝为白统；子月以赤色为上色，故周朝为赤统。三代的正月因为在历法上规定不同，故被称为“三正”。历史的变化就是三统的周而复始。这种“三而复”的改变，具有规律性。为适应这一规律，新王朝出现，历法上必须改变，衣服旗号的颜色也都必须随之而变，这就叫“新王必改制”，表示一个新的朝代新受天命。

董仲舒虽然提倡改制，但这种改制不是在社会的性质方面改变，而只是在某些形式上进行改变。他认为那些维护封建制度的基本原则永远不会改变：

> 若夫大纲、人伦、道理、政治、教化、习俗、文义尽如故，亦何改哉？故王者有改制之名，无易道之实。（《春秋繁露·楚庄王》）

即表明新王改制，是“非改其道，非变其理”，只不过是表明“受命于天”，表明“不敢不顺天志”（《春秋繁露·楚庄王》）。至于封建人伦道德等尽如故。由此他得出“奉天而法古”（《春秋繁露·楚庄王》）、“道之大原出于天，天不变，道亦不变”（《汉书·董仲舒传》）的结论，论证了封建纲常伦理的永恒性。

总之，董仲舒向汉武帝进言“诸不在六艺之科、孔子之术者，皆绝其道，勿使并进。邪辟之说灭息，然后统纪可一”（《汉书·董仲舒传》），即“罢黜百家，独尊儒术”，使儒家思想定于一尊，独占国家意识形态的宝座，为巩固中央政权和中国的“大一统”提供了强有力的思想理论支撑，并对西汉以降的中国社会产生了深远的影响。其“天人感应”学说强调“天人相与之际，甚可畏”，即以神权论证君权，又以神权限制君权；认为“道”是治天下的至上原则，“天不变，道亦不变”，论证封建纲常伦理的永恒性。董仲舒将传统的儒学应用到治国理政上，凸显出儒学的经世致用价值。正因为如此，董仲舒在儒学发展史上具有较高的历史地位。

（原载《董仲舒与儒学研究》第7辑，巴蜀书社2019年版，收入本书时有改动）

董仲舒阴阳学说解析

阴阳学说是中国古代哲学的重要范畴。董仲舒发展了阴阳学说，并用阴阳的理论来解释自然界和人类社会，比前人的认识更为深化。董仲舒认为阴阳二气的运行形成四季；由于“阳常居实位而行于盛，阴常居空虚而行于末”（《春秋繁露·阳尊阴卑》）从而“阳尊阴卑”，并用“阳尊阴卑”的理论来诠释社会相关领域；自然界的旱涝灾害也是阴阳失调导致的。董仲舒的阴阳学说有其合理性的一面，也有其不科学的一面。

董仲舒《春秋繁露》的主旨是什么？“其书发挥《春秋》之旨，多主《公羊》，而往往及阴阳五行。”（《钦定四库全书总目》卷二十九《经部·春秋类·附录》）可见，《春秋繁露》主旨在于《公羊》《春秋》的政治思想，而其政治思想则以阴阳五行的哲学思想为根据。本文就董仲舒的阴阳学说加以解析，以加深我们对其相关政治思想的理解。

一、阴阳范畴演变

阴阳学说是中国古代哲学的重要范畴。早在远古时代，区分阴阳的观念就产生了。人们在生产劳动实践中，通过观察自然界现象和人本身的生理现象，意识到联系和差别，如上下、男女、雌雄、日月等。如《淮南子》中说，黄帝时代我们的祖先就开始“治日月之行律，治阴阳之气，节四时之度，正律历之数，别男女，异雌雄，明上下”（《淮南子·览冥》)。《易经》曾被解释为“日月为易，象阴阳也”。《易经》中虽不见阴、阳二字，却使用了表示阴阳的两个基本符号，包含着“阴”和“阳”对立差异的意思。但阴、阳作为哲学概念来使用却比较晚。从人类认识规律的历史进程来看，在原始五行说的形成阶段，人们的认识水平只能从百物中抽象出五材。不仅古代中国是这样，古代外国的认识也经过了这样的历程。古印度认为世界是由“四大”即地、水、火、风构成的；古希腊的哲学始祖泰勒士认为万物的始基是水。我国古代哲学家从百物中所抽象出来的五材，即是箕子所说的金、木、水、火、土，认为世界上的一切事物是由这样五种物质构成的。箕子还对这五种物质的特点进行了描述：“五行：一曰水，二曰火，三曰木，四曰金，五曰土。水曰润下，火曰炎上，木曰曲直，金曰从革，土爰稼穑。润下作咸，炎上作苦，曲直作酸，从革作辛，稼穑作甘。”（《尚书·洪范》)虽然他们已看到润与燥、曲与直、苦与酸等等的差别，但还不能把“五材”的简单多样性抽象成为两端的对立性。

在《易经》形成阶段，人们已能从“五材”的简单多样性，上升到认识否与泰、剥与复、谦与豫、损与益、乾与坤等等的对立性，但这种认识仍属感性，而不属于理性。到了两周之际，生产力水平提高，社会实践发展，人类思维能力提高，哲人的理性被唤醒，人们对客观事物的认识突破了感性的局限，开始用阴阳的范畴来解释自然现象和社会现象。如西周末的伯阳甫以阴阳说来解释地震，就是一个典型的例子。伯阳甫认为：“天地之气，不失其序；若过其序，民之乱也。阳伏而不能出，阴遁而不能烝，于是有地震。”（《国语·周语》)这里，首次明确地提出阴阳这对哲学范畴，认为充满天地之间的不仅是“民并用之，废一不可”（《左传·襄公二十七年》)的“五材”，更是矛盾着、运动着的阴阳二气，这就把“五材”抽象为“二气”，并且认为阴阳二气处在不断斗争的过程中。阳要出，阴却遁，这种对立超过一定的限度，就会爆发地震。

春秋战国时代，阴阳学说不仅为许多思想家们所接受，而且还有较大的发展。如叔兴在回答鲁僖公关于自然界出现奇特现象是凶是吉的问题时说："君失问。是阴阳之事，非吉凶所在也。"（《左传·僖公十六年》）越王的谋士范蠡用阴阳的辩证法阐述战争理论："阳至而阴，阴至而阳；日困而还，月盈而匡。"（《国语·越语》）老子的天道观认为："道生一，一生二，二生三，三生万物。万物负阴而抱阳，冲气以为和。"（《老子》第四十二章）荀子亦曰："天地合而万物生，阴阳接而变化起。"（《荀子·礼论》）

上述说明，阴阳学说作为中国古代哲学的最高范畴，已被广泛地用来解释自然现象与社会现象，董仲舒在这样的理论环境熏陶下，不可能不受阴阳学说的影响。因而，董仲舒不但研究阴阳学说，而且还发展了阴阳的辩证思想，并用阴阳学说的理论来解释自然界和人类社会，比前人的认识更为深化。

二、阴阳与四季

董仲舒认为，天地即自然界的实质是由气构成的，虽然气有多种多样，但最根本的是元气，"谓一元者，大始也"（《春秋繁露·玉英》），一元的元气又有阴阳的特性，"阳，天气也；阴，地气也"（《春秋繁露·人副天数》），即阳气和阴气。"天道之常，一阴一阳。阳者天之德也，阴者天之刑也。"（《春秋繁露·阴阳义》）"天地之气，合而为一，分为阴阳，判为四时，列为五行。"（《春秋繁露·五行相生》）

董仲舒用阴阳学说解释四时的春夏秋冬，认为春夏属阳，秋冬属阴，并根据阴阳各自的强弱，将阳区分为少阳、太阳；将阴区分为少阴、太阴：

> 天地之理，分一岁之变以为四时，四时亦天之四选也。是故春者少阳之选也，夏者太阳之选也，秋者少阴之选也，冬者太阴之选也。（《春秋繁露·官制象天》）

即春夏为阳，春天阳气初发为少阳，夏天阳气旺盛为太阳；秋冬为阴，秋天阴气初起为少阴，冬天阴气旺盛为太阴。由于春夏秋冬的阴阳各不相同，所以春夏秋冬有各自的特点：

> 春气爱，秋气严，夏气乐，冬气哀。爱气以生物，严气以成功，乐气以养生，哀气以丧终，天之志也。是故春气暖者，天之所以爱而生之；秋气清者，天之所以严而成之；夏气温者，天之所以乐而养之；冬气寒者，天之所以哀而藏之。春主生，夏主养，秋主收，冬主藏。（《春秋繁露·王道通三》）

董仲舒认为，自然界的阴阳二气运行有其规律，并形成春夏秋冬，同时也体现了阳实阴虚：

> 阳气始出东北而南行，就其位也；西转而北入，藏其休也。阴气始东南而北行，亦就其位也；西转而南入，屏其伏也。是故阳以南方为位，以北方为休；阴以北方为位，以南方为伏。阳至其位而大暑热，阴至其位而大寒冻。阳至其休而入化于地，阴至其伏而避德于下。是故夏出长于上、冬入化于下者，阳也；夏入守虚地于下、冬出守虚位于上者，阴也。阳出实入实，阴出空入空。天之任阳不任阴，好德不好刑，如是也。故阴阳终岁各一出。”（《春秋繁露·阴阳位》）

自然界为什么有春夏秋冬不同的气候？这是由阴阳二气的运行轨迹决定的。阳气的运行轨迹是从东北出发一直南行，并以南方为位，故大暑至，为烈日炎炎的夏天。阴气的运行轨迹是从东南出发一直北行，并以北方为位，故大寒至，为寒风凛冽的冬天。阳气位南方后不久，西转而北入，藏其休也；阴气位北方后不久，西转而南入，屏其伏也。“春夏阳多而阴少，秋冬阳少而阴多”（《春秋繁露·阴阳终始》），阴阳二气如此运行，便形成自然界的春夏秋冬。由于“夏气温者，天之所以乐而养之”“夏出长于上”，故阳实；而“冬气寒者，天之所以哀而藏之”“冬出守虚位”，故阴虚。

> 阳之出，常县于前而任岁事；阴之出，常县于后而守空虚。阳之休也，功已成于上，而伏于下；阴之伏也，不得近义而远其处也。天之任阳不任阴，好德不好刑如是。故阳出而前，阴出而后，尊德而卑刑之心

见矣。(《春秋繁露·天道无二》)

由于阳实，具有生养功能，正如“天行健，君子以自强不息”，入世任事；“阴之出，常县于后而守空虚”，由于阴虚，故“天之任阳不任阴”。

现代天文科学认为，春夏秋冬是地球围绕太阳运转而形成的。但在古代，董仲舒将春夏秋冬与阴阳变化相联系，用阴阳二气的运行来解释春夏秋冬的形成，用抽象理性来探讨自然规律是难能可贵的。董仲舒认为，春夏秋冬不是天的意志，而是阴阳二气运行的结果；阴阳二气的功能有差异，从而导致阳实阴虚，导致“天之任阳不任阴”。

三、阳尊阴卑

在阴阳关系上，董仲舒虽然也提到阴的作用，如“阳不得阴之助，亦不能独成岁”(《汉书·董仲舒传》)，但主导思想还是“贵阳贱阴”“阳尊阴卑”：

> 阳气以正月始出于地，生育养长于上，至其功必成也，而积十月。人亦十月而生，合于天数也。是故天道十月而成，人亦十月而成，合于天道也。故阳气出于东北，入于西北，发于孟春，毕于孟冬，而物莫不应是。阳始出，物亦始出；阳方盛，物亦方盛；阳初衰，物亦初衰。物随阳而出入，数随阳而终始，三王之正随阳而更起。以此见之，贵阳而贱阴也。(《春秋繁露·阳尊阴卑》)

阳为什么“尊”？一年中阳活动十个月，物随阳而出入，生育长养依赖阳，自然界和人类社会离不开阳，阳具有“自强不息、厚德载物”之美德，故阳“尊”。阴为什么“卑”？因为“阴常居大冬，而积于空虚不用之处”(《汉书·董仲舒传》)，董仲舒通过比较阴阳特质，以示阴之“卑”：

> 阳，天之德；阴，天之刑也。阳气暖而阴气寒，阳气予而阴气夺，阳气仁而阴气戾，阳气宽而阴气急，阳气爱而阴气恶，阳气生而阴气杀。是故阳常居实位而行于盛，阴常居空虚而行于末。天之好仁而近，恶戾之变而远，大德而小刑之意也。先经而后权，贵阳而贱阴也。故阴，夏入居下，不得任岁事；冬出居上，置之空处也。养长之时伏于下，远去

之，弗使得为阳也；无事之时起之空处，使之备次陈，守闭塞也。此见天之近阳而远阴。（《春秋繁露·阳尊阴卑》）

可见，阴具有寒、夺、戾、急、恶、杀、刑等人类不喜欢的特质，并且“养长之时伏于下，远去之”，“居空虚而行于末”，即无为懒惰，故“卑”。

董仲舒从阴阳的特质方面论证了“贵阳贱阴”“阳尊阴卑”，并把这种理论用来解释人类社会：

> 阳兼于阴，阴兼于阳；夫兼于妻，妻兼于夫；父兼于子，子兼于父；君兼于臣，臣兼于君。君臣父子夫妇之义，皆与诸阴阳之道。君为阳，臣为阴；父为阳，子为阴；夫为阳，妻为阴。阴道无所独行。其始也不得专起，其终也不得分功，有所兼之义。……阳之出也，常县于前而任事；阴之出也，常县于后而守空处。此见天之亲阳而疏阴，任德而不任刑也。是故仁义制度之数，尽取之天。天为君而覆露之，地为臣而持载之；阳为夫而生之，阴为妇而助之；春为父而生之，夏为子而养之；秋为死而棺之，冬为痛而丧之。王道之三纲，可求于天。（《春秋繁露·基义》）

在中国古代社会，有君臣、父子、夫妇之义，虽说阴阳是统一体，但由于“阳尊阴卑”，故君尊臣卑、父尊子卑、夫尊妇卑。《白虎通》继承这一思想，表述为“君为臣纲，父为子纲，夫为妻纲”（《白虎通·三纲六纪》）。

董仲舒提出阳实阴虚及“阳之出也，常县于前而任事；阴之出也，常县于后而守空处”“阳常居实位而行于盛，阴常居空虚而行于末”等一系列论证，得出结论为“贵阳贱阴”“阳尊阴卑”，并将自然界这一现象用来诠释社会领域的关系。如“君为臣纲，父为子纲，夫为妻纲”“天之亲阳而疏阴，任德而不任刑也”等。实际上，任何一个矛盾统一体的双方都是平等的，如《黄帝内经》主张阴阳互根平衡。为什么“阳尊阴卑”？其意义在于社会政治。任德不任刑的思想，继承和发扬了孔子德主刑辅的思想，属于儒家仁政的范畴；“三纲”思想，有为统治者做理论支撑的一面，也有稳定社会秩序的一面。

四、阴阳与旱涝

董仲舒认为，自然界的旱涝灾害也与阴阳有关，旱灾是“阳灭阴”，水灾是“阴灭阳”，即阴阳失调导致旱涝灾害。如若消除旱涝灾害，则须“正阴阳之序”。

难者曰：“大旱雩祭而请雨，大水鸣鼓而攻社，天地之所为、阴阳之所起也。或请焉、或怒焉者何？”曰：大旱者，阳灭阴也。阳灭阴者，尊压卑也，固其义也，虽太甚，拜请之而已，无敢有加也。大水者，阴灭阳也。阴灭阳者，卑胜尊也。日食亦然。皆下犯上以贱伤贵者，逆节也，故鸣鼓而攻之，朱丝而胁之，为其不义也，此亦《春秋》之不畏强御也。故变天地之位，正阴阳之序，直行其道而不忘其难，义之至也。（《春秋繁露·精华》）

大旱是由于阳气太盛，以至于灭阴；大水是由于阴气太盛，以至于灭阳。对于这两种灾害，处理的方式也不一样。阳气太盛导致的大旱，要“雩祭而请雨”“拜请之而已”；阴气太盛导致的大水，要“鸣鼓而攻之，朱丝而胁之”。为什么一种是“拜请”，一种是“攻之”？因为“阳尊阴卑”“贵阳贱阴”。

正是因为旱涝与阴阳有关，所以人们可以利用这一原理来为人类服务：

天有阴阳，人亦有阴阳。天地之阴气起，而人之阴气应之而起；人之阴气起，而天地之阴气亦宜应之而起，其道一也。明于此者，欲致雨，则动阴以起阴；欲止雨，则动阳以起阳。故致雨非神也，而疑于神者，其理微妙也。（《春秋繁露·同类相动》）

即人们可用阴来求雨，用阳来止雨。比如止雨，首先确定雨多的性质是阴胜阳，那么止雨的工作方针就是“废阴起阳”“开阳而闭阴，阖水而开火”。董仲舒还记载了止雨仪式的细节：

雨太多，令县邑以土日，塞水渎，绝道，盖井，禁妇人不得行入市。令县乡里皆扫社下。县邑若丞令吏、啬夫三人以上，祝一人；乡啬夫若吏三人以上，祝一人；里正父老三人以上，祝一人；皆斋三日，各衣时衣。具豚一，黍、盐、美酒、财足，祭社。击鼓三日而祝。先再拜，乃跪陈，陈已，复再拜，乃起。祝曰："诺！天生五谷以养人，今淫雨太多，五谷不和。敬进肥牲清酒以请社灵，幸为止雨，除民所苦，无使阴灭阳。阴灭阳，不顺于天。天之常意，在于利人，人愿止雨，敢告于社。"鼓而无歌，至罢乃止。凡止雨之大体，女子欲其藏而匿也，丈夫欲其和而乐也。开阳而闭阴。阖水而开火。以朱丝萦社十周。衣朱衣赤帻。三日罢。(《春秋繁露·止雨》)

同理，大旱是阳胜阴，求雨的方针是"损阳益阴"。在《春秋繁露·求雨》中，董仲舒详细叙述了春夏秋冬如何求雨；董仲舒的《奏江都王求雨》(见《春秋繁露·天人三策》附录一)，亦阐明了求雨之方：

求雨之方，损阳益阴。愿大王无收广陵女子为人祝者一月租；赐诸巫者；诸巫毋大小，皆相聚于郭门，为小坛，以脯酒祭。女独择宽大便处移市，市使无内丈夫，丈夫无得相从饮食。令吏妻各往视其夫，皆到即起，雨注而已。

董仲舒将旱涝与阴阳联系，用阴阳失调解释旱涝，提出了"大旱雩祭而请雨，大水鸣鼓而攻社"的解决办法，在理论上是讲得通的。这在古代常用，可起到安慰心灵的作用，同时可以为旱涝灾害的解决提供思路。在现代来看是不科学的、无用的、可笑的，随着现代科技的进步，遇旱可人工降雨，遇雨可驱云赶雾，人们可以科学地解决旱涝灾害的问题。

(原载《董仲舒与儒学研究》第11辑，巴蜀书社2021年版，收入本书时有改动)

扬雄对孟子思想的继承与发展

扬雄是西汉后期著名学者，哲学家、文学家、语言学家，一生著作颇丰。他少而好赋，前期作了大量辞赋讥讽时政，然而结果不尽人意，故辍而不复，并将其归为“童子雕虫篆刻”（《法言·吾子卷》）一类，由此，扬雄的著述开始转向以哲学为主，他效法《易》作《太玄》，效法《论语》而作《法言》，通过这两本著作，建立起了以维护圣人之道为出发点、以儒家伦常为核心的思想体系。扬雄对西汉后期兴起的诸子学说进行了批判，认为诸子学说和儒家学说是不相容的，如果任由诸子学说发展而不加以制止，必定会使人不明是非，偏离正道。扬雄论人性，试图调和孟、荀之说，主张“人之性也，善恶混”（《法言·修身卷》），认为人性中同时存在着善良和邪恶两方面因素，这一观点能很好地解释为什么社会上有善人和恶人以及一个人有时具有善念和善行，有时又具有恶念和恶行，这无疑是对孟子性善论的发展。扬雄的中和思想和孔孟的“中和”“中道”思想有一脉相承之处，认为：“立政鼓众，动化天下，莫尚于中和。中和之发，在于哲民情。”（《法言·序》）他所推崇的“中和之道”，就是以仁政为核心的中和政治。他赋予中和思想以实践色彩，即君主要想贯彻中和之道，就必须付诸实践。就是说，扬雄仿效孟子，以孟子的后继者自居，力辟异端，维护正统，继承与发展孟子思想，在我国思想史上产生了重要影响。

一、扬雄接续孟子对诸子的批判

孟子生活的时代，天下纷乱，战争频起，各诸侯国为了扩张势力，保存发展自己，重用纵横家策士和法家人物，而传统的儒家学说因讲仁义，施仁政，反对战争，不被各诸侯国采用。面对“杨朱、墨翟之言盈天下”（《孟子·滕文公章句下》）的局面，孟子站在儒家的立场上，对杨墨之道进行了批判：

> 杨墨之道不息，孔子之道不著，是邪说诬民，充塞仁义也。仁义充塞，则率兽食人，人将相食。吾为此惧，闲先圣之道，距杨墨，放淫辞，邪说者不得作。（《孟子·滕文公章句下》）

在中国古代思想史上，孟子是为维护孔子之道而辟拒墨的重要人物。他认为自有生民以来，未有盛于孔子的，他希望自己也成为孔子那样的人，“乃所愿，则学孔子也”（《孟子·公孙丑章句上》）。孟子认为墨子之说是邪说，误国误民，如果不加以制止，孔子思想就无法发扬光大。他认为“春秋无义战”（《孟子·尽心章句下》），主张“善战者服上刑”（《孟子·离娄章句上》），认为用武力统一中国根本行不通，统治者想要有效地统治臣民就应该施仁政，重视道德教化作用。而那个时代的特征则决定了孟子所倡导的仁政并不能实现，统治者对法墨等家的推崇，使孟子理想中的先王之治无法实现，这也决定了其王道思想较之孔子更加激进，他从儒家的纲常伦理入手对墨子之说进行了严厉的抨击，在《孟子·滕文公下》中他说：“杨氏为我，是无君也；墨氏兼爱，是无父也。无父无君，是禽兽也。”

扬雄以孟子的后继者自居，仿效孟子辟拒墨，对西汉后期兴起的诸子学进行了批判。扬雄和孟子一样，认为诸子学说和儒家学说是不相容的，如果任由诸子学说发展而不加以制止，必定会使人不明是非，偏离正道。

和孟子一样，扬雄也把孔子之道作为评判是非的标准，这在《法言》一书中多有体现：

天之道不在仲尼乎？仲尼驾说者也，不在兹儒乎？如将复驾其所说，则莫若使诸儒金口而木舌。（《法言·学行卷》）

山峌之蹊，不可胜由矣；向墙之户，不可胜入矣。曰："恶由入。"曰："孔氏。孔氏者，户也。"曰："子户乎？"曰："户哉！户哉！吾独有不户者矣。"（《法言·吾子卷》）

或曰："人各是其所是，而非其所非，将谁使正之？"曰："万物纷错则悬诸天，众言淆乱则折诸圣。"或曰："恶睹乎圣而折诸？"曰："在则人，亡则书，其统一也。"（《法言·吾子卷》）

而在扬雄看来，只有孟子才能算是与孔子之道完全一致的圣人：

或问"孟子知言之要，知德之奥"。曰："非苟知之，亦允蹈之。"或曰："子小诸子，孟子非诸子乎？"曰："诸子者，以其知异于孔子也。孟子异乎？不异。"（《法言·君子卷》）

但扬雄与孟子处在不同的时代，其思想也有异于孟子，所以二者对诸子的批判也有不同。西汉时，虽然董仲舒"罢黜百家，独尊儒术"，但他并不是一味地否定诸子学说，而是在批判的同时也加以吸收运用，儒学虽然在政治上处于统治地位，但是实际上，诸子百家仍然占有很大的市场。

对诸子百家，扬雄最推崇孔子，同时，把孟子、荀子也置于诸子之上；对于道家，扬雄虽然受其影响，但他也是褒贬参半，比如他的《太玄》虽然受老子影响颇深，但他对老子也并不是完全肯定，这在《法言》中也有体现："老子之言道德，吾有取焉耳。及捶提仁义，绝灭礼学，吾无取焉耳。"（《法言·问道卷》）

但对墨家、法家、阴阳家、名家等的学说，扬雄基本持否定态度，他说："庄、杨荡而不法，墨、晏俭而废礼，申、韩险而无化，邹衍迂而不信。"（《法言·五百卷》）其中，他对法家的批评更是不吝笔墨：

申、韩之术，不仁之至矣，若何牛羊之用人也？若牛羊用人，则狐狸、蝼蚓不膢腊也与？或曰："刀不利，笔不铦，而独加诸砥，不亦可乎？”曰：“人砥，则秦尚矣。”……或曰：“申、韩之法非法与？”曰：“法者，谓唐、虞、成周之法也。如申、韩！如申、韩！”庄周、申、韩不乖寡圣人而渐诸篇，则颜氏之子、闵氏之孙其如台。（《法言·问道卷》）

或问：“人有倚孔子之墙，弦郑、卫之声，诵韩、庄之书，则引诸门乎？”曰：“在夷貉则引之，倚门墙则麾之。”（《法言·修身卷》）

或问：“韩非作《说难》之书，而卒死乎说难，敢问何反也？”曰：“‘说难’盖其所以死乎？”曰：“何也？”曰：“君子以礼动，以义止，合则进，否则退，确乎不忧其不合也。夫说人而忧其不合，则亦无所不至矣。”或曰：“说之不合，非忧邪？”曰：“说不由道，忧也；由道而不合，非忧也。”（《法言·问明卷》）

扬雄认为，申、韩之术专任法，忽视德化，最不仁义，如果任其畅行，儒家的礼义廉耻、纲常伦理就会受其影响，所以要推儒尊孟，维护儒家法则，就必须“倚门墙则麾之”。

孟子批判诸子围绕着儒家的纲常伦理来进行，扬雄以孟子的继承者自居，其对诸子的批判与孟子是一脉相承的，但扬雄又认为：“吾见诸子之小礼乐也，不见圣人之小礼乐也。”（《法言·问道卷》）由此可见，扬雄认为诸子和圣人的根本区别是是否“小礼乐”，这是对孟子批判诸子的发展，对后世儒家“排佛老”产生了深远影响。

二、扬雄“善恶混”的人性论思想

孔子的“性相近，习相远”一语揭开了后世探讨“人性”的序幕。孔子认为人的天性是相近的，造成以后不同的是后期的“习”，然而孔子认为“人性”是没有善恶之分的。继孔子之后，关于“人性”的讨论成为一个焦点，主要代表有孟子的“性善论”和荀子的“性恶论”。

孟子关于“人性”的主张是“性善论”。孟子认为人生下来，在其本性里面都有性善的成分：恻隐之心、羞恶之心、辞让之心、是非之心，这“四心”被孟子称为“四端”，“四端”继续发展就可以演变为“仁”“义”“礼”“智”

的“四德”，他认为圣人需具备“四德”，既然人人都具备“四端”的品行，只要加以修炼，就能具备“四德”的素质，那么人人都能成为圣人，即“人皆可以为尧舜”（《孟子·告子章句下》）。

孟子认为人的天资是善良的，就像水往下流一样，即：“水信无分于东西，无分于上下乎？人性之善也，犹水之就下也。人无有不善，水无有不下。”（《孟子·告子章句上》）但他同时又认为后天的环境对人性的影响也是很大的，他说：“今夫水，搏而跃之，可使过颡；激而行之，可使在山。是岂水之性哉？其势则然也。人之可使为不善，其性亦犹是也。”（《孟子·告子章句上》）孟子主张人性本善，但是后天的影响能改变一个人，如果一个人在后来的成长中能够把自己本有的“四端”发扬光大，那么他便会成为一个君子；但如果这个人认识不到自己固有的本质，不注意完善自己的品质，那么这个人就会成为小人。而为了避免成为小人，就需要不断地学习，孟子说“学问之道无他，求其放心而已矣”（《孟子·告子章句上》），即主张通过后天学习找回迷失的善性。

扬雄论人性时，试图调和孟、荀之说，他既不主张“性善论”，也不主张“性恶论”，而是主张“人之性也，善恶混”。扬雄说：“人之性也，善恶混。修其善则为善人，修其恶则为恶人。气也者，所以适善恶之马也与？”（《法言·修身卷》）由此可以看出，扬雄论人性，讲了两方面的内容：一是人之性善恶相混，二是“适善恶之马”的气。

关于“混”，《法言义疏》李轨注曰：“混，杂也。荀子以为人性恶，孟子以为人性善，而杨（扬）子以为人性杂。”也就是说，扬雄的善恶混，是指人性绝不是单一的善或恶，而是善恶相混，人性中同时存在着善良和邪恶两方面因素，这个世界上没有绝对善的人，也没有绝对恶的人。有关扬雄人性论的思想来源，人们更多地认为是对孟子和荀子人性论思想的调和，其中以司马光的评述最具代表性：

> 孟子以为人性善，其不善者，外物诱之也。荀子以为人性恶，其善者，圣人教之也。是皆得其一偏，而遗其本实。夫性者，人之所受于天

以生者也，善与恶必兼有之，犹阴之与阳也……孟子以为仁、义、礼、智皆出乎性者也，是岂可谓之不然乎？然殊不知暴慢、贪惑亦出乎性也。是信稻、粱之生于田，而不信藜、莠之亦生于田也。荀子以为争夺残贼之心，人之所生而有也，不以师法、礼义正之，则悖乱而不治，是岂可谓之不然乎？然殊不知慈爱、羞恶之心亦生而有也，是信藜、莠之生于田，而不信稻、粱之亦生于田也。故杨（扬）子以为人之性善恶混。混者，善恶杂处于心之谓也，顾人所择而修之何如耳。修其善则为善人，修其恶则为恶人，斯理也，岂不晓然明白矣哉！如孟子之言，所谓长善者也；如荀子之言，所谓去恶者也。杨（扬）子则兼之矣。（《法言义疏·修身卷》）

关于扬雄所谓的“气”，他没有说明，学术界对其探讨甚多，蔡元培曾感叹：“扬雄之学说，以性论为最善，而于性中潜力所由以发动之气，未尝说明其性质，是其性论之缺点也。”[①] 笔者认为，扬雄所谓的“气”是引导善恶的一匹马，受了孟子思想的影响。孟子说：“夫志，气之帅也；气，体之充也。夫志至焉，气次焉；故曰：‘持其志，无暴其气。’”（《孟子·公孙丑章句上》）赵岐解释“志”和“气”说：“志，心所念虑也。气，所以充满形体为喜怒也。”（《孟子注疏·公孙丑章句上》）也就是说外在的喜怒哀乐的“气”是受内在意识的“志”的支配的，这也就是“言志所向，气随之”（《孟子注疏·公孙丑章句上》）。孟子在这里强调的是主体内在的意向性在人的道德修养中的决定性作用。扬雄在《法言》一书中有关“气”的探讨明显是受孟子思想影响：“有意哉！孟子曰：‘夫有意而不至者有矣，未有无意而至者也。’”（《法言·修身卷》）“学者，所以求为君子也。求而不得者有矣，夫未有不求而得之者也。”（《法言·学行卷》）这些都是在讲“志”对“气”的引导作用。

根据其人性论，扬雄强调修性的重要性：

学者，所以修性也。视、听、言、貌、思，性所有也。学则正，否则

① 蔡元培：《中国伦理学史》，商务印书馆2017年版，第65页。

邪。……习乎习！以习非之胜是也，况习是之胜非乎？于戏！学者审其是而已矣。(《法言·学行卷》)

扬雄认为通过学习就可以达到修性的目的，学习善的东西就可以抑制恶的因素，学习坏的东西也可以使性中本有的善因素减少。而在具体的修性方法上，扬雄有“取四重，去四轻”之说：

或问：“何如斯谓之人？”曰：“取四重，去四轻，则可谓之人。”曰：“何谓四重？”曰：“重言，重行，重貌，重好。言重则有法，行重则有德，貌重则有威，好重则有观。”“敢问四轻。”曰：“言轻则招忧，行轻则招辜，貌轻则招辱，好轻则招淫。”(《法言·修身卷》)

扬雄所谓的“四重”与“四轻”是指言语、行为、外貌和嗜好等与德行相关的外在方面。从这段话也可以看出，扬雄虽然强调“志”这个内因的作用，但在修性方法上，他却是倚重“言、行、貌、好”等外在的因素是否符合道德礼法。在这点上，扬雄与孟子的主内修养的观点恰好相反。

综上所述，扬雄的人性论与孟子的人性论有一致之处，即都承认人生来就具有的某一种特质，同时又强调后天的作用对人性实现的决定作用，而且孟、扬的人性论是一种平等论。孟子认为“人皆可以为尧舜”，扬雄认为：“庄周、申、韩不乖寡圣人而渐诸篇，则颜氏之子、闵氏之孙其如台。”(《法言·问道卷》)也就是说不管性善还是善恶相混，他们认为只要通过后天的努力，人都可以成为圣人、君子。但是孟子的性善论在解决现实问题时难免会遇到这样的困境：既然人性是善的，那么现实社会中的性恶又是从何而生？而扬雄的性善恶相混论则解决了这个问题。他认为人性中同时存在着善良和邪恶两方面因素，这个世界上没有绝对善的人，也没有绝对恶的人，他的这个观点无疑是对孟子性善论的发展。

三、扬雄对孟子中和思想的发挥与致用

中和思想由来已久，早在原始氏族社会，这种思想就已经存在。中和思想在中国文化和哲学中占有重要的位置，而作为中国文化主体的儒家哲学，

更为注重中和思想。中和一词在《中庸》中释为："中也者，天下之大本也；和也者，天下之达道也。致中和，天地位焉，万物育焉。"

孔子创立儒家，在继承前人"尚中""尚和"思想的基础上发展出儒家的中和哲学，把神秘化政治性的"执中"改造成主体性理性化的"用中"。孟子作为孔子的继任者，广泛吸取了孔子的中和思想。但孟子论"中和"和孔子论"中和"明显不同，孟子论"中和"并未直言"中庸"，而是提倡"中道"。"中道"一词虽说在《孟子》一书中总共出现三次，但孟子的中道思想却贯穿于其思想体系的任何一方面，现就《孟子》一书中出现的三次"中道"加以分析。

"中道"一词首先出现在孟子与公孙丑的对话中："君子引而不发，跃如也。中道而立，能者从之。"（《孟子·尽心章句上》）孟子认为君子教导别人正如教人射术，张满弓而不发箭，只做出跃跃欲试的状态来加以引导。他能在恰到好处的中道上站立指导别人，这样，学习的人就能紧紧追随。从这段话也可以看出，孟子的"中道"不仅要有思想上的意识，而且要有实践上的体验，其"中道"思想是内在和外在的统一，需要通过外在的不断努力来提升内在的道德境界。

"中道"一词有两处出现在孟子对孔子相关言论进行阐发时："孔子'不得中道而与之，必也狂狷乎！狂者进取，狷者有所不为也。'孔子岂不欲中道哉？不可必得，故思其次也。"（《孟子·尽心章句下》）在《论语》一书中，孔子的原话是："不得中行而与之，必也狂狷乎！狂者进取，狷者有所不为也。"（《论语·子路》）在这里，孟子用"中道"替换了"中行"，显然，在孟子看来，"中道"与"中行"有着一样的含义，两者都彰显了儒家的中和思想，但是孟子在这里做替换，更是为了突出"中道"。他认为"中道"精神体现着圣人的理想品质，所以说他关于中的思想更注重"道"。

孟子的"中道"精神并不仅仅停留在字面的这些意思上，其精神充斥在其整个伦理体系中，他还对偏离中道的学说给予批评。他认为杨、墨二者之所以是异端邪说，就是因为其偏离了儒家的核心思想，背离了儒家的中和之道。孟子说："杨子取为我，拔一毛而利天下，不为也。墨子兼爱，摩顶放踵利天下，为之。子莫执中。执中为近之。执中无权，犹执一也。所恶执一者，为其贼道也，举一而废百也。"（《孟子·尽心章句上》）意思是，杨朱主张为我，即使拔一根汗毛而有利于天下，他都不肯干；墨翟主张兼爱，只要对天下有利，即使摩秃头顶，擦破脚跟，都要去做。子莫持中间态度，持中间态度就接近正确了。但是持中间态度而没有变通，也还是执着在一点上。执着于一点之所以不好，是因为它损害了道，抓住了一点而丢弃了其他一切。墨之道相较于儒家传统的"中"表现出了"过"与"不及"，杨氏的"不及"已经达到了"拔一毛而利天下，不为也"的地步；而墨子兼爱，无差别，无亲疏，已是"过"了，杨墨之道"无父无君，是禽兽也"，这样的禽兽之道，显然不符合儒家的中和之道。从孟子对杨、墨的批判中，可以看出其所引孔子"不得中道而与之"这句话的含义。所以，孟子中道思想的道德价值标准是不容降低的，它不是杨、墨的"为我"与"兼爱"思想的简单折中，其中和思想体现着儒家"仁"的境界。

另外，这段话也体现了孟子的"权宜中和论"思想。孟子认为，子莫的"执中"接近于"中道"，但"执中"如果没有权的维度限制，也易偏执一端，一味"执中"，就会以"中"为一切，"中"也会在这种形式下变成一种僵死的内容，这就有悖于儒家真正的"中"的精神，朱熹曾在《四书章句集注》中说："执中者害于时中……道之所贵者中，中之所贵者权"，"执中而无权"实质上是"胶于一定之中而不知变"。"'执中'只是一个总的理论、总的原则，而环境和条件总是不断变化的，随着环境和条件的变化，应当对这些理论和原则作适当的变通调整，这就是'权'。"[①] 孟子反对"执一"就是反对在"执中"的过程中形式化、僵死化，如果"执中而无权"，就是没有对儒家传统"中"精神进行辩证地理解。

扬雄的中和思想和儒家的传统思想有一脉相承之处。其中和思想是《法

① 杨泽波：《孟子评传》，南京大学出版社1998年版，第202页。

言》中的基本原则，在《法言·序》中，他明确阐明了自己的中和思想："立政鼓众，动化天下，莫尚于中和。中和之发，在于哲民情。"这段话的意思是说，建立好的政治，鼓舞号令群众，动员和教化天下的民众，没有比实行刚柔适当、无过无不及的中和方针更好的办法。实施中和方针，关键在于要了解民众的情况。从中可以看出，扬雄所推崇的"中和之道"，就是以仁政为核心的中和政治。他认为中和是天地之道，是圣人之道，其中和政治的标准也在《法言·先知卷》中有所概括："甄陶天下者，其在和乎？刚则甈，柔则坏。龙之潜亢，不获其中矣。是以过中则惕，不及中则跃，其近于中乎！圣人之道，譬犹日之中矣，不及则未，过则昊。"在这里，扬雄把治理天下的关键概括为"宽严适中"。

扬雄所谓"动化天下，莫尚于中和"，旨在缓和阶级矛盾。他既反对黄老无为之说，也反对申韩的法家之术，黄老无为是"不及"，申韩的主张却又是"过"。此处，他追求的既无过，又无不及的"中和"与孟子主张"泛爱众，而亲人"的"中和"是一样的，都体现着儒家"仁"的境界。但他在施政中的"中和之道"绝不是对前人理论的简单重复，其理论思想具有很强的实践性。他提出的"中和之发，在于哲民情"中"哲"字的含义，在其《法言·问明卷》中被解释为："或问'哲'。曰：'旁明厥思。'问'行'。曰：'旁通厥德。'"这句话的意思是一个人能够全面地明确自己的思想就是哲，一个人能够全面地贯彻自己的道德就是行。一个"哲"字赋予了扬雄中和思想以哲理色彩，即君主要把自己对事物的认识发展到广博的程度，才能做到真正的"哲"；同时，一个"哲"字又赋予其中和思想以实践色彩，即君主要想在政治中贯彻中和之道，就必须进行实践活动去了解人民的情况。扬雄所谓的"中和之发，在于哲民情"与当时盛行的非理性哲学被明显地区分开来，其"哲"的思想与董仲舒建立在阴阳五行上的中和思想以及黄老自然阴阳的中和思想明显不同。扬雄更重视理性思维在施政中的作用，这就从根本上与西汉董仲舒的神学思想区分开来，他倡导"圣人存神索至，成天下之大顺，致天下之大利，和同天人之际，使之无间也"（《法言·问神卷》）。这也是提倡在理性的认知过程中去实现天地万物的和谐，从这一层面上也可以看出扬雄欲消除董仲舒神学论色彩所做的努力。当然，生活在那个年代，他不会也不可能完全摒弃董仲舒的影响，其坚持先秦儒家政治理论原则和立场的同时也根据时代的发展而发展着儒家政治思想，使儒学不断适应发展着的时代的需求。

总之，唐代韩愈说："因雄书而孟氏益尊，则雄者，亦圣人之徒欤！"[①]终西汉一代，扬雄可以说是最推崇孟子的人，他以孟子自比，仿效孟子批判墨，捍卫孔孟之道，建立起了以维护圣人之道为出发点、以儒家伦常为核心的思想体系。他对孟子思想的继承与发展，在中国古代思想史上产生了重要影响。

（宋冬梅撰，原载《衡水学院学报》2017年第6期，收入本书时有改动）

① 韩愈著，钱仲联、马茂元校点：《韩愈全集》，上海古籍出版社1997年版，第128页。

韩愈尊孟与孟学的复兴

儒学史上关于孟子的地位，中唐之前“孟荀”并称，但唐初已经有尊孟的倾向。韩愈尊孟，代表唐中后期士人尊孟的学术动向与社会需求，他大力推崇孟子思想，认为孟子是传承孔子思想的“醇乎醇者”，是孔子之后道统的正宗继承人。韩愈从排斥佛教、建构儒家道统、性情说、君臣大义等方面继承和发展孟子思想，不仅复兴孟学以及儒学，同时提升了孟子的地位，直至孟子被尊奉为“亚圣”。

孟子在儒学史上的地位受到尊崇始于唐中后期，清代赵翼在《陔余丛考·尊孟子》中曰：“宋人之尊孟子，其端发于杨绾、韩愈，其说畅于（皮）日休也。”其实，在宋代以前，孟子的地位与先秦诸子并无差异。在先秦，“孔、墨之后，儒分为八”（《韩非子·显学》），孟子只为八派之一。“逮至亡秦，焚灭经术，坑戮儒生，孟子徒党尽矣。其书号为诸子，故篇籍得不泯绝。”“汉兴，除秦虐禁，开延道德，孝文皇帝欲广游学之路，《论语》《孝经》《孟子》《尔雅》，皆置博士。后罢传记博士，独立五经而已。”（《孟子注疏·题辞》）唐代，贞观二十一年（647），诏“左丘明、卜子夏、公羊高、谷梁赤、伏胜、高堂生、戴圣、毛苌、孔安国、刘向、郑众、杜子春、马融、卢植、郑玄、服虔、何休、王肃、王弼、杜预、范宁二十一人，用其书，行其道，宜有以褒大之，自今并配享孔子庙廷”（《新唐书·儒学列传上》），孟子并未列入。开元二十七年（739），唐玄宗封颜渊为“亚圣”和“兖国公”，封“孔门十哲”和“七十子”为侯、伯时，亦未提孟子，更无“孔孟”并称的说法。

在汉代，尽管曾设置过《孟子》为传记博士，孟子地位亦略有提升，但总体来说，在儒家学派内部，自西汉中期，“孟荀并称”一直是思想学术界的主流观点。到了中唐，这一情况却发生了历史性的改变，“唐宋八大家”之首的韩愈赞赏孟子，认为孟子是继承孔子之道的“醇乎醇者”，而荀子对孔子的继承则“不粹不醇”；认为孟子是孔子以来道统的正宗继承人。他大力推崇孟子思想，提升了孟子在儒家道统中的地位。

一、韩愈尊孟与自身学养

韩愈首开尊崇孟子的先河，是唐中后期借助孟子思想倡导构建儒家道统、重振儒学的最关键人物。韩愈之所以尊崇孟子，首先与他自身的儒学修养以及他所建立的师友群体息息相关。

其一，韩愈自幼勤奋好学，自觉研习儒家经典。《旧唐书·韩愈传》载：“愈生三岁而孤，养于从父兄。愈自以孤子，幼刻苦学儒，不俟奖励。大历、贞元之间，文字多尚古学，效杨（扬）雄、董仲舒之述作。”《新唐书·韩愈传》载：“愈生三岁而孤，随伯兄会贬官岭表。会卒，嫂郑鞠之。愈自知读书，日记数千百言，比长，尽能通《六经》、百家学。擢进士第。”韩愈在《与凤翔邢尚书书》中自言：“生七岁而读书，十三而能文，二十五而擢第于春官。”出身贫寒的韩愈，从幼时起就自觉地刻苦学习儒家典籍，不需他人督促和嘉勉；他17岁前自觉树立学习的榜样，极力效仿西汉儒学大师扬雄、董仲舒之作；待至年长时，更加勤奋不辍，《上宰相书》中记述：“今有人生二十八年矣，名不著于农工商贾之版。其业则读书著文歌颂尧舜之道，鸡鸣而起，孜孜焉亦不为利；其所读皆圣人之书，杨墨释老之学无所入于其心；其所著皆约六经之旨而成文，抑邪与正，辨时俗之所惑。居穷守约，亦时有感激怨怼奇怪之辞，以求知于天下；亦不悖于教化，妖淫谀佞诪张之说，无所出于其中。”他常常以“业精于勤荒于嬉”警诫自己，孜孜以求，“口不绝吟于六艺之文，手不停披于百家之编；记事者必提其要，纂言者必钩其玄；贪多务得，细大不捐，焚膏油以继晷，恒兀兀以穷年”（《进学解》）。韩愈自幼抱负远大，具有文化传承的自觉意识，通过辛勤努力，积累了丰厚的学养。

其二，在韩愈学习成长过程中，其周围建立了一个关系密切的师友群体，形成了一个良好的儒学研修氛围，这为其尊孟打下了良好的学术基础。《旧唐书·韩愈传》载：“独孤及、梁肃最称渊奥，儒林推重。愈从其徒游，锐意钻仰，欲自振于一代。洎举进士，投文于公卿间，故相郑余庆颇为之延誉，由是知名于时。”唐代宗时的左拾遗独孤及，专好儒家经典，“为文彰明善恶”，“喜鉴拔后进，如梁肃、高参、崔元翰、陈京、唐次、齐抗皆师事之”（《新唐书·独孤及传》）。独孤及与其门生梁肃等，皆为唐代古文运动先驱，亦为提倡儒学的知名学者，受到当时士人推崇。韩愈与其交友甚欢，同游学，共钻研，师法古人之道，其思想、情趣及文章，对韩愈儒学修养的提高大有裨益。

其三，韩愈进士及第后，也不断提携后进，不仅为其研习儒学和推崇孟子聚集了学术力量，而且为其之后的尊孟传承打下了坚实基础。《旧唐书·韩愈传》载：“（愈）洎举进士，投文于公卿间，故相郑余庆颇为之延誉，由是知名于时。”又据《新唐书·韩愈传》载，韩愈进士及第后，先为四门博士，又两度为国子博士，之后又任国子祭酒，这些职务为其聚集学术人才、建立尊孟群体提供了方便。儒家学派历来重视“师道”，孔子“教七十子，使服其衣冠，修其篇籍，故儒者之学生焉”（《淮南子·要略》），孟子以“得天下英才而教育之”（《孟子·尽心章句上》）为乐，韩愈“师道”传承莫不如此，《新唐书·韩愈传》载：“愈性明锐，不诡随。与人交，终始不少变。成就后进士，往往知名。经愈指授，皆称‘韩门弟子’。”他作《师说》，强调“古之学者必有师”，并以孔子言行作证，认为“弟子不必不如师，师不必贤于弟子，闻道有先后，术业有专攻，如是而已”。柳宗元曾在《答韦中立论师道书》中说：

"由魏晋氏以下，人益不事师，今之世不闻有师，有辄哗笑之，以为狂人。独韩愈奋不顾流俗，犯笑侮，收召后学，作《师说》，因抗颜而为师。"通过关心提携，韩愈周围聚集了众多同辈、门人，形成了师友间相互标榜呼应的师承局面。

深厚的学养、良好的师友氛围以及对后进的提携培养，为韩愈尊孟、建构儒家道统、把握儒学转向以及推动儒学发展奠定了良好的基础。

二、韩愈尊孟的学术氛围

韩愈尊孟与当时社会学术界已经开始的对孟子与《孟子》的悄然关注息息相关，在唐初的朝廷名臣奏疏中以及学界名士文章中已有尊孟的动向。

其一，朝廷中一些大臣在奏疏中经常引用孟子的观点。魏徵上疏曰："孟子曰：'君视臣如手足，臣视君如腹心；君视臣如犬马，臣视君如国人；君视臣如粪土，臣视君如寇仇。'虽臣之事君无二志，至于去就之节，当缘恩之厚薄，然则为人主者，安可以无礼于下哉！"（《贞观政要·君臣鉴戒第六》）崔融上疏谏曰："孟轲又云：'古之为关也，将以御暴；今之为关也，将以为暴。'今行者皆税，本末同流。……加之以重税，因之以威胁，一旦兽穷则搏，鸟穷则攫，执事者复何以安之哉？臣知其不可者四也。"（《旧唐书·崔融传》）《旧唐书·裴谞传》载："上复问之，对曰：'臣有所思。'上曰：'何思？'对曰：'臣自河东来，其间所历三百里，见农人愁叹，谷菽未种。……孟子曰：理国者，仁义而已，何以利为？由是未敢即对也。'上前坐曰：'微公言，吾不闻此。'"上述史料的记载中，魏徵为太宗时名臣，崔融为武后和中宗时名臣，裴谞为肃宗和代宗时名臣，皆具影响力，其在奏疏中引用孟子之言，说明唐初以来，孟子的一些观点已为朝臣们所接受。

其二，学界针对孟子的评论逐渐增多。据统计，在《全唐诗》《全唐文》中，唐代士人对孟子的关注自唐初到中晚唐时期，呈渐次增强的态势。如唐初史学家刘知几在《史通》的"内篇·六家第一""外篇·古今正史第二""外篇·疑古第三""外篇·惑经第四""外篇·杂说上第七"中都引述过孟子之言。出身儒门世家的“初唐四杰”之一王勃在《上吏部裴侍郎启》中曰：“夫文章之道，自古称难。圣人以开物成务，君子以立言见志。遗雅背训，孟子不为；劝百讽一，扬雄所耻。”“初唐四杰”中的另一位典型代表卢照邻，在《驸马都尉乔君集序》（载《全唐文》卷一六六）中曰：“昔文王既没，道不在于兹乎？尼父克生，礼尽归于是矣。其后荀卿、孟子，服儒者之褒衣”，认为孟子继承了孔子礼乐道统。文学家李华在《赠礼部尚书清河孝公崔沔集序》（载《全唐文》卷三百一十五）中曰：“孔伋孟轲作，盖六经之遗也”，肯定了孟子在儒家学派中的地位。另外，中唐时，已有人建议提高《孟子》地位，如代宗时礼部侍郎杨绾在《上贡举条目疏》中建议把《孟子》列入“兼经”，增为“明经”科目，与《论语》《孝经》并列。“盛唐三贤”之一的赵匡上疏曰：“通《元经》《孟子》《荀卿子》《吕氏春秋》《管子》《墨子》《韩子》，谓之茂才举。达观之士，既知经学，兼有诸子之学，取其所长，舍其偏滞，则于理道，无不该矣。”（《全唐文》卷三百五十五）总之，在唐代的文学和史学界，孟子与《孟子》已经进入刘知几、王勃、卢照邻、李华、杨绾、赵匡等学界名士的视野和议论中。

其三，唐代古文运动的兴起与发展为韩愈尊孟创造了良好的文化学术背景。古文运动的先驱文学家梁肃在《补阙李君前集序》（载《全唐文》卷五百一十八）中曰：“唐有天下几二百载，而文章三变，初则广汉陈子昂以风雅革浮侈，次则燕国张公说以宏茂广波澜，天宝已还，则李员外、萧功曹、贾常侍、独孤常州比肩而出，故其道益炽。”明代胡应麟在《少室山房笔丛》卷二十八中评价：“大概六代以还文尚俳偶，至唐李华、萧颖士及次山辈始解散为古文，萧、李文尚平典，元独矫峻艰涩，近于怪且迂矣。”

安史之乱前，倡导古文运动的文学家李华即曰：“文顾行，行顾文，此其与于古欤。”（《全唐文》卷三百一十五）主张文章应宗经明道。安史之乱后，古文学者更欲恢复先秦古文创作传统，强调文道合一，注重文章应承担道德教化的功能，以此恢复国家统治秩序，而孟子之后文道不彰和对孟子之文的推崇逐渐成为古文学家的共识。如倡导古文运动的先驱柳冕曰：“至若荀孟贾生，明先王之道，尽天人之际，意不在文，而文自随之，此真君子之文也。”“文而知道，二者兼难，兼之者大君子之事。上之尧舜周孔也，次之游夏荀孟也，下之贾生董仲舒也。”（《全唐文》卷五百二十七）又如，于贞元、元和年间执掌文柄的文学家权德舆曰：“故阙里之四教，门人之四科，未有遗文者。荀况孟轲，修道著书，本于仁义，经术之枝派也。迨夫骚人怨思之作、游士从横之论，刺讥捭阖，文宪陵夷。”（《全唐文》卷四百八十九）再如，唐中期杰出的政治家、文学家裴度曰：“荀孟之文，左右周孔之文也。理身理家理国理天下，一日失之，败乱至矣。”（《全唐文》卷五百三十八）虽然，在韩愈尊孟抑荀之前，古文学者仍孟荀并提，但古文学家对孟子的推崇与关注，使其重要性得以突出，为韩愈尊孟创造了良好的社会、文化和学术背景。

此外，唐初以来，“儒学学术面临着一个困境，即儒学的礼法制度已经不能维系人心，儒学在现实生活中失去有效性，因此这是学术转向的需要”[①]。清代赵翼曰：“六朝人最重三《礼》之学，唐初犹然。”（《廿二史札记》）作为孔子之后的两支，孟子重“德”，荀子重“礼”，“礼”强调尊卑、贵贱、上下等级秩序，有利于满足魏晋以来世族之需要。到唐代，伴随着政治、社会等各方面变化，世族制度逐渐衰落，“礼”亦逐渐有形式大于内容的倾向。针对这种状况，啖助、赵匡等学者即提出了“原情制礼”“以性情为用”的观点，欲以诚、忠、仁等“德”的内容对“礼”加以充实。在这种背景下，孟子所强调的“德”的重要性日趋凸显。

由上可知，唐初以来，社会上文化学术的发展变化、儒学创新转型的需要为韩愈尊孟创造了良好的时代背景，可以说，韩愈尊孟不仅是其个人的学术偏好所使，而且是唐初以来文化学术发展的必然趋势，是时代的选择。

三、韩愈尊孟的社会背景与理论建构

韩愈尊孟的一个重要原因就是为了排斥佛教，其道统思想是在排佛中阐

① 向世陵主编，高会霞、杨泽著：《宋代经学哲学研究·儒学复兴卷》，上海科学技术文献出版社2015年版，第183页。

发的。佛教在唐代得到了长足发展，但是由于大兴庙宇消耗了大量资财，同时“天下僧道，不耕而食，不织而衣”（《旧唐书·彭偃传》），大量的人剃度为僧，增加了社会负担。更重要的是，佛教已深入到了民众日常生活，如唐宪宗时赴法门寺迎佛骨舍利，时有“王公士庶，奔走舍施，唯恐在后。百姓有废业破产、烧顶灼臂而求供养者”（《旧唐书·韩愈传》）。本来儒学自两汉后就处于衰落状态，开唐之后佛教发展就更加限制了儒学的生存空间，这时对于主张恢复儒家道统的士人来说，孟子思想中的一些内容，恰好能满足其对抗佛教、振兴儒学的现实需要。

要排斥佛教、重树儒学之正统地位，首先需要一种战斗力，而孟子之“辟异端”学说，即可为尊崇儒道者寻求排佛依据树立一面精神旗帜。《孟子·滕文公章句下》曰：“杨墨之道不息，孔子之道不著，是邪说诬民，充塞仁义也。仁义充塞，则率兽食人，人将相食。吾为此惧，闲先圣之道，距杨墨，放淫辞，邪说者不得作。……我亦欲正人心，息邪说，距诐行，放淫辞，以承三圣者。”韩愈在《与孟尚书书》中曰：“释老之害过于杨墨，韩愈之贤不及孟子，孟子不能救之于未亡之前，而韩愈乃欲全之于已坏之后……虽然，使其道由愈而粗传，虽灭死万万无恨。”韩愈借鉴孟子“辟异端”学说，像孟子辟杨墨那样辟佛老；元和十四年(819)正月，在唐宪宗派遣使者到凤翔迎接佛骨，长安城内掀起信佛狂潮的关键时刻，他不顾个人生死安危，作《原道》力排佛老，上《论佛骨表》极力“谏迎佛骨”，不惜得罪皇帝。可见，韩愈的排佛之举，俨然具备孟子气象。

韩愈尊孟，主要在于汲取孟子思想中的道统说、性情说以及“君臣大义”理论，作为其排斥佛教、构建儒家道统、维护大一统的理论资源。

其一，论道统。佛教认为，佛陀付法摩诃迦叶，由此开启了佛教的付法传统，以后代代付嘱、代代相承，形成了传法统系。而儒家学派虽然讲求师承渊源，但孔子之后并无统一认可的传承谱系。为了与此对应，韩愈突出孟子地位，在孟子思想中寻找对抗佛教法统所需要的理论资源。在《孟子》中，儒家推崇的尧、舜、禹、汤、文王、孔子连成一系，孟子以孔子继承人居其后。

《孟子·尽心章句下》曰："由尧舜至于汤，五百有余岁；若禹、皋陶，则见而知之；若汤，则闻而知之。由汤至于文王，五百有余岁，若伊尹、莱朱，则见而知之；若文王，则闻而知之。由文王至于孔子，五百有余岁，若太公望、散宜生，则见而知之；若孔子，则闻而知之。由孔子而来至于今，百有余岁，去圣人之世若此其未远也，近圣人之居若此其甚也，然而无有乎尔，则亦无有乎尔。"韩愈正是看到孟子此点，提出了儒家"道统论"。同时，韩愈也强调此"道"与老子之"道"不同，他在《原道》中明确地说："斯吾所谓道也，非向所谓老与佛之道也。尧以是传之舜，舜以是传之禹，禹以是传之汤，汤以是传之文武周公，文武周公传之孔子，孔子传之孟轲，轲之死，不得其传焉。"在这里，韩愈列出了"尧、舜、禹、商汤、文王、武王、周公、孔子、孟子"的儒家道统体系，意欲对抗佛教的法统体系。他所传承的儒家之"道"，其实际内容就是仁与义；其"道统"就是尧、舜、禹、汤、文、武、周公、孔子、孟子这一传承系统，后儒虽各略有增删，但大致还是维护这一道统的。陈寅恪先生说："退之道统之说表面上虽由孟子卒章之言所启发，实际上乃因禅宗教外别传之说所造成，禅学于退之之影响亦大矣哉！"[①] 现代学者葛兆光先生说："九世纪初以来的韩愈、李翱等人，也在极力虚构一个儒家自己的历史系谱，其中关键的一个人物就是孟子。……在九世纪初期的韩愈、柳宗元和李翱等士人口中，孟子异乎寻常地频繁出现，而且成了儒家历史系谱中的关键性人物，而由孟子承上启下的儒家系谱就是后来所说的'道统'，这个'道统'象征着与佛道异端泾渭分明的真理传统。"[②] 可见，在那个时代，韩愈欲对抗佛教，振兴儒学，如果不建构起儒家的道统体系，就显然无法与佛教抗衡。韩愈正是看中了此中要点，才从孟子思想中借鉴理论依据，建立起了儒家道统。

其二，谈性情。汉末以来，"儒门淡薄，收拾不住，皆归释氏耳"[③]，其中一重要原因，即是儒学理论简陋，形式陈旧乏味，而佛教学说抽象性强，富

---

① 陈寅恪：《金明馆丛稿初编·论韩愈》，上海古籍出版社1980年版，第286页。

② 葛兆光：《中国思想史·第二卷》，复旦大学出版社2001年版，第132页。

③ 陈善：《扪虱新话卷十·儒释迭为盛衰》，上海书店出版社1990年版，第113页。

有哲理，更吸引人。性情说在孔子时还“不可得而闻”，但在孟子时有了很大发展，如其“四端”说、“养心”说、“修身立命”说等。韩愈继承了孟子的心性说，并加以阐发，以对抗佛教。先秦以降，孟子道“性善”，荀子言“性恶”，董仲舒、刘向、扬雄、王充、荀悦等，各有所说，或曰“善恶混”，或分上中下。然明确确立“三品”之说者，实至韩愈而定型。韩愈在其《原性》中说：“性也者，与生俱生也；情也者，接于物而生也。性之品有三，而其所以为性者五；情之品有三，而其所以为情者七。曰：何也？曰：性之品有上中下三。上焉者，善焉而已矣；中焉者，可导而上下也；下焉者，恶焉而已矣。其所以为性者五：曰仁、曰礼、曰信、曰义、曰智。上焉者之于五也，主于一而行于四；中焉者之于五也，一不少有焉，则少反焉，其于四也混；下焉者之于五也，反于一而悖于四。性之于情视其品。情之品有上中下三，其所以为情者七：曰喜、曰怒、曰哀、曰惧、曰爱、曰恶、曰欲。上焉者之于七也，动而处其中；中焉者之于七也，有所甚，有所亡，然而求合其中者也。下焉者之于七也，亡与甚，直情而行者也。情之于性视其品。”又曰：“今之言性者异于此，何也？曰：今之言者，杂佛老而言也；杂佛老而言也者，奚言而不异！”韩愈不认同佛、老的“人性”说，其阐发性情论之目的就是要澄清被佛教搅浑了的思想意识。他的性情说，不论是就性与情的各自内涵分析，还是就性与情的关系分析以及关于性、情各品发展趋势的分析，都堪称当时人性学说的最高水平。它既是对以往儒家人性学说的总结，也为其后的儒学发展提供了一个相当系统和完整的人性理论体系。对此，陈来先生说：“韩愈的性情论，主要是为了反对佛教人性论及对汉唐人性论进行总结，他的看法后来被扬弃到宋明理学中，并成为许多理学家讨论人性的出发点。”[①] 任继愈先生说：“（韩愈）人性论为后来宋儒提出气质之性、天理人欲之说开辟了道路。”[②] 可见，韩愈关于性情论的阐发，拓宽了儒家经典的内涵，重开了儒家“心性”论的大门，对推动尊孟思潮的发展、促进儒学的转型起到了积极的促进作用。

---

① 陈来：《宋明理学》，生活·读书·新知三联书店2011年版，第31页。

② 任继愈主编：《中国哲学史》（三），人民出版社2003年版，第139页。

其三，借鉴孟子“君臣大义”理论，用来反对藩镇分裂，巩固唐朝统治。安史之乱后，藩镇长官“擅署吏，以赋税自私，不朝献于廷。效战国，肱髀相依，以土地传子孙”（《新唐书·藩镇魏博列传》），藩镇割据问题日益严重，影响唐朝统治。“春秋无义战”，战国时期，孟子的“君臣大义”理论就以国家和人民利益为重，反对一切不义战争，反对各诸侯国依仗各自武力称雄，《孟子·离娄章句上》载：“争地以战，杀人盈野；争城以战，杀人盈城，此所谓率土地而食人肉，罪不容于死。故善战者服上刑，连诸侯者次之，辟草莱、任土地者次之。”根据战国时期社会状况，孟子主张对好战者根据类别之不同，处以相应的惩罚，以维护国家和人民利益。韩愈根据藩镇割据及其导致的连年战争时代背景，在孟子“君臣大义”理论基础上加以阐发，形成其“君臣论”，作为反对藩镇割据、加强中央集权的理论武器。其《原道》曰：“是故：君者，出令者也；臣者，行君之令而致之民者也；民者，出粟米麻丝，作器皿、通货财，以事其上者也。君不出令，则失其所以为君；臣不行君之令而致之民，民不出粟米麻丝，作器皿、通货财，以事其上，则诛。今其法曰：必弃而君臣，去而父子，禁而相生养之道，以求其所谓清净寂灭者；呜呼！其亦幸而出于三代之后，不见黜于禹汤文武周公孔子也；其亦不幸而不出于三代之前，不见正于禹汤文武周公孔子也。”韩愈的“君臣论”与孟子的“君臣大义”理论一脉相承，并通过元和十二年（817）平定淮西藩镇吴元济叛乱，把这一理论付诸了目的在于维护唐末政局稳定和国家统一的社会实践。韩愈在著名的淮西战事之后，接受唐宪宗旨意为《平淮西碑》撰文，此文歌颂一统天下的英明帝王，表彰战功赫赫的英雄将领，更有申明讨伐藩镇割据、稳定大唐基业的重要意义。

综上所述，孟子思想中的“辟异端”“道统说”“心性论”“君臣大义”理论等，为韩愈排佛、拯救时弊、维护唐朝政治统治提供了有力的理论依据，这正满足了韩愈构建儒家道统的理论需求，也满足了韩愈以道统辅治统的现实需求。

四、孟学复兴与孟子加封

韩愈尊孟，通过建立儒家道统，将孟子列为儒家道统中仅次于孔子的存在，并且否定了唐代孔庙祭祀中的儒家传承统绪，孟子在儒家学术界的地位得到提升。晚唐名士皮日休受韩愈思想影响，向唐懿宗上奏，提出升格《孟子》，使之成为经典，《唐会要》卷七十七载：“圣人之道，不过乎经；经之降者，不过乎史；史之降者，不过乎子。子不异乎道者，《孟子》也！”此后，韩愈的学生、故旧和同道亦唱和响应，使孟子思想在士林中逐渐传播开来。韩愈之后，柳宗元、孟郊、李程、李翱、李宗闵、李德裕、权德舆、白居易、张籍、皇甫湜、王敏、杜牧、李商隐、罗隐、陆龟蒙、林慎思、李蹊、来鹄、程晏等人，也都对孟子有所推崇。

中晚唐兴起的这股崇孟风潮，逮至五代时期终有突破，后蜀主孟昶命令宰相毋昭裔以楷书将“十一经”刻石，包括《孟子》，此为《孟子》入经之始，也是唐代尊孟思潮所取得的成果。此时，孟子在儒家学派内部的地位已大有提高，明显超过荀子，宋代尊孟的先河开启。“宋初三先生”之一孙复说：“孔子而下，称大儒者，曰孟轲、荀卿、扬雄。”（《黄宗羲全集》第三册《宋元学案》卷二《泰山学案》）即认为儒家道统从孔子到孟子、荀子、扬雄，儒学一脉相传。孙复所排列的儒家道统，显然上承韩愈的道统说。从宋代开始，历代统治者对孟子的不断加封与表彰为孟子升格以及孔孟之道的形成与稳固提供了政治支持。

北宋熙宁四年（1071），《孟子》被列入科举考试科目，官学地位被确立，此后成为官学教材之一。熙宁七年（1074），“立孟轲、扬雄像于庙廷，仍赐爵号”（《宋史・志第五十八》）。宋神宗元丰六年（1083），“封孟轲为邹国公”（《宋史・本纪第十六》），这是孟子首次在官方受爵，次年配享孔庙。徽宗政和五年（1115），朝廷承认“兖州邹县孟子庙，诏以乐正子配享，公孙丑以下从祀，皆拟定其封爵”（《宋史・志第五十八》）。宋徽宗宣和五年（1123），《孟子》被刻入蜀石经中，正式成为儒家“十三经”之一，这时《孟子》

的地位已经可以与其他“十二经”的地位相提并论了，这也是士人群体对《孟子》不断推崇的结果。

南宋淳祐元年（1241），宋理宗将周敦颐、张载、程颢、程颐、朱熹五人“令学官列诸从祀，以示崇奖之意”时，下诏：“朕惟孔子之道，自孟轲后不得其传，至我朝周惇（敦）颐、张载、程颢、程颐，真见实践，深探圣域，千载绝学，始有指归。中兴以来，又得朱熹精思明辨，表里混融，使“大学”“论”“孟”“中庸”之书，本末洞彻，孔子之道，益以大明于世。”（《宋史·本纪第四十二》）鉴于周惇（敦）颐、张载、程颢、程颐、朱熹对弘扬儒学做出的杰出贡献，宋理宗命令学官将五人从祭孔子庙庭，以示崇奖之意。同时，宋理宗又“幸太学谒孔子，遂御崇化堂……制道统十三赞，就赐国子监宣示诸生”（《宋史·本纪第四十二》）。在道统十三赞中，宋理宗分别为辅助道统薪火相传的伏羲、尧、舜、禹、汤、文王、武王、周公、孔子、颜子、曾子、子思、孟子十三位圣贤御赐赞词，显然孟子位列其中，受到了帝王的认可和赞誉。同时，《孟子》在经学史中的地位也更加明朗和稳定了。朱熹是南宋理学的集大成者，他不但全面系统地整理了宋代理学，而且将《大学》《中庸》《论语》《孟子》合为“四书”，编著《四书章句集注》，并将其列进儒生的必修书目，进一步巩固了《孟子》在儒家经典中的地位。

元代延祐元年（1314），朝廷倡导汉化运动，恢复科举，考试内容诏定以朱熹编订的《四书章句集注》试士子，考试内容从《大学》《中庸》《论语》《孟子》中选题，答案以朱熹的《四书章句集注》为准，“朱子学”被定为科场宝典，“四书学”的官学地位最终实现了制度化。元至顺元年（1330），孟子被封为“邹国亚圣公”。

以上褒奖措施，确认了孟子在中国儒学史上作为孔子道统继承人的历史地位，其“亚圣”称号自然无可置疑。

（宋冬梅、解光宇撰，原载《江淮论坛》2019年第5期，收入本书时有改动）

第四章 宋明理学

鹅湖之会：心学与理学分野

淳熙二年（1175）六月五日，在信州（今江西上饶市信州区）鹅湖寺举行了一次规模不大但影响深远的哲学讨论会，这就是中国哲学文化史上著名的“鹅湖之会”。会议由吕祖谦主持。参加会议辩论的主要是朱熹和陆九渊、陆九龄，还有朱、陆、吕的门人以及有关学者二十余人。会议主要围绕认识理的方法进行论争。朱熹主张先泛观博览而后归之简约，“二陆”（陆九渊、陆九龄）则主张先发明人之本心，而后博览群书。朱熹责“二陆”教人过简，“二陆”责朱熹教人过于支离。会议召集人吕祖谦本意是调和朱熹和陆九渊即南宋理学阵营内部的“理学”和“心学”之间在方法论上的分歧，使之哲学观点“会归于一”，但事与愿违，双方各不相让，争论三日，不欢而散，不仅没使双方哲学观点“会归于一”，反而更明确了“理学”与“心学”的分歧。鹅湖之会成为中国学术研讨史上一座重要的里程碑。

一、吕祖谦担当朱学与陆学调和者的内在必然性

吕祖谦（1137—1181），字伯恭，婺州（今浙江金华）人，为当时学界尊

称为东莱先生。《宋史·吕祖谦传》说:"祖谦之学本之家庭,有中原文献之传。"吕氏一家,自六世祖吕公著始,"登学案者七世十七人"(《黄宗羲全集》第四册《宋元学案》卷十九《范吕诸儒学案》),说明吕氏家学源远流长。根据《宋元学案》记载,吕氏家学最明显的特点是以儒家思想为宗,尤其提倡思孟学派《中庸》《大学》的"治心养性""穷理尽性""正心诚意"等学说。同时博采各家学说,即不名一师、不私一说。博采各家学说从其先祖吕希哲就已开其端。吕希哲任过宋哲宗的侍讲。他"初学于焦千之,庐陵(欧阳修)之再传也;已而学于安定(胡瑗),学于泰山(孙复),学于康节(邵雍);亦尝学于王介甫,而归宿于程氏("二程")。集益之功,至广且大。然晚年又学佛,则申公家学未醇之害也"(《黄宗羲全集》第四册《宋元学案》卷二十三《荥阳学案》)。吕希哲这种不名一师、不私一说的治学方法,对其后代影响颇深。吕祖谦的治学,也受其家风的影响。少时他随父去福州,从学于三山先生林之奇,之后又从学于临安(今浙江杭州)的汪应辰、胡宪。中进士后,与张栻、朱熹、"二陆"、陈亮等人交友。他创建了浙东的"婺学",和朱熹、张栻齐名,时称"东南三贤"。《宋元学案》中称吕祖谦之学为"吕学":"宋乾淳以后,学派分而为三:朱学也、吕学也、陆学也。三家同时,皆不甚合。朱学以格物致知,陆学以明心,吕学则兼取其长,而复以中原文献之统润色之。门庭径路虽别,要其归宿于圣人则一也。"(《黄宗羲全集》第五册《宋元学案》卷五十一《东莱学案》)正是吕氏家学这种不名一师、不私一说的特点,使吕祖谦的理学思想带有调和折中的色彩。吕祖谦不仅在哲学上有兼取朱、陆的特点,而且能平心易气地对待各学派之所长,为当时学人所称许。朱熹称他从不自大,陆九渊欣赏他"约偏持平"的学风。由于他在学术上气量较大,待人诚恳,又善于听取各学派的意见,因此,当时各学派代表人物都乐意与之交往。他与朱熹的关系更为密切。吕、朱二人多次结伴而游,经常讨论学术问题,曾合著《近思录》十四卷,往来的书信更多。吕祖谦与陆九渊的交往应从吕祖谦选拔陆九渊开始。乾道八年(1172),吕祖谦任礼部试官,选拔陆九渊,二人第一次见面。在此之前,吕祖谦早就看过陆九渊的不少文章,而且十分赞赏：“尝读陆九渊文喜之，而未识其人。考试礼部，得一卷，曰：‘此必江西小陆之文也。’”（《宋史·吕祖谦传》）《陆象山全集》卷三十六《年谱》有吕祖谦选拔陆九渊的记载，“吕伯恭祖谦为考官，读先生《易》卷，至‘狎海上之鸥，游吕梁之水，可以谓之无心，不可以谓之道心。以是而洗心退藏，吾见其过焉而溺矣。济溱洧之车，移河内之粟，可以谓之仁术，不可以谓之仁道’”，“击节叹赏”，又读《天地之性人为贵论》，“愈加叹赞”，认为“此卷超绝有学问者，必是江西陆子静之文。此人断不可失也”。吕祖谦在陆九渊中礼部试后，一遇见他便说：“一见高文，心开目明，知其为江西陆子静也。”从此以后，二人谈道论学，交往频繁。正是由于吕祖谦具有取朱、陆所长的学术特色以及气量大、待人诚恳的可贵品质，所以吕祖谦理所当然地成了朱、陆之学的调和人，“鹅湖之会”的召集人和主持人。全祖望就吕祖谦为学为人赞曰：“小东莱之学，平心易气，不欲逞口舌以与诸公角，大约在陶铸同类，以渐化其偏，宰相之量也。”（《黄宗羲全集》第五册《宋元学案》卷五十一《东莱学案》）

二、鹅湖之会

根据相关资料，“鹅湖之会”的大体情况是：吕祖谦为了调和朱熹与陆九渊在认识方法上的分歧，积极组织召开一次学术讨论会，目的是使朱、陆的哲学观点“会归于一”。淳熙二年（1175）春，吕祖谦从浙江东阳出发，在福建建瓯一带逗留了两个多月，与朱熹相聚四十多天，被朱熹留在家中十多天，相与研读周敦颐、“二程”、张载的书，并共同摘编而成《近思录》。

朱熹在《近思录·朱序》（载《朱子全书》第十三册）中也说道：“淳熙乙未之夏，东莱吕伯恭来自东阳，过予寒泉精舍。留止旬日，相与读周子、程子、张子之书，叹其广大闳博，若无津涯。”吕祖谦结束了福建建宁之行，朱熹特地送他回浙江，途经江西上饶鹅湖寺时，吕祖谦便邀请陆九龄、陆九渊兄弟来会，这也是吕祖谦事先安排好的。《陆象山全集》卷三十六《年谱》载：“淳熙二年乙未，先生三十七岁。吕伯恭约先生与季兄复斋，会朱元晦诸公，于信之鹅湖寺。……朱亨道书云：鹅湖讲道，切诚当今盛事。伯恭盖虑陆与朱，议论犹有异同，欲会归于一，而定其所适从。……临川赵守景明，邀刘子澄、赵景昭。景昭在临安，与先生相款，亦有意于学。”这次“鹅湖之会”，规模不算大，辩论双方是朱熹和“二陆”，但到会旁听（“拱听而已”）者不少，如刘子澄、赵景昭、赵景明、潘叔度、邹斌、朱济道、朱亨道以及朱熹、陆九渊、吕祖谦的其他门人。

鹅湖之会召开前，“二陆”已统一了认识，做了会前的准备。会上双方争辩激烈。《陆象山全集》卷三十四《语录》载：

> 吕伯恭为鹅湖之集，先兄复斋谓某曰：“伯恭约元晦为此集，正为学术异同，某兄弟先自不同，何以望鹅湖之同。”先兄遂与某议论致辩，又令某自说，至晚罢。朱兄云：“子静之说是。”次早，某请先兄说，先兄云：“某无说。夜来思之，子静之说极是。方得一诗云：‘提孩知爱长知钦，古圣相传只此心。大抵有基方筑室，未闻无址忽成岑。留情传注翻蓁塞，着意精微转陆沉。珍重友朋相切琢，须知至乐在于今。’”某云：“诗甚佳，但第二句微有未安。”先兄云：“说得恁地，又道未安，更要如何？”某云：“不妨一面起行，某沿途却和此诗。”及至鹅湖，伯恭首问先兄，别后新功，先兄举诗才四句，元晦顾伯恭曰：“子寿早已上子静舡了也。”举诗罢，遂致辩于先兄。某云：“途中某和得家兄此诗云：‘墟墓兴哀宗庙钦，斯人千古不磨心。涓流滴到沧溟水，拳石崇成泰华岑。易简工夫终久大，支离事业竟浮沉。’”举诗至此，元晦失色。至“欲知自下升高处，真伪先须辨只今”，元晦大不怿，于是各休息。翌日，二公商量数十折，议论来，莫不悉破其说。继日，凡致辩，其说随屈。伯恭甚有虚心相听之意，竟为元晦所尼。

从这段记载中可以看出，在鹅湖会上双方争辩非常激烈，似乎“二陆”攻势更猛一些，占了上风，使“元晦失色”“元晦大不怿”。吕祖谦对辩论双方做了不少协调工作，并“甚有虚心相听之意”，但在会上没有明确表态，甚至

"竟为元晦所尼"，似乎有点偏向朱熹。会议争辩的核心是认识"理"的方法，正如《陆象山全集》卷三十六《年谱》中所说："鹅湖之会，论及教人。元晦之意，欲令人泛观博览而后归之约。二陆之意，欲先发明人之本心，而后使之博览。朱以陆之教人为太简，陆以朱之教人为支离，此颇不合。先生更欲与元晦辩，以为尧舜之前，何书可读。复斋止之。"可想而知，辩论会不仅没能达成共识，反而明确了"理学"与"心学"的分歧所在，最后谁也说服不了谁，不欢而散。

根据相关资料，鹅湖之会召开的时间应为淳熙乙未六月五日。《近思录·朱序》（载《朱子全书》第十三册）有"淳熙乙未之夏，东莱吕伯恭来自东阳，过予寒泉精舍。留止旬日，相与读周子、程子、张子之书"云云，后题五月五日，说明《近思录》成编在乙未五月。吕祖谦给友人邢邦用书云："某自春来为建宁之行，与朱元晦相聚四十余日，复同出至鹅湖。"（《全宋文》卷五八七八）给陈亮的信中也说："某留建宁凡两月余，复同朱元晦至鹅湖，与二陆及刘子澄诸公相聚切磋。"（《全宋文》卷五八七六）可以推算，吕祖谦于三月下旬启程，与朱子相聚四十余日，于五月五日共同完成《近思录》，约五月下旬离开建宁，与朱熹共去鹅湖寺，至六月上旬结束建宁之行。《答王子合》（载《朱子全书》第二十二册《晦庵先生朱文公文集》卷四十九）亦云"前月末送伯恭至鹅湖，陆子寿兄弟来会。……此月八日，方分手而归也"，则分手而归应是在淳熙乙未六月八日。再见陆九龄给友人张钦夫的信说鹅湖之会"语三日"，则鹅湖之会的时间应为淳熙乙未六月五日至七日。

鹅湖之会后的淳熙己亥，朱熹赴南康军任，行至信州铅山，陆九龄来访，朱熹追和鹅湖相会时诗云："德义风流夙所钦，别离三载更关心。偶扶藜杖出寒谷，又枉篮舆度远岑。旧学商量加邃密，新知培养转深沉。却愁说到无言处，不信人间有古今。"（《鹅湖寺和陆子寿》，载《朱子全书》第二十册《晦庵先生朱文公文集》卷四）诗中谓"别离三载"，指丙申、丁酉、戊戌三年，实则乙未至己亥已五年。朱熹经过这几年的思考，坚持自己的学说，而且认为

“二陆”欲先发明人之本心的无言之说“全是禅学，但变其名号耳”（《答吕子约》，载《朱子全书》第二十二册《晦庵先生朱文公文集》卷四十七）。

三、朱、陆分歧

朱、陆所读之书，皆孔孟之书；所讲之学，皆孔孟之学。所谓理学，乃是以孔孟儒家思想为核心的义理之学。理学家们不满足于将孔孟仁义道德等规范仅仅作为伦理道德范畴，而是把“理”上升到宇宙观。朱熹将“理”看作“不为尧存，不为桀亡”的一种客观存在，其方法重“格物穷理”，故“二陆”批评其学“支离”。陆九渊认为“心即理”，将“仁义之理”看作人的本性，其方法重“发明本心”，故朱熹批评“二陆”之学教人过简。也就是说，理学与心学的对立，是朱、陆哲学的根本分歧。

但是，理学与心学的对立又不是绝对的，它们在有些问题上是对立的，在另一些问题上又是统一的。“心即理”是陆九渊哲学的主要命题。但他所谓的“理”，有时也被表述为具有客观性，被称为“天下之常道”“天下之所共由”（《陆象山全集》卷二《与王顺伯》）。他说：“此理在宇宙间未尝有所隐遁，天地之所以为天地者，顺此理而无私焉耳。人与天地并立，而为三极，安得自私而不顺此理哉？”（《陆象山全集》卷十一《与朱济道》）他和朱熹一样，认为理是“所以然者”，是必须遵守而不能违抗的：“此理充塞宇宙，天地鬼神，且不能违异，况于人乎？”（《陆象山全集》卷十一《与吴子嗣》）宇宙间只有一理，天地万物和人，都在此理之内，人学习的目的在于明理而已：“塞宇宙一理耳。学者之所以学，欲明此理耳。此理之大，岂有限量？程明道所谓有憾于天地，则大于天地者矣。”（《陆象山全集》卷十二《与赵咏道》）这与朱熹的“理”是一致的。朱熹认为，理是实的，这就是人伦道德之理，它是天地万物的道理，是永恒不变的。陆九渊也认为：“宇宙间自有实理，所贵乎学者，为能明此理耳。”（《陆象山全集》卷十四《与包详道》）“吾所明之理，乃天下之正理、实理、常理、公理。”（《陆象山全集》卷十五《与陶赞仲》）所谓正理，就是儒家之理，而非佛、道之理；所谓实理，就是封建伦理道德之理；所谓常理，就是万世不变之理；所谓公理，就是人与自然所共有之理。他说：

> 道者，天下万世之公理，而斯人之所共由者也。君有君道，臣有臣道，父有父道，子有子道，莫不有道。惟圣人惟能备道，故为君尽君道，为臣尽臣道，为父尽父道，为子尽子道，无所处而不尽其道。常人固不能备道，亦岂能尽亡其道？（《陆象山全集》卷二十一《论语说》）

可见，陆九渊所谓的理，就是对封建伦理道德的总概括。故黄宗羲曰："二先生同植纲常，同扶名教，同宗孔孟。即使意见终于不合，亦不过仁者见仁，知者见知。所谓'学焉而得其性之所近'，原无有背于圣人。矧夫晚年又志同道合乎！"（《黄宗羲全集》第五册《宋元学案》卷五十八《象山学案》）

朱、陆所谓"意见不合"，集中体现在心与理的关系上。在心与理的关系上，朱熹虽有"心即理"的思想，但"性即理"是他的基本命题。他承认心外之理是最高本体，因此是理一元论者。而陆九渊认为，天地万物之理都在我心中，心与理是完全合一的，故是心一元论者。陆九渊说："心，一心也；理，一理也。至当归一，精义无二，此心此理，实不容有二。"（《陆象山全集》卷一《与曾宅之》）所谓心与理"不容有二"，就是针对朱熹的"心外有理"而言。他认为，理具于心，心就是理，不必离心去讲什么理。他说："人皆有是心，心皆具是理，心即理也。"（《陆象山全集》卷十一《与李宰》）"人心至灵，此理至明，人皆有是心，心皆具是理。"（《陆象山全集》卷二十一《杂说》）可见，陆九渊反对朱熹的"心外有理"。

对于陆九渊的"心即理"思想，朱熹既有肯定，又有批评。他肯定陆九渊"说'良知良能''四端'等处，且成片举似经语，不可谓不是"（《朱子全书》第十八册《朱子语类》卷一百二十四），并且他本人也有这类思想。同时他又批评说："圣贤之教无内外本末上下，今子静却要理会内，不管外面，却无此理。"（《朱子全书》第十八册《朱子语类》卷一百二十四）可见朱、陆之间，并不仅是心与理是否合一的矛盾，而且还有心外是否有理、心外是否有物的矛盾。朱熹不仅认为心外有理，而且认为心外有物。陆九渊则反对心外有物，进而提出“吾心即宇宙”的思想。他说：“四方上下曰宇，往古来今曰宙。宇宙便是吾心，吾心即是宇宙。……宇宙内事，是己分内事；己分内事，是宇宙内事。”（《陆象山全集》卷二十一《杂说》）宇宙如何便是吾心呢？他说：“万物森然于方寸之间，满心而发，充塞宇宙，无非此理。”（《陆象山全集》卷二十四《语录》）

这就是说：只有经过我的心，才能知道有万物；没有我的心，就无法知道有万物。因此，万物就在心中。吾心豁然，就能充塞宇宙。可见这是纯主观论。

朱、陆哲学在本体论上的差异，导致方法论上的差异。黄宗羲说：

> 先生（陆九渊）之学，以尊德性为宗，谓：“先立乎其大，而后天之所以与我者，不为小者所夺。夫苟本体不明，而徒致功于外索，是无源之水也。”同时紫阳（朱熹）之学，则以道问学为主，谓：“格物穷理，乃吾人入圣之阶梯。夫苟信心自是，而惟从事于覃思，是师心之用也。”（《黄宗羲全集》第五册《宋元学案》卷五十八《象山学案》）

陆九渊强调以尊德性发明本心，即以“先立乎其大”为宗旨，提倡易简工夫。朱熹强调尊德性与道问学，涵养本心与格物穷理同时进行，但更强调格物穷理。朱熹以读书为穷理的主要方法，但根本目的仍然是明德性。陆九渊主张“学苟知本”，根本既立，则“六经皆我注脚”（《陆象山全集》卷三十四《语录》）。故他批评朱熹格物穷理的方法为“支离”。朱熹认为，不能只强调内而忘了外，必须内外功夫并用。内外本是一理，但由于人气禀之私，物欲之蔽，不能明得心中天理，故一面要存心，一面要穷理；一面要做心地功夫，一面要向外格物。二者齐头并进，用力久了，必然豁然贯通，“则亦有以知其浑然一致，而果无内外精粗之可言矣”（《朱子全书》第六册《大学或问下》）。因此，内心功夫固不可缺，但穷理之学决不可无。如果没有外面功夫，内心功夫也无从做，吾心之明德也不能明。如果不管外面，“外面尽有过言、过行更不管，却云吾正其心，有此理否”（《朱子全书》第十八册《朱子语类》卷一百二十）。他批评陆九渊说：

陆子静说"良知良能，四端根心"，只是他弄这物事。其他有合理会者，渠理会不得，却禁人理会。鹅湖之会，渠作诗云："易简工夫终久大。"彼所谓易简者，苟简容易尔，全看得不子细。……易简有几多事在，岂容易苟简之云乎。(《朱子全书》第十四册《朱子语类》卷十六)

今必以是为浅近支离，而欲藏形匿景，别为一种幽深恍惚、艰难阻绝之论，务使学者莽然措其心于文字言论之外，而曰道必如此然后可以得之，则是近世佛学诐淫邪遁之尤者。(《朱子全书》第六册《大学或问》)

即以陆学为禅学，只讲顿悟而不讲渐修，只讲理性的飞跃而不讲感性认识的积累。所以朱熹既重视尊德性又重视道问学，认为二者不可偏废。如果只有尊德性而无道问学，则功夫缺了一半，那一半也决不成学问。因为二者"始终本末，循循有序，精粗巨细，无有或遗"（《朱子全书》第二十四册《晦庵先生朱文公文集》卷七十四）。要尊德性，就必须要有道问学。虽然需要各自加功，但又不是判然两事。"故君子之学，既能尊德性以全其大，便须道问学以尽其小。""学者于此，固当以尊德性为主，然于道问学，亦不可不尽其力，要当使之有以交相滋益，互相发明，则自然该贯通达，而于道体之全无欠阙处矣。"（《朱子全书》第二十四册《晦庵先生朱文公文集》卷七十四）

陆九渊针对朱熹的批评提出了激烈的反批评：

朱元晦曾作书与学者云，陆子静专以尊德性诲人，故游其门者，多践履之士，然于道问学处欠了。某教人岂不是道问学处多了些子，故游某之门者，践履多不及之。观此，则是元晦欲去两短合两长。然吾以为不可。既不知尊德性，焉有所谓道问学？(《陆象山全集》卷三十四《语录》)

他认为朱熹的"去两短合两长"也不行。只有存吾心守吾德性，才是根本。根本不立，一切无从谈起。朱熹认为，每一物有一理，"格物，是零细说"（《朱子全书》第十四册《朱子语类》卷十五），都要格，今日格一物，明日格一物，最后才能豁然贯通。并且批评陆九渊穷理只穷一个理是"只寻个'一'，不知去那里讨头处”（《朱子全书》第十八册《朱子语类》卷一百二十四）。

陆九渊也讲格物致知、格物穷理，但他的格物穷理是立足于“心即理”。他不承认有所谓事事物物之理，且反对朱熹向外去穷理。他认为理只有一个，此外别无理。

穷理就是穷这一个理。他认为“理只在眼前，只是被人自蔽了”，因此，穷理就是“不专论事论末，专就心上说”。（《陆象山全集》卷三十五《语录》）

从朱、陆的异同可看出，二者对理的认识是一致的，即如黄宗羲所云：“二先生同植纲常，同扶名教，同宗孔孟。”但对于理的存在形式，二者产生了分歧。朱熹认为理是客观存在的；陆九渊认为理存在于心，心即理。朱熹认为，由于理是客观存在的，因此人必须通过格物才能致知，先泛观博览而后归之简约，即从感性认识到理性认识，才能产生飞跃；陆九渊认为，由于理存在于心，因此必须发明本心，才能先立其大，才能心如明镜，即提倡“顿悟”。在认识方法上，朱熹晚年在一定程度上肯定陆九渊“发明本心”的日用功夫。据《象山年谱》载，陆九渊“闻朱元晦诗，喜，诗云：‘川源红绿一时新，暮雨朝晴更可人。书册埋头何日了，不如抛却去寻春。’先生闻之，色喜曰：‘元晦至此有觉矣，是可喜也’”（《陆象山全集》卷三十六《年谱》）。实际上这首诗只不过是对做学问的一种生活感受，并不能说明朱熹接受陆九渊的观点。而能说明朱熹接受陆九渊之观点的，见《朱熹答陆九渊书》中云：“迩来日用功夫颇觉有力，无复向来支离之病，甚恨未得从容面论，未知异时相见，尚复有异同否耳！”（《陆九渊集》附录二）这是否就是黄宗羲所说的朱、陆“矧夫晚年又志同道合乎”之意呢？

（原载《孔子研究》1999年第2期，收入本书时有改动）

朱熹与栗谷理气论比较研究

朱熹作为理学的集大成者，他构建了一个庞大的理学体系。在朱子哲学中，理气关系问题是其哲学的一个基本问题。栗谷吸收并发扬了朱熹的理气论，创立了自己独特的理气观。在理气关系问题上，栗谷主张“理气妙合”，认为“理”“气”不离不杂而妙合其中，这是对朱熹理气思想的创新之处；在理气动静问题上，栗谷主张“气发理乘”，认为“理无为而气有为，故气发而理乘”，这是对朱熹理气思想的深化和发展。

冯友兰先生说：“朱子之形上学，系以周濂溪之《太极图说》为骨干，而以康节所讲之数，横渠所说之气，及程氏弟兄所说形上形下及理气之分融合之。故朱子之学，可谓集其以前道学家之大成也。”[1] 朱子学自高丽末期传入朝鲜半岛，受到了当时知识分子的推崇。朱子学的迅速传播，对当地学者产生了很大影响，栗谷就是其中富有代表性的一位。

栗谷（1536—1584），名李珥，字叔献，号栗谷，朝鲜李朝哲学家、栗谷学

① 冯友兰：《中国哲学史》（下册），商务印书馆2011年版，第362页。

派的创始人，其代表作主要有《天道策》《人心道心图说》《圣学辑要》《答成浩原》等。栗谷曾拜谒退溪先生，并深得退溪器重，与其书札往来，讨论“居敬穷理”以及《圣学十图》等学说与著作。栗谷吸收并发扬了朱熹的学说，形成了自己独特的理气观，最终成为与退溪齐名的儒学大师，正如李甦平教授所说：“在东亚学术发展史上，理学宗师朱熹对理气问题作了周密、完整的论述……李退溪在继承朱熹理气观的基础上，又有所发展。而栗谷的理气思想则是在继承这两位前辈学者基础上的深化和发展。”①

在朱子哲学中，理气关系问题是一个基本问题。朱熹理气论源于《太极解义》，《太极解义》是朱熹对周敦颐《太极图》和《太极图说》的阐释。朱熹把《太极图说》纳入理学的体系，以“理”来解释太极，认为太极为“理”，阴阳为“气”，“理”是阴阳动静与存在的根据，“气”是理的外在表现和过程。要之，“理”是气之为气的依据，“气”是理的具体表现形式，二者既不相杂，又不分离。栗谷从“理气妙合”“理通气局”和“气发理乘”等方面继承和发扬了朱熹的理气观，并在其学说的基础上进行深化和发展，形成了自己独特的理气观。

一、从“理先气后”说到“理气妙合”说

理气先后问题是朱熹哲学中一个比较重要的问题，朱熹继承了张载、“二程”的理学思想，并在此基础上发展了理气论。朱熹认为形而上为理，形而下为气——理就是事物存在的道理，构成万物之性；气就是万物存在的形式，构成万物之形。现实中的事物，须兼禀理气。冯友兰先生说：“形而上之理世界中只有理。至于此形而下之具体的世界之构成，则赖于气。理即如希腊哲学中所说之形式（Form），气即如希腊哲学所说之材质（Matter）也。”② 在理气关系问题上，朱熹早年认为“理”能生“气”。“动而生阳，静而生阴，动即太极之动，静即太极之静，动而后生阳，静而后生阴，生此阴阳之气。”（《朱

① 李甦平：《试论李栗谷的理气观》，《东疆学刊》2005年第1期，第1页。

② 冯友兰：《中国哲学史》（下册），商务印书馆2011年版，第369页。

子语类》卷九十四)又说,“动而生阳,静而生阴,说一生字,便是见其自太极来。……无极而太极,言无能生有也。”(《朱子语类》卷九十四)还说,“气虽是理之所生,然既生出,则理管他不得。”(《朱子语类》卷四)这些思想都说明理先气后、理能生气。“理生气”这一思想一方面是源于《周易·系辞》中的“易有太极,是生两仪”,另一方面是源于周敦颐的《太极图说》中的“太极动而生阳”。这里的“生”是“产生”的意思,也就是说“理”可以产生“气”。

那么,既然“理”能生“气”,那么“理”与“气”就应该有个先后问题。朱熹认为:“天地之间,有理有气。理也者,形而上之道也,生物之本也。气也者,形而下之器也,生物之具也。是以人物之生,必禀此理然后有性,必禀此气然后有形。”(《答黄道夫》)又说:“疑此气是依傍这理行。及此气之聚,则理亦在焉。盖气则能凝结造作,理却无情意,无计度,无造作。只此气凝聚处,理便在其中。且如天地间人物草木禽兽,其生也,莫不有种,定不会无种子白地生出一个物事,这个都是气。若理,则只是个净洁空阔底世界,无形迹,他却不会造作;气则能酝酿凝聚生物也。但有此气,则理便在其中。”(《朱子语类》卷一)朱熹认为“理”构成万物之性,“气”构成万物之形,二者在构成万物的作用上是不同的。正如欲造一架飞机,要先有相应的制造图纸,然后才能依照图纸造出飞机。朱熹认为理与气不离不杂,理是第一性的,理在气先,理在物先。

栗谷继承了朱熹“理气不离不杂”的思想,在“理先气后”的基础上提出了“理气妙合”说,以之作为自己理气观的核心和基础。

朱熹认为:“所谓理与气,此决是二物。但在物上看,则二物浑沦,不可分开各在一处,然不害二物之各为一物也。若在理上看,则虽未有物而已有物之理,然亦但有其理而已,未尝实有是物也。”(《答刘叔文》)朱熹把“理”与“气”放在一起,又使之不相杂陈,将“理”视为“气”的主宰。栗谷继承了朱熹的这一思想,也认为“理”是“气”的主宰,“气”是在“理”的基础上产生的。没有“理”,“气”就无法产生;同样,没有“气”,“理”就无处“挂搭”。栗谷认为“理”与“气”是“一而二，二而一”的辩证关系，他说：“夫理者，气之主宰也；气者，理之所乘也。非理则气无所根柢，非气则理无所依着。既非二物，又非一物。非一物，故一而二；非二物，故二而一也。非一物者，何谓也？理气虽相离不得，而妙合之中，理自理、气自气，不相挟杂，故非一物也。非二物者，何谓也？虽曰理自理、气自气，而浑沦无间，无先后，无离合，不见其为二物，故非二物也。”（《栗谷全书》卷十）“理”与“气”二者浑然无间又彼此独立。对于“理”与“气”之间这种既“一而二”又“二而一”的关系，栗谷将之概括为“理气妙合”，这是对朱熹“理先气后”思想的创新。

针对“理”与“气”究竟是一物还是二物的问题，栗谷阐释道：“考诸前训，则一而二，二而一者也。理气浑然无间，元不相离，不可指为二物。故程子曰：器亦道，道亦器。虽不相离而浑然之中实不相杂，不可指为一物。故朱子曰：理自理，气自气，不相挟杂。合二说而玩索，则理气之妙，庶乎见之矣。”（《栗谷全书》卷二十）这里的“一而二”是指“理”与“气”的功能性和特性，讲的是二者的“异”和“分”；“二而一”是指“理”与“气”的内在性和圆融性，讲的是二者的“同”和“合”。那么，“理”与“气”到底是一物还是二物呢？栗谷秉承朱子“理气不离不杂”的观点，从“理气浑然无间，元不相离”出发，论证“理”与“气”并非二物，又从“浑然之中实不相杂”中，得出“理”“气”亦非一物的观点。因此，“理”与“气”的关系既是“理在气中”，又是“气在理中”，是“一而二，二而一”的辩证关系。栗谷所说的“理气妙合”，妙就妙在理气非一非二，不离不杂，动静无端，显微无间。在这一妙合的过程中，栗谷指出，“理”是“气”之主宰，“气”为“理”之所乘，而“气”在运行过程中又表现出很强的能动性，所以万事万物才表现出不同的特性。同时，他还认为“气”之所为不是凭借外力的作用，而是凭借“气”自身的本能，即阴阳运动的结果。栗谷说：“阴静阳动，机自尔也，非有使之者也。阳之动则理乘于动，非理动也；阴之静则理乘于静，非理静也。故朱子曰：太极者，本然之妙也；动静者，所乘之机也。”（《栗谷全书》卷十）栗谷引用朱熹“太极者，本然之妙也；动静者，所乘之机也”的观点，论证了他的“阴静阳动，其机自尔”的观点，认为“气”是“阴静阳动”的结果，是自身的本能。理为气之“所宰”，气为理之“所为”，有了“理”与“气”的所宰与所为，才有了天道流行、万物化生。因此，“理”与“气”的所宰所为既是“理气妙合”的“本然之妙用”，又是“理气妙合”的“本然之妙”。

二、从“理一分殊”说到“理通气局”说

“理通气局”一语，出自《华严一乘十玄门》中的“通局无碍门”，栗谷此说是在朱熹的“理气不离不杂”和“理一分殊”学说的基础上，从理气不相离的妙合关系以及“气”有形、“理”无形的特性中提出来的。栗谷在《栗谷全书》卷二十中明确指出：“理通者，天地万物同一理也；气局者，天地万物各一气也。所谓‘理一分殊’者，理本一矣，而由气之不齐，故随所寓而各为一理，此所以分殊也，非理本不一也。”在朱熹的理气论中，“理”赋予万事万物存在的形式，其本身是超时空的、普遍存在的。

朱熹是通过普遍的统一性和具体的差异性来说明“理”“气”之间一般和特殊的关系的。朱熹说：“理只是这一个，道理则同，其分不同，君臣有君臣之理，父子有父子之理。”（《朱子语类》卷六）这里的“理”带有封建伦理纲常的意思，君臣之道、父子之理虽各有不同，但都要求不同身份的人遵循封建伦理纲常，不能有越矩的行为。他进一步说：“所居之位不同，则其理之用不一。如为君须仁，为臣须敬，为子须孝，为父须慈。物物各具此理，而物物各异其用，然莫非一理之流行也。”（《朱子语类》卷十八）在这里，朱熹指出，由于每个人在社会上所处的地位不同，他所履行的义务即所要遵循的道德行为规范也就不同，故而有“君仁臣敬、父慈子孝”之说。而各种不同的行为规范中，又蕴含着统一的道德法则，也就是说，统一的道德法则须通过具体的行为规范来体现，这就是“理一分殊”。

《朱子语类》卷六中有对“理一分殊”的细致阐述：“问：‘去岁闻先生曰“只有一个道理，其分不同”。所谓分者，莫只是理一而其用不同？如君之仁、

臣之敬、子之孝、父之慈，与国人交之信之类是也。’答曰：‘其体已略不同。君臣、父子、国人是体，仁敬慈孝与信是用。’问：‘体、用皆异？’答曰：‘如这片板，只是一个道理。这一路子恁地去，那一路子恁地去。如一所屋，只是一个道理，有厅，有堂。如草木，只是一个道理，有桃，有李。如这众人，只是一个道理，有张三，有李四。李四不可为张三，张三不可为李四。如阴阳，《西铭》言“理一分殊”，亦是如此。’”朱熹通过列举事例，进一步说明普遍之理（理一）与具体事例（分殊）之间的关系，具体事物不同，普遍之理的具体表现也不同。房子有厅堂之分，草木有桃李之别，这就是“理一分殊”。正如朱熹所指出的：“天下之理万殊，然其归则一而已矣，不容有二三也。”（《朱子全书》第二十三册《答余正甫》）也就是说天下之事物虽“万殊”，但其间都贯穿着一个普遍的原理，“万物一理”即为此意。

朱熹以“理一分殊”解释“太极”作为宇宙之本体与万物之本质之间的同一性，说：“本只是一太极，而万物各有禀受，又自各全具一太极尔。如月在天，只一而已，及散在江湖，则随处而见，不可谓月已分也。”（《朱子语类》卷九十四）“太极”作为宇宙的本体，具有同一性，万物则通过此一“太极”而表现出不同的形式，正如天上的月亮虽只有一个，但当它投映在江河湖海中时，就会显现出千差万别的映像，这些映像就是“月亮”这一本体在不同环境中的具体表现形式。

栗谷继承了朱熹的这一观点，并称之为“理通”。“理”作为一种普遍的、抽象的存在，其本身是不活动的；而万事万物是客观存在的，需要“气”赋予其具体存在的形式。“理”作为一种普遍的存在，落到“气”中时，就会受到“气”的限制。这就是栗谷所说的“气局”。“理通气局”说是栗谷在秉承朱熹理气论的基础上，对“理一分殊”说做出的阐释。

围绕着“理通气局”说，栗谷与成浩原（1535—1598，名浑，字浩原，号牛溪）曾展开过辩论。在辩论中，栗谷进一步阐述了“理无形而气有形，故理通而气局”的见解。他说：“理通者何谓也？理者，无本末也，无先后也。无本末、无先后，故未应不是先，已应不是后，是故乘气流行、参差不齐，而其本然之妙无乎不在。气之偏则理亦偏，而所偏非理也，气也。气之全则理亦全，而所全非理也，气也。至于清浊、粹驳、糟粕、煨烬、粪壤、污秽之中，理无所不在，各为其性，而其本然之妙则不害其自若也。此之谓理之通也。气局者何谓也？气已涉形迹，故有本末也、有先后也，气之本则湛一清虚而已。曷尝有糟粕、煨烬、粪壤、污秽之气哉？惟其升降、飞扬、未尝止息，故参差不齐而万变生焉。于是气之流行也，有不失其本然者，有失其本然者。既失其本然，则气之本然者已无所在。偏者，偏气也，非全气也；清者，清气也，非浊气也；糟粕煨烬，糟粕煨烬之气也，非湛一清虚之气也。非若理之于万物，本然之妙无乎不在也。此所谓气之局也。”（《栗谷全书》卷十）栗谷“理通气局”的意思就是“理同气异”，这是他在朱熹理气观基础上的一大创新。所谓“理通”，即指“理”无行迹、无先后、无本末，乘气流行，参差不齐，本然之妙无乎不在。“理通”也就是“理同”，是本体之理和流行之理的同一，气偏则理偏，气全则理全。“理”不论是在“清浊、粹驳、糟粕”之中，还是在“煨烬、粪壤、污秽”之内，都浑然一体。所谓“气局”，就是指“气”有行迹、有先后、有本末，而非“湛一清虚”的本气。“气局”也就是“气异”，此处的“局”有两层含义：一为“局部”，也就是说，“气”在流行的时候，有“不失其本然者”，也有“失其本然者”。当气“失其本然”的时候，就不再是“全气”了，而是表现为偏气、浊气、清气或者糟粕煨烬之气，而这些“气”都不是“湛一清虚”的“本气”，因而也就被称作“气异”。二是“蔽塞”，也就是说“理”经常受到偏气、浊气、清气抑或糟粕煨烬之气的蔽塞而不能全部显现出来，故而呈现出“理偏”的状态。“气”不同，蔽塞之障不同，因而其表现出的形态也不同。

三、从“理乘气动”说到“气发理乘”说

周敦颐在《太极图说》中说：“太极动而生阳，动极而静，静而生阴。”朱熹以“太极”为“理”，在《太极图说解》（《朱子全书》第十三册）中对周敦颐的“太极动静”论进行解释，他说：“太极之有动静，是天命之流行也，所谓

'一阴一阳之谓道'。……盖太极者，本然之妙也；动静者，所乘之机也。太极，形而上之道也；阴阳，形而下之器也。是以自其著者而观之，则动静不同时，阴阳不同位，而太极无不在焉。自其微者而观之，则冲漠无朕，而动静阴阳之理已悉具于其中矣。"从朱熹的分析来看，这里的"动静"是指阴阳二气的动静，而不是指太极自身的动静。说太极有动静，意谓太极是作为本体存在于二气动静之中的"理"。朱熹认为太极的动静犹如天地的两端，循环不已。他在《答杨子直》(《朱子全书》第二十二册)中详细地谈到了太极的动静："盖天地之间，只有动静两端，循环不已，更无余事，此之谓易。而其动其静，则必有所以动静之理焉，是则所谓太极者也。……盖谓太极含动静则可(自注：以本体而言也)，谓太极有动静则可(自注：以流行而言也)，若谓太极便是动静，则是形而上下者不可分，而'易有太极'之言亦赘矣。"朱熹认为"易"之动静是指"所以动静之理"，是使一动一静的阴阳变易得以成为动静状态的"本理"。朱熹在《太极图说解》中明确指出，太极本体本来包含动之理、静之理，"自其微者而观之，则冲漠无朕，而动静阴阳之理已悉具于其中矣"，在朱熹看来，"一阴一阳之谓道"是指气在理的支配下运动的过程，也就是"理乘气动"。《朱子语类》卷九十四中记载了朱熹晚年关于"理气动静"的议论："问：动静者，所乘之机。曰：理搭于气而行。""问：太极者本然之妙，动静者所乘之机。太极只是理，理不可以动静言，惟'动而生阳、静而生阴'，理寓于气，不能无动静。所乘之机，乘，如承载之乘，其动静者乃承载在气上，不觉动了静，静了又动。先生曰：然。"通过议论，朱熹"理乘气动"的思想已被明确阐述。

栗谷继承了朱熹的"理乘气动"学说，认为"气"有动静而"理"无动静。在此基础上，他针对退溪的"理气互发"说提出了"气发理乘"说。栗谷认为理是万物存在的根本，是无形无为、在动在静的；而气是万物表现出来的形式，是有形有为、有动有静的。栗谷的"理气妙合"说强调"理"与"气"有一个妙合的过程，无先后、无离合。从这点出发，栗谷认为退溪的"互发"说在理论上不能成立，所以"理"与"气"不能互发，也不能互动，只能是"气发理乘”。天地间的天道运行和人道流行，都遵循“气发理乘”这一条途径。栗谷以水和器皿的关系来解释“气发理乘”的哲学思想，他说：“器动而水动者，气发而理乘也。器水俱动，无有器动水动之异者，无理气互发之殊也。器动则水必动，水未尝自动者，理无为而气有为也。”（《栗谷全书》卷十）栗谷把“理”比喻成水，把“气”比喻成器，“理”乘于“气”犹如水装于器中，器动则水动，气发则理乘。水盛于器中，器为水的载体；“理”寓于“气”，“气”为“理”的载体——此即谓“气发理乘”。

针对“气发理乘”，栗谷与成浩原也曾展开过辩论，在辩论中，栗谷又进一步阐述了“理无为而气有为，故气发而理乘”的观点。他说：“阴静阳动，其机自尔，而其所以阴静阳动者，理也。故周子曰：‘太极动而生阳，静而生阴。’夫所谓动而生阳、静而生阴者，原其未然而言也；动静所乘之机者，见其已然而言也。动静无端，阴阳无始，则理气之流行皆已然而已，安有未然之时乎？是故天地之化、吾心之发，无非气发而理乘之也。所谓气发理乘者，非气先于理也，气有为而理无为，则其言不得不尔也。”（《栗谷全书》卷十）

四、栗谷理气论的特点及创新

综上所述，栗谷在继承和发展朱熹理气论的基础上，又有所创新，在朱熹“理先气后”的基础上，提出“理气妙合”说作为其理气观的核心和基础。“理通气局”说、“气发理乘”说，都是对“理气妙合”说的进一步阐发。

栗谷认为，“理”与“气”“既非二物，又非一物”，二者之间是“一而二，二而一”的辩证关系。他认为，“理”与“气”虽不相离，但妙合之中又不相杂，所以它们不是“一物”；“理”与“气”无先后、无离合，是浑然无间的，所以它们又非“二物”。栗谷在总结前人关于理气关系的论述时指出：“考诸前训，则一而二，二而一者也。理气浑然无间，元不相离，不可指为二物。故程子曰：器亦道，道亦器。虽不相离而浑然之中实不相杂，不可指为一物。故朱子曰：理自理，气自气，不相挟杂。合二说而玩索，则理气之妙，庶乎见之矣。”（《栗谷全书》卷二十）“理”与“气”一方面是相互渗透而又妙合其中的，所以不能被视为“二物”；另一方面，“理自理，气自气”，二者各有不同的内涵，所以也不能被视为“一物”。对于“理”与“气”的这种既“一而二”又“二而一”、不离不杂而又妙合其中的关系，栗谷称之为“理气妙合”，他认为“理”与“气”在时间上无先后，在空间上无离合，是既不相离又不相杂的浑然无间的玄妙关系。栗谷在写给成浩原的信中有一段话：“夫理之源一而已矣，气之源亦一而已矣。气流行而参差不齐，理亦流行而参差不齐。气不离理，理不离气，夫如是则理气一也。何处见其有异耶？所谓理自理、气自气者，何处见其理自理、气自气耶？望吾兄精思著一转，语欲验识见之所至也。”（《栗谷全书》卷十）栗谷从理气“体用一源，显微无间”的思想出发，阐述“理”与“气”之间不离不杂的关系，认为“理气之妙”必须经由“精思”和“识见”才能被真正体验。他通过自己的亲身实践，验证了“理气之妙”思想，并对此确信无疑。栗谷在答复成浩源的信中写道：“珥则十年前已窥此端，而厥后渐渐思绎，每读经传，辄取以相准，当初或有不合之时，厥后渐合，以至今日，则融会吻合，决然无疑。千百雄辩之口，终不可以回鄙见。”（《栗谷全书》卷十）

栗谷“理气妙合”思想是其理气观的理论基础，也是通贯其哲学系统的精髓和根本立场。“理通气局”说、“气发理乘”说，都是对“理气妙合”思想的进一步阐发。栗谷的“理通气局”说在“理无形，气有形”的认知基础上，揭示了“理气妙合”时的“通局”关系。他的这一思想不仅超越了“理一分殊”，也超越了“气一分殊”，是理“一”而气“分殊”的表述，充分体现了其“理气妙合”思想的内涵。“气发理乘”使“理气妙合”成为可能，是“理气妙合”的表现。栗谷认为，天地万物都是通过“理”与“气”的妙合而形成的，这种“理气之妙”的合体就通过“有为之气”和“无为之理”的玄妙关系表现出来。栗谷说：“所谓气发理乘者，非气先于理也，气有为而理无为，则其言不得不尔也。”（《栗谷全书》卷十）在“理气动静”问题上，栗谷认为不但四端是“气发理乘”，七情也是“气发理乘”，他说：“朱子之意，亦不过曰四端专言理，七情兼言气云尔耳。非曰四端则理先发，七情则气先发也。退溪因此而立论曰：四端理发而气随之，七情气发而理乘之。所谓气发而理乘之者可也。非特七情为然，四端亦是气发而理乘之也。”（《栗谷全书》卷十）栗谷指出，退溪虽然力图把朱熹“理气决是二物”与“理气不可分”之说圆融起来，但其学说还是建立在“理气二分”的基础上，这与朱熹“理静而气动”的思想是不一致的。所以，栗谷提出“气发理乘”说来弥合退溪理气观在空间上的二元分立。他比退溪更能解悟朱熹理气论的本意，同时也对朱熹“理静气动”说做出了创新和发展。

栗谷在朝鲜李朝朱子学界别树一帜，不但充实了朱熹的理气论，而且使其更趋合理，为朱子学在当地的传播和发展做出了重要的贡献。

（丁晓慧、解光宇撰，原载《朱子学刊》2016年第1辑，收入本书时有改动）

朱熹与栗谷修养论比较研究

朱熹是理学“修养论”的集大成者，他重视“敬”的作用，提出“居敬涵养”论，认为“敬”是“心”集中、专一的体现。栗谷在继承朱熹修养论的基础上，更加重视“心”的“已发”状态，并极力探求“去恶存善”的方法，以期达到“内圣”的理想境界。栗谷发挥朱熹的“格物穷理”论，提出“即物穷理”，并指出“穷理”的方法是以“居敬”工夫涵养“本心”，通过“即物”之理达到“致知”的目的。栗谷以“诚”为立志、格物、变化气质的根本，主张“存诚养心”，这是对朱熹“居敬涵养”论的发挥和创新。栗谷的修养论体现了他对朱熹学说的继承与发展、尊崇与创新。

朱熹（1130—1200），字元晦，号晦庵，别称紫阳。祖籍徽州婺源（今属江西），生于南剑州尤溪（今属福建），侨寓建阳（今属福建）。南宋著名思想家、教育家。朱熹集宋代理学之大成，其学说对后世产生了深远影响。冯友兰先生曾说：“朱子之形上学，系以周濂溪之《太极图说》为骨干，而以康节所讲之数，横渠所说之气，及程氏弟兄所说形上形下及理气之分融合之。故朱子之学，可谓集其以前道学家之大成也。”①

栗谷（1536—1584），名李珥，字叔献，号栗谷，朝鲜李朝哲学家、栗谷学派的创始人，其代表作主要有《圣学辑要》《天道策》《答成浩原》《人心道心图说》等。栗谷吸收并发扬了朱熹的学说，创立了自己独特的理气观，最终成为与退溪齐名的儒学大师。正如李甦平教授所说：“在东亚学术发展史上，理学宗师朱熹对理气问题作了周密、完整的论述……李退溪在继承朱熹理气观的基础上，又有所发展。而栗谷的理气思想则是在继承这两位前辈学者基础上的深化和发展。”②

一、“诚”是栗谷修养论的核心

修养论的方法是向内追求、见心明性，其目的是达到“圣人”境界。栗谷修养论的核心内容是“诚”，他将“诚”作为立志、格物、变化气质的根本，主张“存诚养心”，认为“尽性成圣”是由“诚”引发、成就的。这是对朱熹修养论的继承与发展。

朱熹的修养论由“主悟”发展为“主静”，最后以“居敬涵养”为定论，这对宋明理学产生了深刻影响。朱熹重视“敬”的作用，他认为，人不管是处于“思虑”交至状态，还是处于“思虑”未萌状态，都需要“敬”字工夫。“敬”是“心之贞”，是“专一”，是达到中和状态的途径。它包含两层含义：一是“未发时”，心处于“收敛存养”的寂然状态，能够“不驰乱想”。二是“已发时”，心处于“专一集中”状态，能够专意思考、省察已发对象，使其“卓然通贯动静”。朱熹注重“知敬双修”，他认为：

> 只敬，则心便一。
>
> 敬，只是此心自做主宰处。
>
> 人常恭敬，则心常光明。
>
> 敬则天理常明，自然人欲惩窒消治。

---

① 冯友兰：《中国哲学史》（下册），商务印书馆2011年版，第362页。

② 李甦平：《试论李栗谷的理气观》，《东疆学刊》2005年第1期，第1页。

人能存得敬，则吾心湛然，天理粲然，无一分着力处，亦无一分不着力处。

（《朱子语类》卷十二）

朱熹认为“敬”是“心”集中、专一的体现，人若常怀“恭敬之心”，就能心地湛然、常明天理。朱熹的修养论以达到“圣人”境界为目标，以“知敬双修”为工夫，由“主悟”发展为“主静”，最后以“主敬”为定论，体现了儒家“体认实理”的修养工夫。

栗谷继承了朱子“敬”字工夫，并在此基础上提出了“诚”的治学之法和修己之方。朱熹以“敬”为圣学纲领，栗谷则由“敬”至“诚”，以“诚”为立志、格物、变化气质的根本。“敬”既是修养方法，又是“格物致知”和“诚意正心”的根本；“诚”不仅是修养方法，而且也是修养目的。《中庸》云：“诚者物之终始，不诚无物。”“诚”蕴含于万事万物的始终，一切学问都是由“诚”引起的。栗谷认为：“格致诚正固学者事，亦不可舍此而求圣人也。……愚则以为物极其格，知极其至，意极其诚，心极其正者，圣人也。”（《栗谷全书》卷九）也就是说“格致”和“诚正”都是修学以达“圣人”的途径，“诚”在这一过程中起着重要作用。他在《圣学辑要》中说：“诚意为修已治人之根本。今虽别为一章，陈其大概，而诚之之意实贯上下诸章。如志无诚则不立，理无诚则不格，气质无诚则不能变化。”（《栗谷全书》卷二十一）栗谷非常重视“诚”的作用，认为“诚”是为学修己的根本和目的。

栗谷的修养论以“诚”为核心，大致可分为三层含义：格致、诚意、正心。

“格致”就是格物致知，是通过“格物”实现对“知”“理”的体认。“格物”的方式不拘一格，读书、行事、讲论都是其中一途，但“格物”的“心”要“诚”，这样才能“致知”“穷理”。栗谷在《东湖问答》中说：

如欲格物致知，则或读书而思其义理，或临事而思其是非，或讲论人物而辨其邪正，或历览古史而求其得失；至于一言一动，皆当思其合理与否。必使方寸之地，虚明洞彻……出于至诚。（《栗谷全书》卷十五）

栗谷以读书为例，认为要实现“格物致知”，就必须思其义理、明辨是非、洞悉历史得失、体察自己言行，使“心”这一“方寸之地”“虚明洞彻”。栗谷强调“格物知至”和“诚心”的重要性，这里的“至”和“致”是有区别的，“至”可理解为“到达”，而“致”则是一种方式，是达到某种境界的途径。“格物知至”是“格物致知”后所达到的“豁然贯通”的境界，栗谷强调“格物知至”，其目的是彰显“诚心”的重要性。

《大学》言：“物格而后知至，知至而后意诚。”栗谷对“诚意”的解释与《大学》中的极为相似，他说：“所谓真诚意者，格物致知，理明心开而诚其意之谓。”（《栗谷全书》卷三十二）他认为，“诚意”就是格物致知、理明心开而臻于“诚”的本意。他在《东湖问答》中又说：

> 如欲诚意，则好善如好好色而必得之，恶恶如恶恶臭而决去之。幽独隐微之中，敬畏无怠，不睹不闻之时，戒惧不忘，必使念虑之发，莫不一出于至诚，以尽其诚意之实。（《栗谷全书》卷十五）

栗谷以人的好恶为例，认为“诚意”可以赋予“意”决断性，使“意”能够去恶存好。这里的“意”包含“念”“虑”“思”，此三者可被视为“心”的“未发”状态，必须由“诚”来主宰，即以“诚”诚其“意”、以“意”主宰“善恶”。他还认为，人在幽居时，要时刻怀有“敬畏”之心；在眼睛看不到、耳朵听不到的时候，也不能忘记“戒惧”之心，使意念不偏倚，使思虑不邪曲。

关于“正心”，栗谷认为“正心”就是立大本，就是“心无偏系、期待、留滞，且不起浮念”（《栗谷全书》卷三十二）。栗谷非常赞同朱熹的“心正之极功”的论述。他在给成浩原的信中说：

> 朱子有言曰：“人心私欲者，非若众人所谓私欲也，但微有一毫把捉底意思，则虽云本是道心之发，然终未离人心之境。所谓‘动以人则有妄，颜子之有不善，正在此间’者是也。既曰有妄，则非私欲而何？须是都无此意思，自然从容中道，方纯是道心也。”深味此言，则可见心正之极功。（《栗谷全书》卷九）

栗谷推尊朱熹，引用朱熹原话回答成浩原，认为人的私欲是人心不正使然。正因为人心有妄，所以才要去“人心”、达“道心”。“去妄”的方法主要有两种：

第一，存诚。栗谷认为“思无邪”是至诚的主要方法。栗谷以《论语》为理论依据，并引用孔子原话：“闲邪存其诚。”（《周易·乾文言》）“《诗》三百，一言以蔽之，曰：‘思无邪’。”（《论语·为政》）栗谷认为，“思无邪”就是“诚”。他在评论孔子的这两句话时说：“诚者，天之实理，心之本体。人不能复其本心者，由有私邪为之蔽也。”（《栗谷全书》卷二十一）他认为，“诚”是“天之实理，心之本体”，但由于“私邪”的遮蔽，人不能复其本心，故而“存诚”就是去除“私邪”以正“本心”。

第二，去昏乱。栗谷认为，“心不正”的原因在于“昏”和“乱”。他说：

> 心之本体，湛然虚明，如鉴之空，如衡之平。而感物而动，七情应焉者，此是心之用也。惟其气拘而欲蔽，本体不能立，故其用或失其正，其病在于昏与乱而已。昏之病有二：一曰智昏，谓不能穷理，昧乎是非也。二曰气昏，谓怠惰放倒，每有睡思也。乱之病有二：一曰恶念，谓诱于外物，计较私欲也。二曰浮念，谓掉举散乱，相续不断也。常人困于二病，未感物时，非昏则乱，既失未发之中矣。其感物也，非过则不及，岂得其已发之和乎。君子以是为忧，故穷理以明善，笃志以帅气，涵养以存诚，省察以去伪，以治其昏乱。（《栗谷全书》卷二十一）

栗谷认为“本心”就像“鉴之空”“衡之平”，是湛然虚明的，但会受外物的刺激而产生喜、怒、哀、惧、爱、恶、欲。如果“气拘而欲蔽”，“本心”就会“失其正”，从而产生“昏”和“乱”两种病态。“昏”分为“智昏”和“气昏”，“智昏”就是“心”被蒙昧而不能穷理，“气昏”就是懒惰散漫、昏沉欲睡。“乱”分为“恶念”和“浮念”，“恶念”就是“心”被外物诱惑而计较私欲，“浮念”就是行为散乱而不能持之以恒。他认为平常人为这两种病困扰，“心”未发时，没有感受到外物，表现出来的不是“昏”就是“乱”；“心”已发时，所感受的外物不是“过”就是“不及”，从而失去了“已发之和”。基于此，栗谷给出了去昏除乱的方法，即穷理明善、笃志帅气、涵养存诚、省察去伪，其中心就是通过“诚”来达到去昏除乱的目的。

“诚”是栗谷修养论的核心思想，他以“诚”格物致知，以“诚”诚意，以“诚”正心，其目的则为“致中和”。

二、栗谷“即物穷理”论是对朱熹“格物穷理”论的发挥

栗谷在格物论上主张“即物穷理”，这是对朱熹“格物穷理”论的发挥。《大学》曰：

> 大学之道，在明明德，在亲民，在止于至善。知止而后有定，定而后能静，静而后能安，安而后能虑，虑而后能得。物有本末，事有终始。知所先后，则近道矣。古之欲明明德于天下者，先治其国；欲治其国者，先齐其家；欲齐其家者，先修其身；欲修其身者，先正其心；欲正其心者，先诚其意；欲诚其意者，先致其知；致知在格物。物格而后知至，知至而后意诚，意诚而后心正，心正而后身修，身修而后家齐，家齐而后国治，国治而后天下平。自天子以至于庶人，壹是皆以修身为本。其本乱，而末治者否矣。其所厚者薄，而其所薄者厚，未之有也。……此谓知本……此谓知之至也。

朱熹把《大学》视为儒家修己治人、治学成圣的根本，认为为学应以《大学》为先，先以《大学》定其规模，然后再读《论语》《孟子》《中庸》。他说：

> 某要人先读《大学》以定其规模，次读《论语》以立其根本，次读《孟子》以观其发越处，次读《中庸》以求圣人之微妙处。《大学》一篇有等级次第，总作一处易晓，宜先看。（《朱子语类》卷十九）

朱熹将《大学》的“为学之道”总结为“三纲领”和“八条目”：“三纲领”即“明明德”“亲民”“止于至善”，“八条目”即“格物”“致知”“诚意”“正心”“修身”“齐家”“治国”“平天下”。朱子特别推崇“二程”的格物论，在格物方法上，程颢、程颐认为“格物”应有持续性和连续性，要不断地积累，“今日格一件，明日又格一件”，积累得多了，人们对事物之理也就“脱然贯通”了。朱熹赞同“二程”的观点，他说：

人性本明，如宝珠沉溷水中，明不可见；去了溷水，则宝珠依旧自明。自家若得知是人欲蔽了，便是明处。只是这上便紧紧着力主定，一面格物。今日格一物，明日格一物，正如游兵攻围拔守，人欲自消铄去。（《朱子语类》卷十二）

在朱熹看来，“人性”如同宝珠，本身就是发光的，只是有时像沾上溷水一般，被欲望蒙蔽。所以，倘若“今日格一物，明日格一物”，那么“溷水”便会消去，而“心”的本性也将显露出来。那么，“格物”具体是指什么呢？朱熹说：

格物者，格，尽也，须是穷尽事物之理。若是穷得三两分，便未是格物。须是穷尽得到十分，方是格物。（《朱子语类》卷十五）

也就是说，“格物”就要穷尽事物之理，而这个“穷尽”必须是穷尽“十分”，否则“格物”就不彻底。

栗谷继承了朱熹的“格物穷理”论，主要从“格物”内容和“格物”方法上对朱熹的格物论进行诠释。在“格物”内容上，栗谷与朱熹主张相同，即提倡读书、评论古今人物和接触事物，只是栗谷更重视读书和评论古今人物。在“格物”方法上，栗谷继承了朱熹“用力积累”和“豁然贯通”的方法，将“格物”解释为“穷”和“至”，主张“即物穷理”，认为若要“穷理”，就必须对事物进行考察、了解，以达“穷究”事物之理的目的。

栗谷和朱熹一样，也强调“读书”的重要性，认为“穷理”的首要功夫就是“读书”。他说：

学者常存此心，不被事物所胜，而必须穷理明善，然后当行之道晓然在前，可以进步。故入道莫先于穷理，穷理莫先乎读书，以圣贤用心之迹，及善恶之可效可戒者，皆在于书故也。（《栗谷全书》卷二十七）

栗谷认为“读书”是圣贤“即物穷理”“去恶存善”的有效途径，至于阅读对象，除“四书五经”之外，他还列举了一些性理学书籍，如《近思录》《朱子家礼》《心经》《二程全书》《朱子大全》《朱子语类》等。在读书的顺序上，栗谷和朱熹的观点不同，朱熹强调要先读《大学》，栗谷则主张先读《小学》，他说：

> 先读《小学》于事亲，敬兄忠君弟长隆师亲友之道一一详玩而力行之。次读《大学》及或问于穷理正心修己治人之道一一真知而实践之。……无时间断而余力，亦读史书，通古今达事变以长识见。(《栗谷全书》卷二十七)

栗谷认为，为学应先读《小学》，明白君臣、父兄、师友之道并身体力行，然后再读《大学》。栗谷认为“读书”虽是“穷理”的首要功夫，但还不是“格物”的全部，亦不是“格物”的最终目的。栗谷认为读书要专一，而且还要实践，如果不去实践，读书就如同鹦鹉学舌。

栗谷把“格物”的“格”解释为“穷”，认为“穷理”须掌握适当的方法：

第一，以“居敬”工夫涵养“本体”之心。栗谷认为“诚”能够使人产生谦恭敬畏之心，人若能常保这样的“本心”，就不会受物欲侵扰，读书、悟理时也会畅通无阻，待人接物时亦不会举止失当。所以，常存此心，以“居敬”的工夫格物穷理，就能达到“豁然贯通”的境界。

第二，以“即物”之理达到“致知”的目的。栗谷说：“如或思而未得，则专心致志，抵死血战，至忘寝食，方有所悟。”(《栗谷全书》卷二十)栗谷继承了朱熹穷究其理的方法，认为“格物”必须专心致志、废寝忘食。

第三，若一物之理穷思不得，则可以穷究他物之理。对于某件事物，人们未必能洞悉其内在的道理，如果对一事物“思之久，终未融释”(《栗谷全书》卷二十)，人们可以暂时搁置，转而去穷究其他事物之理。经过仔细思考，事物之理渐渐明晰，之前没有“穷”的“理”也会豁然贯通。在这一点上，朱熹也认为，在某一处穷理不得，若一味钻牛角尖而不知变通，反而会头昏脑涨、神志不清。这时候，人们就需要将注意力转向别处，去研究别的事物。

栗谷不但继承了朱熹“穷理”的方法，还继承了朱熹对“知”的分类。朱熹把“知”划分为“真知”和“不真知”，他说：

> 问：“知，有闻见之知否？”曰：“知，只是一样知，但有真不真，争这些子，不是后来又别有一项知。所知亦只是这个事，如君止于

仁，臣止于敬之类。人都知得此，只后来便是真知。”（《朱子语类》卷三十四）

朱熹认为，“知”的内容都是一样的，之所以有“真”与“不真”，是由于人们的认知机能存在差异。栗谷对“知”的认识，重点是对“致知”过程的分析，他将“致知”分剖为上、中、下三层，认为下层是听闻之知，中层是见闻之知，上层是践行之知，他在回答成浩原时说：“最下一层，闻人言而从之者也。中一层，望见者也。上一层，履其地而亲见者也。”（《栗谷全书》卷十）

栗谷对这三个层次做了详细的阐述：下层的听闻之知，即通过读书、评论人物等“格物”手段获得的事物之理。通过读书所体悟的，是仁者见仁，智者见智，人们应择善而从。栗谷以“观山”为喻，认为“致知”犹如登山，只听别人介绍山貌是很难判定其真伪的。中层的见闻之知，需通过穷究事物来逐渐通晓事物之理。他说：“但此一层，杀有层级，有悟其一端者，有悟其全体者。全体之中，其悟亦有浅深，要非口读目览之比，而心有所悟，故俱归一层也。”（《栗谷全书》卷十）栗谷认为，在这一层次，人们对事物的理解有深有浅、有偏有全。最初“观山”时，人们已经亲眼见到了山，但因为视角上的局限，人们对“山”的整体认识会有偏颇之处，这时，人们就需要深思精察。上层的践行之知，则意谓通过实践行动，达到“致知”目的。栗谷认为只停留在听和看层次的认知是远远不够的，而要想获得“真知”，就必须借助具体实践。栗谷进一步对“观山”做了详细的分析，认为要想知晓“山”的全貌，就不能拘泥于眼前，而应该亲自登上山顶。栗谷把“致知”的过程比喻成“登山”，一方面说明“致知”需要听、看和实践，另一方面则暗示了“诚意正心”在“致知”中的重要作用——在栗谷的修养论中，“诚意正心”和“格物致知”是“成圣”过程中不可或缺的两项功夫。

栗谷的格致之说是在朱子学的基础上发展出来的，他和朱熹一样，都主张“随事以观理”“即理以应事”，但在具体的穷理方法上，栗谷主张“即物穷理”，把“致知”的过程比喻成“观山”的三个阶段，认为要获得“真知”，就必须亲自登上山顶。栗谷强调“实践”在“穷理”过程中的重要性，认为认识事物需经过晓其名目、潜思精察、亲身实践的过程，这个过程就是“格物知至”的过程。这是栗谷对朱熹“格物穷理”论的发挥。

三、栗谷“存诚养心”论是对朱熹“居敬涵养”论的发展

“居敬涵养”是朱熹修养论中涉及的基本方法，朱熹继承了“二程”的“主敬”思想，认为“敬”是修身、治学的核心，并把“敬”看作“圣门第一义”。他说：

> “敬”字工夫，乃圣门第一义，彻头彻尾，不可顷刻间断。
>
> “敬”之一字，真圣门之纲领，存养之要法。一主乎此，更无内外精粗之间。
>
> （《朱子语类》卷十二）

朱熹认为，在千头万绪的治学过程中，人们应掌握行之有效的方法，他赞同“二程”“持敬”的方法，指出“敬”是“圣门第一义”，是“存养之要法”。在朱熹“居敬涵养”思想中，“敬”包含以下几层含义：

第一，敬畏。朱熹认为，“敬”就是“畏”，即是一种严肃恭敬的态度。他说：“敬不是万事休置之谓，只是随事专一，谨畏，不放逸耳。敬，只是一个‘畏’字。”（《朱子语类》卷十二）朱熹把“敬”解释成“畏”，强调“敬”是源于内心的对“天理”的敬畏，认为“居敬”就是常怀“敬畏”之心。这种“敬畏”不是外界强加的，而是来自人们自身对天性和欲望的克制，是一种人性的自觉。“敬畏”要求为学要“精一”，要“战战兢兢”；做事要谨慎，要“如临深渊，如履薄冰”。

第二，收敛。“收敛”是指人因有敬畏之情而使身心收敛，做到心中虚无一物、专一持守。朱熹认为，人只有“收敛”身心，不存妄念，心中不容一物、纯粹专一，才能达到“居敬”的状态。

第三，惺惺。“惺惺”意谓“心”的不昏昧状态，也就是“敬”的状态。

第四，主一。“主一”就是“专一”，即做事要心无旁骛、精一执中。

第五，整齐严肃。朱熹认为，要保持“居敬”的状态，就要表里如一，不仅内心要专一持守，外表也要整齐严肃。

栗谷继承了朱熹以“敬”为中心的“居敬涵养”论，并在此基础上提出了“存诚养心”论。“存诚”就是存“诚意”，“养心”就是养“正气”。栗谷以“诚”为中心，在“居敬”“存诚”“养心”三个方面继承、发展了朱熹的修养论：

首先，居敬。栗谷特别强调“敬”字工夫，认为“敬”是“圣门第一义”，是“圣学之始终”。栗谷曾和退溪讨论过关于“敬”的问题，退溪问栗谷：“敬者，主一无适，如或事物齐头来，则如何应接？”栗谷并没有立即回答退溪的问题，而是在反复思考之后在《上退溪李先生别纸》（《栗谷全书》卷九）中予以答复：

> 主一无适，敬之要法；酬酢万变，敬之活法。若于事物上一一穷理，而各知其当然之则，则临时应接，如镜照物，不动其中，东应西答，而心体自如，因其平昔断置事理分明故也。不先穷理，而每事临时商量，则商量一事时，他事已蹉过，安得齐头应接？……盖静中主一无适，敬之体也。动中酬酢万变，而不失其主宰者，敬之用也。

在这段回复中，栗谷认为“敬”是一种心有所主、专心一意的精神状态，这种精神状态通过动、静两个方面体现出来，“主一无适”是“静”的体现，“酬酢万变”是“动”的体现。栗谷所说的“敬”并不是刻板僵硬的，他把“格物穷理”与“持敬”结合在一起，提出了“敬之活法”的主张，这和朱熹的“格物致知”论是一致的。朱熹说：“敬有死敬，有活敬。若只守着主一之敬，遇事不济之以义，辨其是非，则不活。”（《朱子语类》卷十二）栗谷赞成朱熹“活敬”的观点，认为穷究事物之理时，应该通晓其义、明辨是非，这样才能达到“活敬”的目的。栗谷依据朱熹的学说，把“敬”分为“体”和“用”，并把“静中无适”看作“敬之体”，把“动中应事”称作“敬之用”。这是对朱子之意的发挥。

在栗谷的修养论中，“敬”是修养工夫的“圣门第一义”。他说：

学者须是恒主于敬，顷刻不忘，遇事主一，各止于当止。无事静坐时，若有念头之发，则必即省觉所念何事，若是恶念，则即勇猛断绝，不留毫末。(《栗谷全书》卷二十一)

当静坐沉思时，一旦有恶念萌发，就应该立即斩断，毫不留情。这里，栗谷强调通过“敬”字工夫，去除恶念和私欲，恢复本心之诚。他说：“敬，主一之谓，从事于敬，则可以寡欲至于诚矣。”(《栗谷全书》卷三十一)此处的“寡欲”和朱熹所说的“寡欲”意思相近，既不是指“无欲”，也不是说要完全去除“人欲”，而是强调对“私欲”的合理节制。

其次，存诚。“存诚”是栗谷修养论中的主要内容，他把“存诚”看作“治心”的一种重要手段。在栗谷的修养论中，“诚”和“敬”并不是同一个概念，它们既相互联系，又有所区别。栗谷认为“诚”和“敬”都是修养工夫的表现，都是以达到“天理”“天道”为目的，但就“诚”自身而言，它更侧重于“天理”。从这个意义上说，“诚”和“敬”的关系就是“体”和“用”的关系。栗谷说：

诚者，敬之原也；敬者，反乎诚之功也。理则仁之在乎天者也，仁则理之赋于人者也。敬以复礼以全天理，则此非至诚之道乎？(《栗谷全书》附录《拾遗》卷六《杂著三》)

栗谷突出了“诚”的地位，认为“诚”是“敬之原”，“敬”是达到“诚”的途径。因此，栗谷主张“由敬入诚”，他说：

诚者，天之实理，心之本体。人不能复其本心者，由有私邪为之蔽也。以敬为主，尽去私邪，则本体乃全。敬是用功之要，诚是收功之地。由敬而至于诚矣。(《栗谷全书》卷二十一)

栗谷把“诚”看作“天之实理，心之本体”，认为人之所以不能恢复其“本心”，是由于被“私欲”“邪念”蒙蔽。所以，栗谷主张用“敬”字工夫去除“私欲”“邪念”，从而达到“诚”的境界，他说：

天有实理，故气化流行而不息。人有实心，故工夫缉熙而无间。人无实心，则悖乎天理矣。……一心不实，万事皆假，何往而可行？一心

苟实，万事皆真，何为而不成？故周子曰："诚者，圣人之本。"（《栗谷全书》卷二十一）

栗谷引用周敦颐的话，认为"诚"是"圣人之本"，"存诚"是重要的修养工夫。栗谷继承并发挥了朱熹的"居敬"修养工夫，认为"敬"与"诚"的关系是"由敬入诚"。

再次，养心。栗谷强调"保养正气"的养心工夫，认为"养气"包含两个方面——养志气和养血气。所谓"养志气"，一是要涵养"仁义之心"，去除欲望，恢复本心；二是要养"浩然之气"，使"天理"与"真气"合一。所谓"养血气"，就是涵养"真元之气"，也即"真气"。"志气"和"血气"之于人，缺一不可。栗谷说：

仁义之心，人所同受，而资禀有开蔽；真元之气，人所同有，而血气有虚实。善养仁义之心，则蔽可开而全其天矣。善养真元之气，则虚可实而保其命矣。（《栗谷全书》卷二十一）

栗谷认为"志气"和"血气"对人而言都是非常重要的，"养志气"可以使"血气"得到保全，"养血气"可以使"志气"有"挂搭"之处。栗谷"保养正气"的养心论在朱熹理气论的基础上有了新发展，他所主张的"养气"，实际上是通过"养心"来实现的，他所主张的"养心"，主要是指养"仁义之心"，而养"仁义之心"的过程也即"集义而生浩然之气"的过程。所以，栗谷养气论的重心还是"养志气"。但是，在道德实践中，栗谷还是强调要把"养气"与"养心"结合起来，兼顾而不偏废。

朱熹以"敬"为圣学之要，注重动静结合的修养方法，提出静养动察、敬贯动静的"居敬涵养"论。栗谷发挥了朱熹的"格物穷理"论，提出了"即物穷理"，并指出"穷理"的方法是以"居敬"涵养"本心"。其修养论主张由"敬"入"诚"，将"诚"作为立志、格物、变化气质的根本，讲求"存诚养心"，并指出"养心"的重要途径是"养气"，即"保养正气"、善养"浩然之气"，体现了栗谷对朱子学说继承和发展的统一、坚持和创新的统一。

（丁晓慧、解光宇撰，《江淮论坛》2018 年第 6 期，收入本书时有改动）

朱熹与田愚的宗法思想比较研究

朱熹（1130—1200）与田愚（1841—1922），前者为中国古代大儒，后者是朝鲜半岛近代大儒，由于二人都注重“礼”与宗法思想，且田愚对朱熹的《家礼》与宗法思想多有发挥，所以，此文便将二人放在一起，着重讨论他们的宗法思想。

《朱子家礼》（简称《家礼》，相关引文参考自《朱子全书》第七册）是朱熹在礼学方面影响范围最广的著作，同时也是倡导“礼下庶人”的标志性著作。朱熹在《家礼》中，虽没有专设章节论述宗法思想，但整部《家礼》都透露出浓厚的宗法思想，冠婚丧祭莫不行之以宗法。也就是说，朱熹的《家礼》是以宗法理念为核心的，而其仪礼形式，也是为贯彻和执行宗法制度服务的，要求每一个家庭和家族都应该按《家礼》的标准来执行，做到长幼有序、贵贱有等、各守名分，进而推而广之，将整个国家的社会秩序纳入“天理”的轨道中来。

田愚，字子明，号艮斋，《艮斋先生礼说》是其一部以古代儒家礼学尤其是朱子礼学为宗的礼学思想论集，既继承朱子礼学中的宗法思想，又对之有发展创新。田愚极重宗法问题，《艮斋先生礼说》卷之一就专设“宗法”一节，集中表述了艮斋的宗法思想。艮斋认为，“非大宗无相后之义”是天地间停停当当、直上直下的正理。大宗必是始祖的嫡系子孙，世代相继承宗嗣；宗子是大宗的嫡长子，嫡长子以外的其余诸子为小宗；小宗共奉大宗，大宗者尊之统也，以“宗统”配合政治上的“君统”，故嫡长子继承制是宗法制度的核心，丝毫不可动摇，即便是在许多特殊情况下，也要遵守以“宗子”为核心的嫡长子继承制原则，如“兄亡弟及”，但在重大仪礼上要尊重兄妻；婿拜见妇之父母时，若妇父非宗子，则先见宗子夫妇；庶子升嫡；长子冠于阼阶不问宗支；继十代宗孙无子，则亦当求之于同十代以下同宗支子可也，等等。同时，艮斋还强化了对尊者、长者的孝忠思想以及忠君思想。可以说，艮斋的宗法思想“发前未发为多”。

一、《朱子家礼》中的宗法思想

儒家历来重视对礼的研究及应用，因为礼可以规范人们的言行，维护社会秩序，使人们各安其位，以保证社会的平稳安定。儒家的礼在社会实践中有一个由贵族到平民、由少数到多数的转化过程，而朱熹的《家礼》便在其间扮演着重要角色。

朱熹的《家礼》并非传统意义上的“贵族之礼”，而是通用于整个社会、侧重于平民家庭的“庶民之礼”，其能够普及于平民，是有历史原因的。唐五代以后，佛教和道教得到长足发展，不仅影响到上层意识形态，也影响到平民大众，这使儒学深受冲击。因此，儒家不得不放弃“礼不下庶人”的古制，将原属上层社会的儒家礼仪世俗化、平民化，进而推广至民间。北宋的司马光即著有《书仪》，为家礼的平民化开了先河，然而《书仪》对古礼的改造颇为有限，故而难以深入大众。朱熹的《家礼》较之《书仪》，文字简洁，节次分明，易于践行，改变了《礼经》文义古奥、仪节繁缛的贵族面孔，成为当时一部最为简明适用的“庶民之礼”，所以很快便在社会上广泛传播，以至宋元以降，该书便成为一般家庭和宗族奉行的治家规范。值得一提的是，此书在问世后不久，便传到东亚儒家文化圈中的朝鲜半岛和日本并产生了极大的影响，尤其是朝鲜半岛，其影响在很多方面甚至超过了中国，正如韩国学者卢仁淑所说：

> 《文公家礼》之流传，在中国所发生之影响，实未若韩国之深远。是书于韩国视若圣经，奉为圭臬（见稻叶岩吉《丽末鲜初家礼传来及其意义》）。韩国李朝之士大夫始终墨守此书，根据书中之仪礼，以为日常生活之规范。由于普受韩国朝野之重视，当时学术界关于家礼之研究亦风行一时，导致礼学派之形成与发展，遂成显学。①

那么，朱熹《家礼》的实质是什么？元代学者黄瑞节在编辑《朱子成书》时指出："家礼以宗法为主。所谓非嫡长子不敢祭其父，皆是意也。至于冠昏丧祭，莫不以宗法行其间云。"（王燕均、王光照《〈家礼〉校点说明》，见《朱子全书》第七册）可见，朱熹的《家礼》是以宗法理念为核心的，而其仪礼形式，也正是为贯彻、执行宗法制度服务的。朱熹站在理学家的立场上，认为这种制度的建立乃"天理之自然"，必须为每一个家庭成员无条件地服从和遵守。

朱熹《家礼》一书，虽没有专门论述宗法的章节，但通篇都将"宗子"放在重要位置，如朱子《家礼》卷第一《通礼》"祠堂"中有"主人晨谒于大门之内"之语，杨复注云："主人，谓宗子，主此堂之祭者。"同时，杨复在为《家礼》作注时，更加突出"宗子"的地位，如"凡祠堂所在之宅，宗子世守之，不得分析"；"非嫡长子，则不敢祭其父"；"初立祠堂，则计见田，每龛取其二十之一以为祭田，亲尽则以为墓田，后凡正位祔者，皆放此，宗子主之，以给祭用"；"凡升降，惟主人由阼阶，主妇及余人虽尊长亦由西阶"；"主人以下，盛服入门就位。主人北面于阼阶下，主妇北面于西阶下。主人有母，则特位于主妇之前。主人有诸父诸兄，则特位于主人之右少前，重行西上"；"凡自称，非宗子不言孝"等。在朱子《家礼》卷第二《冠礼》"冠"中，有"前期三日，主人告于祠堂""主人以下序立"之语，杨复注曰："主人，谓冠者之

①[韩]卢仁淑：《朱子家礼与韩国之礼学》，人民文学出版社2000年版，第100页。

祖父，自为继高祖之宗子者。若非宗子，则必继高祖之宗子主之，有故则命其次宗子。”“主人以下盛服就位：主人阼阶下，少东西向。子弟、亲戚、童仆在其后，重行西向北上。”“若非宗子之子，则其父立于主人之右，尊则少进，卑则少退。”

在朱子《家礼》卷第三《昏礼》“纳采”中，有“主人具书”之语，杨复注曰：“主人即主昏者。书用笺纸，如世俗之礼。若族人之子，则其父具书告于宗子。”“纳采”中有“乃使子弟为使者如女氏，女氏主人出见使者”之语，杨复注曰：“女氏，亦宗子为主人，盛服出见使者。非宗子之女，则其父位于主人之右，尊则少进，卑则少退。”在“亲迎”中，有“遂醮其子，而命之迎”之语，杨复注云：“非宗子之子，则宗子告于祠堂，而其父醮于私室如仪。”在“妇见舅姑”中，杨复注云：“若非宗子之子，而与宗子同居，则先行此礼于舅姑之私室；与宗子不同居，则如上仪。”“非宗子之子，而与宗子同居，则既受礼，诣其堂上拜之，如舅姑礼。”在“婿见妇之父母”中，杨复注云：“妇父非宗子，即先见宗子夫妇，不用币如上仪，然后见妇之父母。”

朱熹《家礼》之所以如此重视“宗子”，不仅是由于作为儒家传统的宗法礼制和宗族自身发展提出了要求，而且还因为当时国家在政治层面上存在相应的需求。历代统治者都希望通过建立宗法组织，来强化对百姓的控制，就北宋而言，宋太祖以立法的手段来遏止子孙别财异居，从而恢复以宗子为核心、余子秉命于宗子的宗法组织与制度；宋太宗在出巡时经常亲自接见宗族族长，以示关心。此外，一批官僚士大夫也热衷于构建宗法组织，如范仲淹创置范氏义庄，使范氏宗族得以在“天下崩裂”“流寇祸乱”的动荡岁月中绵延不绝，贵盛甲天下；欧阳修与苏洵分别编写《欧阳氏谱图》和《苏氏族谱》，开宗族修谱之先河。南宋时，重建民间宗法组织、强化对百姓的控制的思想更为流行，朱熹顺应了这一趋势，认为宗法制度下的家族礼仪，对人人谨守名分、社会秩序稳定大有裨益，他在《家礼序》中说：

> 凡礼有本有文。自其施于家者言之，则名分之守、爱敬之实者，其本也；冠婚丧祭仪章度数者，其文也。其本者有家日用之常礼，固不可

以一日而不修；其文又皆所以纪纲人道之始终，虽其行之有时，施之有所，然非讲之素明，习之素熟，则其临事之际，亦无以合宜而应节，是亦不可以一日而不讲且习焉者也。……大抵谨名分、崇敬爱以为之本，至其施行之际，则又略浮文、务本实，以窃自附于孔子从先进之遗意。诚愿得与同志之士熟讲而勉行之，庶几古人所以修身齐家之道、谨终追远之心犹可以复见，而于国家所以崇化导民之意，亦或有小补云。

二、《艮斋先生礼说》中的宗法思想

田愚，祖籍韩国潭阳，生于韩国全州青石桥第。他七岁入学，九岁能吟诗，十八岁习时文，二十岁读《退溪集》，二十一岁师事大儒任宪晦，三十岁仿照《近思录》编成《五贤粹言》，三十五岁论“性为心宰”并崇奉朱子学。三十六岁之后，田愚蓬转各地，专以讲学为务。六十八岁时，他乘桴入海岛。七十岁时，他于壁门悬一联，云：“万劫终归韩国土，一生窃附孔门人。”八十二岁时，以疾终。田愚以继承和弘扬朱子学为己任，是韩国近代著名的思想家、性理学家，其主要著述有《艮斋私稿》《秋潭别集》《艮斋先生礼说》等，《艮斋先生全集》（上、下册）已由韩国保景文化社于1984年出版发行。

《艮斋先生礼说》（见《艮斋先生全集》）一书是由田愚的门人权纯命裒辑而成的，里面收录了田愚与友人、弟子的问答书札等文献资料。该书的《凡例》指出：

先生继开之功多在性命大原，不遑于礼有成书，然随问而答者亦无虑数十万言而杂出文集。原积别七十编中有难。临时就考，且或有未及入印者，故谨引据聚分类，立门为六卷，纲凡六十四，目五百七十。

《艮斋先生礼说》共分六卷，卷之一为冠礼、婚礼、通礼，卷之二为通礼，卷之三为通礼、丧礼，卷之四为丧礼，卷之五为祭礼，卷之六为国礼。虽然在体例上，《艮斋先生礼说》与《朱子家礼》十分相仿（朱熹的《家礼》共分五卷，卷第一为通礼，卷第二为冠礼，卷第三为昏礼，卷第四为丧礼，卷第五为祭礼，较《艮斋先生礼说》，仅少了一卷“国礼”），但在内容上，该书则体现出了田愚对朱子学的发挥与创新。

朱熹是非常注重宗法制度的，但《家礼》中并没有论述该内容的专门章节，对此，《艮斋先生礼说》做出了弥补，于卷之一中专设“宗法”一目，掇辑了田愚在宗法思想领域中留下的文献资料。

儒家历来重视宗法制度，所谓“非嫡长子不敢祭其父”，实质上就说明了嫡长子继承制是宗法制度的核心。对此，田愚说：

> 礼“非大宗无相后之义”，此是天地之间亭亭当当、直上直下之正理。玩而味之，尤觉其义之精而仁之至也。后世此礼不行，故父子之伦大乱。父子乱则君臣夫妇如之何其可正也？人家立后之变所闻所见，有不忍言者，今以必宗子始须立后立法。如继祢之宗无后，非兄弟之子无得取以为后。继祖之宗无得逾五寸，继曾祖之宗无得逾七寸，余皆以是为差要之取最尊位以下子孙使奉其祀。……古者非大宗不敢立后，此圣人体人子之至情断以大义也。
>
> 非大宗无相后之义，此虽注疏说而其义则实天地间直上直下之正理。而后世帝王不以为意，人家亦鲜有行之者，岂易父移天是小事欤！
>
> （《艮斋先生礼说》）

嫡长子继承制是“天地间直上直下之正理”，是宗法制度的基础，关系着君臣、夫妇之伦，如果人们违背了嫡长子继承制，则无异于“易父移天”。但是，如果长子无后，则应从其兄弟之子中选取继任者，并且“继祖之宗无得逾五寸，继曾祖之宗无得逾七寸”；如果长子早亡，则应由其弟代之，只是相关的礼数还是要注意的。田愚在“兄亡弟及称摄当否”中就指出：

> 《礼经》有“兄亡弟及”之文。兄死无后，则其弟代之。一如其兄之为，不可以“摄”言之。但兄妻在而欲立后，则其弟难于遽行主人之事也。此尤翁所论恐当，从之。（《艮斋先生礼说》）

意谓兄死无后，其弟可代之，但是在立后这件大事上，如果兄妻尚在，则其弟不能遽行主人之事。在这里，田愚也是按照嫡长子继承制来解释兄死但兄妻尚在情况下的立后问题的，可见他注重维护兄妻的地位，以免特殊情况对这一制度的损害。

不仅如此，在女婿拜见女方长辈时，也要遵守嫡长子继承制的原则。在《艮斋先生礼说》卷之一《昏礼》中，有“婿见妇之宗子宗妇”一条，说：

问家礼，婿见妇父母，妇父非宗子，则先见宗子夫妇。宗子固当见，而宗子之妻何以见之？答：宗子宗妇以君道处之，故婿亦见妻之宗子宗妇欤。

即如果妻子的父亲不是宗子，女婿则应首先拜见宗子夫妇。

该书中，如此维护嫡长子继承制的还有：

长子冠于阼阶不问宗支皆然之喻恐得之。

长子妻嫁无育，只有庶子几人者，择庶子之贤者以继宗祀，此是正理，故先贤多以升嫡为是矣。

问继祢之宗无子，则以兄弟之子为子。继祖之宗无子，则以从兄弟之子为子。推以至于继曾祖继高祖之宗，亦当以此例之，此恐为天理之至，人伦之正。……继十代宗孙无子，则亦当求之于同十代以下同宗支子可也。

另外，田愚还强化了对长者、尊者以及君主的孝忠思想。不仅要对父母忠孝，对身份较特殊的长辈也要足够尊敬。在《艮斋先生礼说》卷之二《杂礼》中有一条“庶母谓小母”，云：

《语类》五峰、南轩称妾母为小母，今翁君以小母丧去官。古人厚道可见也。

在“族谱庶子下当书母某氏”一条中云：

问庶子谱例不书其母，是为无母之子，窃涉未安。庶子名下注书母某氏某之女，未知如何？答：族谱庶子下书母某氏某之女，天理人情之所当出也。

对父母长辈自要孝敬，对君主自要忠诚。若父有罪而被君诛，自不必言说；可若父无罪被错杀，那么身为人子又为人臣者，该如何处置？田愚在“臣无仇君之义”中说：

臣无仇君之义，故父虽无罪而见诛，只得含冤不仕而已。若如伍员复仇之为，则君与路人何别？

即是说，父若被君错杀，为臣者只有含冤不仕，不可复仇。含冤不仕既彰显出蒙冤者对君主的一种忠义立场，又表达了对父亲枉死的悲恸与哀悼。这不仅表明田愚“忠君”与“孝父”的思想是紧密联系的，同时也反映出他将“国”的利益置于“家”的利益之上的思想。

田愚提倡忠君，但这个“君”应是正统之君，这种思想其实亦与嫡长子继承制一致，他在“夷狄不许正统”一条里说：

> 方逊志正统论夷狄贼后篡逆三者，虽统一天下，不得以正统许之。此义至严不可违也。彼虽用华制，而秉史笔者但当书之，以微见其嘉之之意而已，不可遽将先王之正统以与之，此正所以存天下之大防以垂万世之至戒也。

夷狄、贼寇、篡逆者三者，即使得到了统治权，其统治也不是“正统”的；即使他们在统治中采用华夏典制，也不能予以承认；同时，修史者也应如实记载，以垂戒后世、警醒后人。

总之，田愚在礼学领域造诣颇深，既对中国先秦及先秦以降的儒家礼学有深入研究，又能结合本国的传统礼学进行发挥、创新，正如其弟子吴震泳在《艮斋先生礼说》跋中所说：

> 先生生于道术分裂礼义乱亡之世，倡率匝域衿绅，讲明周孔之旨，身体力行，八十年之间尽其继开扶植之功，功莫京而德至盛也。夫性理精微广博，为天地人物之大原，礼之本固于是乎尽矣。然其仪文常变之，古今不一，世儒各以所见言之，必待如朱子之精切权度，裁合于周公之六经，乃免乎末之丧本变之害常矣。先生雅不欲苟然有为，虽不遑著有成书，平生论礼未尝毫有俯循世情，而直从圣训王法上见得天理人伦之本然出来，故发前未发为多。

三、结　语

宗法思想是《朱子家礼》与《艮斋先生礼说》的核心，而嫡长子继承制又是宗法思想的核心，田愚在这一问题上“发前未发为多”，在朱熹《家礼》的基础上对之进行了创新与发展。如在《艮斋先生礼说》卷之一《宗法》中，就有十四条：“非大宗无相后之义”“伊川奉太中祀”“栗谷后孙宗支之辨”“嫁出母之子移宗于叔父当否”“兄亡弟及称摄当否”“兄亡弟及者之子不敢称孝”“伯兄早殁无嗣永无立后之道其弟殷及当否”“为亡子立嗣不当以从侄为后”“礼无二适国禁两娶”“长子妻嫁无育庶子升适”“妾子虽无父命当承适”“十代宗孙无子则求之同十代以下”“不祧位称玄孙之非”“考妣二字正统以上之称”。除此处的集中论述之外，田愚的宗法思想还散见于《艮斋礼说》全书各处及其其他论著中。

嫡长子继承制在当代韩国的民间社会中是否仍旧流行，笔者尚未调查，但从韩国2004年的电视连续剧《新娘十八岁》中可以看出，韩国民间还是很重视宗子、宗妇的地位的。只是，在中国的现行法律中，早已没有了“嫡长子继承制”的痕迹，继承的范围变得非常广泛，如《中华人民共和国继承法》第二章《法定继承》中的第九条至第十二条，就强调了“继承权男女平等”，并给出了遗产的继承顺序。

由此可见，在当代中国，长子的地位已逐渐淡化，虽然民间仍有“长兄如父、长嫂如娘”的说法，但这也往往只是传统意义层面上的认知。同样，在当代中国农村的祠堂管理上，人们也不再遵循“宗子执掌祠堂”的古制，而是在全宗族中选贤任能，打破了辈分的限制。

那么在现代社会中，儒家的礼学是否还有价值呢？我们知道，儒家礼学的特征是长幼有序、尊卑有别、贵贱有等、各守本分，旨在建构有序、安定、和谐的社会。现代社会虽然注重个人价值，但个人价值与集体利益依旧密不可分，倘若无视民族、国家的利益，个人价值便无从谈起。所以，儒家礼学的精神实质在当代依旧是可取的、有现实意义的，我们应用“扬弃”的态度与方法来对待儒家礼学。

（原载《朱子文化》2010年第6期，收入本书时有改动）

《朱子家礼》中的祠堂及其意义

宗祠，是中国传统文化的一大承载，在中国几千年的文明史中，它对增强家族乃至民族的凝聚力、稳定基层社会，发挥着十分重要的作用。

唐宋以前，宗祠又称宗庙或家庙，仅皇家、望族才能够设立。天子、诸侯的祠堂称宗庙，其他名宦家族的祠堂称家庙。但宗庙也好，家庙也罢，其主要功能都是祭祀先祖。那么老百姓该如何祭祖呢？“庶人祭于寝”，即一般民众祭祖只能在自己家里举行。

“庶人无庙，祭于其寝”的状况在民间持续了很长时间，但在唐宋年间，也有少数家族修建了祠堂，如建于唐末的莆田方氏祠堂、建于宋代的休宁黄氏宗祠等。这一时期，民间所建的祠堂为数不多，其原因多在“礼不下庶人”的传统观念依旧通行，以及民间鲜有人通晓烦琐的古礼。

到了南宋，著名理学家朱熹的《朱子家礼》（简称《家礼》）问世，民间建祠才渐成风尚。朱熹的《家礼》并非传统意义上的“贵族之礼”，而是颇具普适性的“庶民之礼”，所以它能够在平民阶层中普及开来。其实，自唐代儒释道三教并立之后，佛老思想渗透进民间社会，使儒学深受冲击，因此，儒家不得不放弃“礼不下庶人”的古制，将原属上层社会的礼仪世俗化、平民化，推广至民间。北宋时，司马光即著有《书仪》，为家礼的平民化开了先河，然而《书仪》对古礼的改造颇为有限，难以深入大众。朱熹的《家礼》较之《书仪》，文字简洁，节次分明，易于实践，一改《礼经》文义古奥、仪节繁缛的贵族面孔，成为当时一部最为简明适用的“庶民之礼”，故很快便在社会上广泛传播，以至宋元以降，成为一般家族的治家规范和婚丧嫁娶的行为准则。

朱熹在《家礼》中将“祠堂”一节置于卷首，足见祠堂在家族中的重要地位。朱熹认为，祠堂之所以重要，在于其“以报本反始之心，尊祖敬宗之意，实有家名分之守，所以开业传世之本也，故特著此冠于篇端，使览者知所以先立乎其大者”（《朱子家礼・通礼》）。至于祠堂的位置，朱熹也在下文中做了说明：“君子将营宫室，先立祠堂于正寝之东。”“为四龛，以奉先世神主。”可见，朱熹所说的祠堂还属于家祠，而非宗族共建的宗祠。

宗祠真正得到普及，是在明清时期。明代，朝廷允许民间兴建祠堂，民间掀起了修建宗祠的热潮。以明代徽州为例，据弘治《徽州府志》记载，当时徽州的宗祠有15座；而在嘉靖《徽州府志》中，徽州的宗祠已增至213座。就宋元明三朝整个徽州的宗祠建造情况来看，虽然有些宗祠建于宋元时期，但大部分还是在明代建造的。到了清代，宗祠已遍及全国城乡，而且建造规模也越来越大。

那么古代的祠堂有什么功能性质呢？

第一，是宗族祭祀祖先的场所。人们在宗祠里供奉祖先神主（即牌位），存放家族亡故先辈的牌位，定期举行祭祀仪式，故而祠堂被视作家族血脉传承的象征。

第二，是族人聚会、商议、处理宗族事务的场所。

第三，是调解族内纠纷、执行族规家法的场所。有的宗族规定族人间若发生争执，则要到祠堂中裁决，所以祠堂在一定意义上又成了调解中心，甚至是“法院”。

第四，是修编宗谱、订立家训族规的场所。

第五，是族内举行各种仪式、活动的场所。族人的冠礼、婚礼、丧礼等，基本上都在祠堂中举行。

可见，祠堂集神权与族权于一体，体现着“家国一体”的特征，不仅迎合了儒家传统宗法礼制及宗族本身发展的要求，而且满足了国家的治政需求，故而得到了历代统治者的青睐。历代统治者都希望通过建立宗法组织，来强化对百姓的控制，就北宋而言，宋太祖以立法的手段来遏止子孙别财异居，从而恢复以宗子为核心、余子秉命于宗子的宗法组织与制度；宋太宗在出巡时经常亲自接见宗族族长，以示关心。此外，一批官僚士大夫也热衷于构建宗法组织，如范仲淹创置范氏义庄，使范氏宗族得以在“天下崩裂”“流寇祸乱”的动荡岁月中绵延不绝，贵盛甲天下；欧阳修与苏洵分别编写《欧阳氏谱图》和《苏氏族谱》，开宗族修谱之先河。南宋时，重建民间宗法组织、强化对百姓的控制的思想更为流行，朱熹顺应这一趋势而作《家礼》，认为宗法制度下的家族礼仪，对人人谨守名分、维护社会秩序稳定大有裨益，是“附于孔子从先进之遗意。诚愿得与同志之士熟讲而勉行之，庶几古人所以修身齐家之道、谨终追远之心犹可以复见，而于国家所以崇化导民之意，亦或有小补云”（《家礼序》）。

值得一提的是，朱熹《家礼》在问世后不久，便迅速传到东亚儒家文化圈中的朝鲜半岛与日本，并产生了极大的影响。在当代韩国，祠堂多被称为“家庙”，仍然发挥着以祭祀为主的功能。韩国学者卢仁淑曾说：“《文公家礼》之流传，在中国所发生之影响，实未若韩国之深远。是书于韩国视若圣经，奉为圭臬（见稻叶岩吉《丽末鲜初家礼传来及其意义》）。韩国李朝之士大夫始终墨守此书，根据书中之仪礼，以为日常生活之规范。由于普受韩国朝野之重视，当时学术界关于家礼之研究亦风行一时，导致礼学派之形成与发展，遂成显学。”[1] 可见，朱熹《家礼》在朝鲜半岛产生的影响，在很多方面甚至超过了中国。

①[韩]卢仁淑：《朱子家礼与韩国之礼学》，人民文学出版社2000年版，第100页。

韩国于高丽末期就开始设立家庙，士大夫依《文公家礼》的规定，修建家庙祭祀祖先。李朝初期，朝鲜太祖李成桂下令修建宗庙，用以供奉朝鲜历代君王及王妃神位，这座位于首尔的宗庙，作为当今世界具有儒家底色的最古老的皇家神社，于1995年被列入世界文化遗产名录。每年五月的第一个周日，该宗庙都会举行祭礼，祭礼的音乐是朝鲜宫廷乐的一种，被称作宗庙祭礼乐，宗庙祭礼和宗庙祭礼乐于2001年被联合国教科文组织列入人类非物质文化遗产代表作名录。

李朝初期不仅建立了宗庙，政府还以颁布政令的方式强制民众建立家庙。如李朝太祖四年（1395），知事闵由义上《请立家庙疏》，声言："立家庙，畜鸡豚，养老病，供祭祀，禁僧寺。"（《朝鲜王朝实录》，又称《李朝实录》卷八《太祖实录》）

李朝太祖六年（1397），谏官上《上书十事》，其中有："一、定都之初，首建宗庙以奉时祀，以荐时物，报本之诚，无所不至。然四时之享，每命大臣以摄行，愿自今除无时荐新之外，四时大享，必须亲祼，以明奉先之礼，以尽报本之诚。二、士大夫家庙之制，已有著令，而专尚浮屠、谄事鬼神，曾不立庙以奉先祀，愿自今刻日立庙，敢有违令、尚循旧弊者，令宪司纠理。"（《朝鲜王朝实录》，又称《李朝实录》卷十一《太祖实录》）可见，李朝初期统治者排佛崇儒建家庙，其目的在于"以明奉先之礼"。

目前，韩国境内的家庙保存得比较完好，特别是在乡村，家庙依然发挥着重要作用。在韩国的乡村，村民们往往是合族而居，族中大宗的长子即"宗子"，便是该族的首领，宗子永远居住在有家庙的老宅子里，守护着家庙，主持着各种祭祀典礼。居住在同村的小宗一般都会参加宗子主持的各种祭礼，而迁徙至较远地方的小宗，其长子为这一宗的宗子，建家庙，进行常规的祭祀活动，但每年至少要返乡一次参加准宗子的家族祭祀活动。人丁稀少的家庭虽未必设立家庙，但大都在正厅设一个四龛的神龛，供奉着上四代，即高祖父母、曾祖父母、祖父母、父母的牌位。

韩国乡村家庙的祭祀活动比较多，如时祭（现在一般是寒食节和中秋节，含吉祀、祝祭）、朔望参、茶礼、荐新等，保存着朱熹在《家礼》中划定的祠堂的各种祭祀功能。

在韩国的乡村，有几种规模较大的祭祀活动是整个家族都要参加的，即春秋时节的茶礼、中秋节的省墓，以及重阳节的祭祀。一般的小家庭都有忌日祭，在高祖父母、曾祖父母、祖父母、父母的忌日举行，也就是说，忌日祭祀礼每年要举行八次，但也有不少家庭将高祖父母一并、曾祖父母一并、祖父母一并、父母一并，把祭礼简化为四次。

在祭祀过程中，韩国国民也会焚香、烧纸钱。这里值得一提的是，烧纸钱须按一定程序进行，并且要烧在特制的盆子里。

韩国的安东，山清水秀，宗祠、书院林立，是该国儒家文化保存得最完好的地区，朝鲜时代著名儒学家李滉的故居就在这里。李滉，号退溪，其故居是韩国著名的文化景点，被称作退溪宗宅。退溪宗宅中，家庙的位置是严格按照朱熹《家礼》设定的，即“君子将营宫室，先立祠堂于正寝之东”。前来拜访的族人，一般是在家庙前的亭内，由宗子带领着参加祭拜仪式。

笔者曾旁观过安东一大户人家的忌日祭礼。忌日祭礼是在傍晚举行的，宗子（嫡长子）带领着族中其他子弟，身着祭服，神情肃穆，将母亲的神主（牌位）从家庙中捧出，放到大厅正中的神龛上。供桌上摆放了很多祭品，大厅四周挂满了赞颂母亲的诗句。宗子主祭，跪拜、读祝、焚祝。之后，所有人都退到厅外、关上厅门并保持肃静，其目的是请母亲的神灵享用祭品。大约一刻钟后，宗子轻咳两声，意在告诉母亲的神灵，子孙们要进来了——这就是孔子所说的“祭神如神在”。最后，宗子带领着族中子弟，将母亲的神主（牌位）从大厅中捧出，放回家庙，整个祭礼结束。

在当代韩国，最重要的节日是中秋节。在中秋节，工作、定居于外地的人都要带着妻儿回乡祭祖，并和族人团聚。祭祀的种类分家庙祭和墓祭，家庙祭的一般程序为：首先，宗子和族中子孙身着祭服，拜家庙，请神主（牌位）；然后，宗子将神主捧至大厅，在大厅中举行祭祀活动。通过中秋节的祭祀活动，韩国的青少年受到了传统儒家文化的熏陶，进而回归“本根”、回归精神家园。

韩国的释奠礼影响力更大。释奠礼，也叫释奠大祭，是指在成均馆大成殿祭祀孔子等圣贤的仪式。成均馆是朝鲜高丽和李朝时期的高等教育机构，相当于中国的太学与国子监。如今的成均馆，是韩国儒学思想研究与传播的中心，在每年5月11日（孔子忌日）的春期释奠大祭与9月28日（孔子诞辰）的秋期释奠大祭中发挥着重要作用。韩国的释奠大祭一直沿袭着中国释奠礼的传统，整个流程相对完整，故而是韩国第85号重要非物质文化遗产。

当前，随着中国经济的腾飞和国际地位的提升，我们对中华民族的优秀传统文化越来越自信。弘扬优秀传统文化，对于文化建设相当重要，习近平总书记就在多种场合多次强调要弘扬优秀传统文化，并指出："优秀传统文化是一个国家、一个民族传承和发展的根本，如果丢掉了，就割断了精神命脉"；"只有坚持从历史走向未来，从延续民族文化血脉中开拓前进，我们才能做好今天的事业"[①]。

宗祠与祭祀文化是我国传统文化中的一个部分，在现代社会中，其价值何在？

第一，涵育忠孝仁义之心与尊老爱幼之心。

第二，增强中华民族的凝聚力。

第三，弘扬中华民族的优秀传统文化，建构中华民族的精神家园。

中国的乡村可谓中国传统文化的蓄水池。遍布乡村的私塾和书院孕育了中国数千年耕读传家的传统，乡村里的祠堂则是乡民的安身立命之地。如今城乡之间的差距，不仅表现为经济上的差距，而且表现为文化和教育上的差距，这不仅导致大量年轻人离开乡村，亦使得乡村逐渐变为"文化沙漠"。

针对当前农村的文化"沙漠化"现象，中国社会科学院的赵法生先生曾说：祠堂是传统中国最为普及的信仰场所和文化场所，具有慎终追远和人生礼仪教育的功能，传统中国人的一切人生礼仪，像冠礼、婚礼、丧礼、祭礼都

---

① 习近平：《在纪念孔子诞辰2565周年国际学术研讨会暨国际儒学联合会第五届会员大会开幕会上的讲话》，《光明日报》2014年9月25日第2版。

是以祠堂为中心来进行的，所以它非常重要，现在的乡村儒学讲堂，可以在重建家庭伦理、组建老人互助组织等方面发挥重要作用，在一定程度上起到了传统祠堂的某些作用。赵法生先生多年从事乡村儒学教育，对农村的情况非常了解。笔者非常赞同他的观点，即宗祠文化与乡村儒学是共融的。从儒学与祠堂的关系来看，祠堂是使儒学功能得以发挥的一个实践基地，有了祠堂，乡村儒学才有了传播的场所，而祠堂也在乡村儒学的传播中，发挥出了建设当代农村文化的现代价值。

（原载线装书局2019年出版的《东亚儒学研究》，收入本书时有改动）

朱升理学思想研究

作为朱熹五传弟子的新安理学家朱升，不仅是明朝的开国功臣，而且在学术上也颇有建树。在政治上，朱升从战略高度提出“高筑墙，广积粮，缓称王”的创基立国之策；在学术上，他回归元典，遍注群经，提出“理”是“脉理、纹理”，剥除了程朱理学和陆九渊心学中“理”的神秘性和主观性，赋予“理”以客观规律性，从而实现了对先哲思想的超越。

一、朱升的生平与著述

朱升，字允升，号枫林，安徽休宁人，后迁居歙县石门。生于元大德三年（1299），卒于明洪武三年（1370），享年七十二岁。

朱升幼年从学于乡里江敏求、金斋谕，十七岁时师从乡贡进士陈栎，“剖击问难，多所发明，栎深器之”（《新安学系录》卷十四《朱学士》）。陈栎，字寿翁，一字定宇，号东阜，“学以朱子为宗”，最称宿儒，著有《百一易略》《四书发明》《书传纂疏》《礼记集义》等（《宋元学案》卷七十《沧洲诸儒学案下》）。《四书大全》的《凡例》有云：“注文下凡训释一二字或二三句者，多取新安陈氏（即陈栎）之说。”足见其儒学功底。陈栎师事朱熹三传弟子黄智孙，故朱升可称朱熹五传弟子。

元至正三年（1343），资州黄泽（字楚望）讲道于溢浦，朱升与同里赵汸（字子常，号东山）“自随往从游焉”，次年春归，讲学于郡城紫阳祠。是年秋，登乡贡进士第，丁内艰。至正八年（1348）授池州路儒学正，十年（1350）到任。当时池州学田收入被侵占：“学之田岁入富于他学，而官吏蠹食之，弟子员日仅一饭，教养无方，师生解体。升始至，则举吴文正公澄鼠牛之喻，会出入，整斋厨，去宿弊。晨兴讲授，以身示法，江南北学者云集。”（《新安学系录》卷十四《朱学士》）秩满，归故里。时蕲、黄之兵已至徽州，朱升为避兵乱，迁居歙县石门山中，授徒讲学，闭户著述。

至正十七年（1357）七月，朱元璋兵至徽州，邓愈向朱元璋推荐朱升，朱元璋遂召朱升询问时务。朱升对以“高筑墙，广积粮，缓称王”，从战略上提出创基立国之策，深得朱元璋赞许。此后，朱升“备顾问于内廷，参密命于翰苑”（《朱枫林集》卷一《翰林院侍讲学士朱升诰》），跟随朱元璋赞画军机、制定典章、罗致人才，深得朱元璋器重。至正二十七年（1367），朱元璋称吴王，授朱升以翰林侍讲学士、中顺大夫、知制诰、同修国史。洪武元年（1368），朱元璋称帝，朱升以翰林学士兼东阁学士、嘉议大夫。洪武二年（1369），朱元璋召诸位儒臣修纂礼书，明年告成，赐名《大明集礼》，朱升参与了修纂工作。洪武二年（1369）三月，朱升请老归山，朱元璋赐以爵士，辞不受，朱元璋驰驿送归，朱升陛辞请曰：“伏愿陛下明照万里，治国三重焉：东宫择贤师，保将相，久试贤能，保百姓如保赤子。故曰：‘为天下得人，有人有土，万年无疆。’”（《朱枫林集》附录《朱升事迹编年》）洪武三年（1370）冬十二月，朱升以疾终于家。

朱升“文注子经，武贯韬略”，经学尤邃。如从至正十七年（1357）“朱元璋兵下徽州，以邓愈荐，（朱元璋）召问时务”算起，朱升入朱元璋麾下直至辞世，不过十三年，但他在这十三年间影响颇大，这不仅体现在他向朱元璋“首陈三策”（即“高筑墙，广积粮，缓称王”）上，也体现在他跟随朱元璋东征西伐、北援南服，为明朝开国立下汗马功劳上。朱元璋曾称赞朱升曰：

尔朱升新安师儒，怀抱著述。……察历数，观天文，择主就聘，首陈三策，朕实嘉行。新安款降，不俟兵刃；四方之士，杖策来从，皆卿齿德俱尊倡之也。每奉征聘，即弃家从朕亲率六军，东征婺州、诸暨、处州、巫子门、洋子江诸寨，俘获龙江；西伐铜陵、江州、洪都、武昌、安庆；北援寿春、金斗；南服瑶蛮；著言趋吉避凶，往无不克。卫余难于禁江口，尔宁不顾己躯；足兵饷于鄱阳湖，众跃声震天地。及收抚伪汉黎庶，擒逆张，取中原，谋猷多中……於戏！太公韬略兴周室，方叔功名照汗青。（《朱枫林集》卷一《免朝谒手诏》）

二、作诸经旁注，求真是之归

朱升虽在晚年参政，但“自幼至于捐馆，六十年间虽出处不常，未尝一日离卷，考索编录，动成卷帙”（《朱枫林集》卷九《学士朱升传》）。作为一代理学家，朱升一生的主要事业还是授徒课子，解经著书，钻研儒学。《朱枫林集》卷九《学士朱升传》中说：

（朱升）自幼为学，即以列圣传心为主，践履致用为工，上穷道体，幽赞化原。谓圣人精义入神之功，或寄于百家众技之末，是以一事一物，莫不旁搜曲揆，沿流溯源。谓濂、洛既兴，考亭继作，而道学大明于世。然学者往往循途守辙，不复致思。已明者，既不求其真知；未明者，遂谓卒不可知，岂前贤所深望于后人者哉？加以词华浮靡之习荡其中，科举利禄之心诱其外，是以圣学明而实晦，飘流忘返，慨然思所以救之。于是考六经之源，究制作之始，以得名言之义，味词助之旨，以畅指趣之归，而圣贤之心见于方册者，始可得而见，然后旁参之以传注之文，究极乎濂洛考亭之说，熟玩乎其所已明，而深究乎其所未明。尝曰：“先儒传注之意，所以求经之明也。而近世举业，往往混诵经注。既不能体味乎传注，而反断裂其经文，使之血脉不通，首尾不应，知味乐学，何所自乎？”于是始作诸经旁注。

从这段记载中，我们可以看出朱升一生为学之大概：

首先，朱升为学“以列圣传心为主，践履致用为工”，表明朱升一生以继承、弘扬儒学为己任，着重研究孔子、孟子、周敦颐、“二程”、朱熹的思想，并将儒家思想应用到治国理政的实践中去。朱升晚年入朱元璋麾下，辅助朱元璋夺取天下，正体现了其学术“经世致用”的特点。

其次，朱升认为先儒思想“或寄于百家众技之末，是以一事一物，莫不旁搜曲揆，沿流溯源”，故从认识论角度，坚持程、朱“格物致知”的“道问学”工夫。

第三，作诸经旁注，求真是之归。这既是朱升的治学理念，也是朱升的学术贡献。

儒家经、注脱节淆乱的问题，并不肇始于宋明，而是起源于汉代。汉武帝接受董仲舒《天人三策》中的建议，实行“罢黜百家，独尊儒术”，儒学登上统治阶级意识形态的宝座，学者注释儒家经典也蔚然成风，久而久之，烦琐的经注使儒学走入歧途，变得僵化、冗赘。班固在《汉书·艺文志》中道：

> 古之学者耕且养，三年而通一艺，存其大体，玩经文而已，是故用日少而畜德多，三十而五经立也。后世经传既已乖离，博学者又不思多闻阙疑之义，而务碎义逃难，便辞巧说，破坏形体；说五字之文，至于二三万言。后进弥以驰逐，故幼童而守一艺，白首而后能言；安其所习，毁所不见，终以自蔽。

颜师古注又证以实例曰：

> 桓谭《新论》云：秦近君能说《尧典》，篇目两字之说至十余万言，但说“曰若稽古”三万言。

注文篇幅超出经文千万倍，经注淆乱，足使学者目不暇接、不得要领。为什么会出现这种状况？原来是利禄作怪。班固在《汉书·儒林传》中说：“一经说至百余万言，大师众至千余人，盖禄利之路然也。”颜师古注曰：“言为经学者则受爵禄而获其利，所以益劝。”

汉代烦琐注经的学风一直延续至宋元。朱熹本人就是传注大家，对儒家经典都有深入研究，于《周易》，著有《周易本义》《易学启蒙》，于《诗经》，著有《诗集传》，于“三礼”，著有《仪礼经传通解》，又据《春秋》义法，著《通鉴纲目》。于《尚书》，朱熹虽没有专门著作，但其弟子蔡沈所著的《书集传》则被视为承袭了朱氏的学术思想。除此之外，朱熹对《论语》《孟子》《中庸》《大学》研究最精，详为注解并辑为《四书章句集注》。朱熹对经书的注解，多以宋儒义理为立论根据，甚至不惜颠倒旧经次序、私补阙文，可即便如此，他对经学的贡献仍旧是不可磨灭的，故朱升说：“考亭（朱熹）继作，而道学大明于世。”

元代延祐年间复科举，诏定以朱熹的《四书章句集注》试士子，并规定解说《诗经》以朱熹的《诗集传》为主，解说《尚书》以蔡沈《书集传》为主，解说《周易》以朱熹的《周易本义》为主。

明太祖朱元璋于洪武二年（1369）诏天下立学，刊定条约十二款，首条曰：“国家明经取士，说经者以宋儒传注为宗，行文者以典实纯正为主。今后务须颁降《四书》《五经》《性理》《通鉴纲目》《大学衍义》《历年名臣奏议》《文章正宗》及历代诰律典制等书。”（《松下杂抄》卷下）明代科举沿元代之旧，命“专取四子书及《易》《书》《诗》《春秋》《礼记》五经命题试士”（《明史·选举志》）。

由于朱学传注事关士子的举业宦途，故而“学者往往循途守辙，不复致思。已明者，既不求其真知；未明者，遂谓卒不可知”，“是以圣学明而实晦，飘流忘返”。

看到士子们将儒家经典视为科考仕宦的敲门砖，只知记诵后儒传注，却不深究儒学自身的真谛，朱升指出：

> 先儒经解至矣，而犹未免云云者。先儒用圣贤功夫，故能因经文以得圣贤之意；学者用先儒功夫，而能因经解以得先儒之意，几人哉！性质庸常，学力卤莽，父兄师友取经解而督之，读经与解离，不能以意相附。其弊也，断裂经文，使之血脉不通，首尾不应，欲求其知味乐学不可得也。（《朱枫林集》卷三《大学中庸旁注序》）

"读经与解离，不能以意相附"，故不能明了先儒之意，致使"圣学明而实晦"。为了消除这种弊端，使人们得以攫取儒学的真精神，朱升"于《六经》《四书》皆欲旁而注之"。他的解经方法是"每于本文之旁，着字以明其意义。其有不相连属者，则益之于两字之间。苟有不明不尽者，又益之于本行之外"，这样就能使"学者读本文而览旁注，不见其意义之不足也"（《朱枫林集》卷三《易经旁注前图序》）。除此之外，朱升尚有详细阐述：

> 盖以逐字顺附经文，实而不泛，离之则字各有训，贯之则篇章浑全，制作之体既殊，辞语各有宜也。（《朱枫林集》卷三《大学中庸旁注序》）

> 是书之体，融合先儒经解，以顺附于经文，可离可合，有纲有纪，使读者止就经文，考训诂以求旨趣而已。其先儒之说顺附经文，而或有不类、不妥者，则必再三玩索体认，以求真是之归，此学者穷经最得力处，必身亲为之，然后历其难而知其味也。（《朱枫林集》卷三《论语孟子旁注序》）

朱升用小字作旁注，力求不割裂经文。如他在《周易旁注》中在解释"乾"卦爻题和爻辞"上九　亢龙有悔"时，首先作小字注解："上画为天际之极，龙之登杳冥而不能为雨者，悔其过高也。凡曰悔者宜从变，变卦为悔。"然后在大字"上九　亢龙有悔"的"上"字旁注"最上之第六划"，在"九"字旁注"蓍得九数刚变为柔，其象为(九)"，在"亢龙"旁注"居高亢之龙，其占为(龙)"，在"有悔"旁注"事过之追悔"。

为"求真是之归"，朱升花了大量精力，为儒家元典作旁注，并作《书传辑》《书传补正》刻行之。

三、理者，纹理之谓也

宋明理学的一个重要、基础性的范畴就是"理"。在宋明理学家那里，"理"被看成世界的本原，是实有而非象、本无而不空的精神绝对体。朱升认为：

> 理者，文理之谓也。两间之物象，凡其自然生成者，莫不觉有文理

存焉。交互者，谓之文；条达者，谓之理。(《朱枫林集》卷七《理斋铭并序》)

理行乎事物之中，如身体之脉理，如枝干之纹理，彻上彻下，无不至到，所谓至理也。脉理、纹理皆不一也，而皆必有统会之处。(《朱枫林集》卷三《跋性理字训后》)

“理”存在于事物之中，如人体内部的经脉，如树木枝干的纹理，此“理”不是抽象的精神实体，而是物质性的“气”自身所具有的规律。存在于具体事物中的脉理、纹理是有差别的，但不同的脉理、纹理“有统会之处”，即朱升所说的“至理”。可见，朱升关于脉理、纹理乃至“至理”的说法，蕴含着朱熹的“理一分殊”思想，但又具有唯物主义性质。

那么“至理”是什么？朱升借《周易》“八卦”来说明：

今以八卦观之，乾、兑二卦，同生于太阳之象也；离、震二卦同生于少阴之象也；巽、坎二卦，同生于少阳之象也；艮、坤二卦，同生于太阴之象也。又以四象观之，太阳、少阴同生于阳仪也，少阳、太阴同生于阴仪也。八卦、四象各有统会，既如此矣，则两仪岂无统会哉？故孔子指其统会者名之曰太极。极者，屋之脊栋，中正高上，众材之所构合者也。太者，大大之谓也。太极者，大大高上统会之称而已。《易》书之仪之象之卦，两而生四，四而生八，以至于无穷，由本而末，由源而流，皆所谓至理也。太极者，至理之浑然者也。浑然云者，如水之浑浊，然人之视之不见，其中之所有，盖理之统会，其胚胎融聚者，固如此也。(《朱枫林集》卷三《跋性理字训后》)

朱升的这段话表述以下思想：

第一，每个事物都处于某一系统内且都有其自身的系统，每个系统又都从属于更高一级的系统。如八卦系统从属于四象系统，四象系统从属于两仪系统，两仪系统又从属于最高一级的“太极”系统。整个世界可以说是一个“太极”的大系统。

第二，“至理”即太极。朱升认为，“太极者，至理之浑然者也”，即天地万物之理皆包含于“太极”之中。“太极”是理之本，可以演化为脉理、纹理；“太极”是理之源，可以流为两仪、四象、八卦，故“太极者，大大高上统会之称而已”。可见理的“统会之处”即是“至理”，即是“太极”。

第三，“至理”具有抽象性。事物中的脉理、纹理是具体的、实在的，然太极中的至理是浑然的，是如水之浑浊而人视之不见的。“其中之所有，盖理之统会”，也就是说“至理”涵盖一切理，是自然界和人类社会变化、运动、发展的内在规律，它不是人们单凭感官就能把握的，而是需要人们在认识具体的脉理、纹理的基础上，通过理性思维去把握的。

太极不仅是“至理”，同时也是宇宙万物的本原。朱升认为：“太极判而为阴阳，阴阳变合而为五行；气之流行，质之位列，物莫不然也。地囿天中，为物最巨，格物者于此而不察，可乎？”（《朱枫林集》卷三《地里阴阳五行书序》）即太极产生阴阳，阴阳变合为五行；充塞宇宙间的物质性的“气”流行起来，便产生了金、木、水、火、土五种物质，继而产生了天地世界；地存天中，为最大的物体，是我们必须首要认识的对象。虽然太极为天地的本原，但浑然之气在造化天地万物的过程中，作用是极其重要的：“气一嘘而万物盈，所谓造也；气一吸而万物虚，所谓化也。气之造物化物，犹户之一阖一辟也。”（《朱枫林集》卷三《跋性理字训后》）在这里，朱升认为“气”是物质性的，物质性的“气”在嘘吸之间造化万物。

气为什么能够“一阖一辟”地造化万物？其背后的动因何在？朱升说：“究而言之，则阖辟在乎枢，枢必绾乎系枢之纽。《易》之仪象，卦者造化也；太极者其枢纽也。……所谓太极者，其根抵也。”（《朱枫林集》卷三《跋性理字训后》）意谓事物产生、发展、运动、变化的原因在“枢纽”。“枢纽”是什么？是“太极”——“太极”是事物产生、发展、变化的终极原因。由此可见，朱升用“太极”与物质性的“气”来解释宇宙的生成，是对宋代理学思想尤其是周敦颐、张载思想的继承、改造和发展。

另外，朱升对朱熹、陆九渊的学术同异问题也做了辩证的分析。朱熹、陆九渊关于“道问学”与“尊德性”的争论及其他学术分歧，早已成为理学领域中的热门话题，“和会朱、陆”也构成了宋明学术发展的一条主线，朱升作为新安理学家，不可能不对此予以关注。就“道问学”与“尊德性”之间的关系，朱升认为：

> 《大学》以修己治人为纲要，以致知力行为工程，然而知止能得之间，必有事焉。《经》所谓定静安，《论语》所谓仁能守之，《孟子》所谓居安资深者是也。《中庸》曰：“尊德性而道问学”。盖致知力行二者，皆道问学之事。动而道问学，静而尊德性，二者功夫如寒、暑、昼、夜之更迭而无间。尊德性即《大学》之正心也。《大学》诚意，是省察克治于将应物之际，正心是操，存涵养于未应物之时，与既应物之后。然而八目于致知之后，即继以诚意而正心，但列于其后者，盖《大学》为入德者言，使之先于动处用动，禁其动之妄，然后可以全其静之真也。此圣贤之心法，为传学之本也。（《朱枫林集》卷三《跋大学旁注后》）

可见，朱升将“道问学”与“尊德性”之间的关系视为动、静关系，“动而道问学，静而尊德性”，二者相辅相成，缺一不可，“如寒、暑、昼、夜之更迭而无间”。但在这里，朱升更强调“尊德性”。如“正心”“诚意”属于“尊德性”范畴，“诚意”是“省察克治于将应物之际”，正心是“存涵养于未应物之时，与既应物之后”，即“正心”“诚意”贯穿于“格物、致知”的始终，“尊德性”贯穿于“道问学”的始终。从朱升对“道问学”和“尊德性”之间关系的论述中，可见他实现了对朱熹、陆九渊的超越。朱熹虽将“尊德性”与“道问学”并提，但无疑更重视后者，陆九渊则看重“尊德性”而轻视“道问学”，可朱升认为二者“如寒、暑、昼、夜之更迭而无间”，相互贯通，相辅相成，从而显示出其思想的辩证性，并为新安理学的“和会朱、陆”开了先河。此后，郑玉认为朱、陆之学各有优劣，应取长补短；赵汸认为朱、陆思想“合并于暮岁”；程敏政提出朱、陆思想“早异晚同”等，都是和朱升思想一脉相承的。

综上所述，朱升在学术上的重要贡献之一是作诸经旁注，求真是之归，其意义则在于纠正了科举造成的“混诵经注”“断裂其经文”，以至于歪曲儒家经典原意等现象，从而彰显儒学真谛，使学者返归元典儒学。

朱升的另一重要贡献是对“二程”、朱熹与陆九渊“理气观”的改造。朱升将“理”看作“脉理、纹理”，“气”则是物质性的气，气之流行，造化万物。可见，朱升的“理气观”是对“二程”、朱熹“客观之理”与陆九渊“主观之理”的改造和超越，剔除了他们“理气观”中的神秘性和主观性，赋予“理”以客观规律性。特别是其“理”为“脉理、纹理”的思想，更是深刻影响了后继学者，如戴震认为：“理者，察之而几微必区以别之名也，是故谓之分理；在物之质，曰肌理，曰腠理，曰文理。”（《戴震集》下篇《孟子字义疏证》）可见，戴震将“理”解释为肌理、腠理、文理，与朱升将理解释为脉理、纹理是相通的。此外，朱升关于“太极”即是“至理”的思想，以及“气”的“盈、虚、阖、辟”思想，无不体现出其辩证的理学思想。

四、政治思想与教育思想

朱升的政治思想与教育思想散见于《朱枫林集》。

朱升的政治思想及实践，体现了儒家所追求的“内圣外王”之道，贯彻了以“仁”“礼”治国的思想理念。朱升在政治上的贡献是向朱元璋“首陈三策”，即“高筑墙，广积粮，缓称王”，这可以说是有明一朝的建国方略。

至正十二年（1352），朱升“秩满南归”，隐居在休宁石门山。此时，反元烽火已愈燃愈炽，作为起义军的一支，徐寿辉的兵马已率先打到了徽州，朱升的息养之所成了交兵之地。朱升目睹了当时战争之惨烈，“十二年，蕲黄兵蹂郡邑。自是四五年间，胜复者六七，杀伤炳烬，东奔西避”（《朱枫林集》卷八《程国英墓表》）。但朱升当时并没有加入徐寿辉的反元军队，在兵荒马乱的岁月里，朱升“虽避兵奔窜而著述不辍”（《朱枫林集》卷九《枫林传赞》）。

至正十七年（1357），朱元璋率诸将亲征浙东道徽州，闻朱升之名，曾亲访朱升。据明洪武十年（1377）知府张孟善修《徽郡志》中《学士朱升传》的记载：“天兵下徽。上素闻升名，潜就访之。升因进三策，曰：‘高筑墙，广积粮，缓称王。’上大悦，命预帷幄密议。所居梅花初月楼，上亲洒宸翰赐焉。”（《朱枫林集》卷九《学士朱升传》）朱元璋初见朱升，对朱升是极其礼遇的；而朱升首献三策，可以说是明王朝得以建立的根本之策，对后世也影响深远。此后，朱升就追随着朱元璋，在刀剑丛中出生入死。

朱升参加朱元璋义军，有他自己的考虑：一是朱升曾借助星象占卜之术，认定朱元璋有帝王之相，认为朱元璋能“驱胡虏而复圣域，变左衽而为衣冠，再造之功，于是为大。自开辟以来，帝王之兴，未有盛焉者也”（《朱枫林集》卷二《贺平浙江赋并序》），即认为天下已出明君，故自己平治天下的时机已到。二是朱升目睹战乱的残酷、民生的凋敝，认为自己再也不能坐而视之，必须要有所作为了。三是朱升与朱元璋是同宗，并被朱元璋称呼为“宗长阁下”，力请出山，宗谊与隆礼也促使朱升决定辅佐朱元璋。

另外，朱升如正统儒家学者一样，持“尊于正统”的皇统观，严辨夷夏，对于元朝的统治，评论说：“奚有华夷之分，内中国而外四夷也？……元主中国，天厌之久矣。”（《朱枫林集》卷二《贺平浙江赋并序》）表明了其鲜明的反元立场。朱升在《贺太祖登极表》中，更是认为朱元璋是当世真主，可接续皇统，使天下归于正道：“伏以道协乾坤，履至尊于正统；福均宗社，会大礼以同辰。三纲举于一人之身，百祀包乎两间之域。天地交泰，神人以和。臣升诚欢诚忭，稽首顿首，钦惟皇帝陛下尧德钦明，汤功圣武。”（《朱枫林集》卷一《贺太祖登极表》）

朱升在明初领文职，并无实质上的权力，亦无施展政治才华的空间，故旋即隐退。但他在元朝任池州路儒学政时，曾革新除弊，积极办学；在反元战争中，也反对荼毒百姓，这些都体现了他的民本思想和仁政理念。我们还可以从朱升写给友人的书札中了解他的仁政、德治思想，如“民生休戚在长吏，长吏之贤在通其民情”，认为了解民情的目的是“攘蠹弊，开隆平”（《朱枫林集》卷四《送分宪张公序》）。朱升在写给即将去萧县赴任的汪成德的序文中，告诫汪成德为官勿辱忠孝家风，为百姓做好官，“极儒者之功用，致斯世于隆平”（《朱枫林集》卷四《送汪成德赴萧县作宰序》）。对此，朱升的学生范准赞之曰：“先生忧国苦倾心，四海苍生沾雨露。”（《朱枫林集》卷十

《诸名公赠归新安诗》）

朱升将大半辈子的时间都用在讲学上，并以“孔孟”“濂洛”之学为其讲授的主要内容，他说：“《大学》以修己治人为纲要，以致知力行为工程，然而知止能得之间，必有事焉。《经》所谓定静安，《论语》所谓仁能守之，《孟子》所谓居安资深者是也。……此圣贤之心法，为传学之本也。”（《朱枫林集》卷三《跋大学旁注后》）徽州地区注重蒙童时期的儒学教育，为此，朱升对宋人方逢辰的《名物蒙求》、程端蒙的《性理字训》、黄继善的《史学提要》，与元人陈栎的《历代蒙求》进行糅合，编撰出一部儿童蒙养教材，命名为《小四书》。方逢辰、程端蒙、黄继善、陈栎四人都是传统的儒家学者，服膺程朱学派，所以《小四书》也带有鲜明的程朱学色彩，而朱升所说的“循序乎六经之学，归趣乎孔孟之教，穷极乎濂洛之说”（《朱枫林集》卷四《小四书序》），也就是用古圣先贤的嘉言善行，培养儿童的智能与德性，从而落实性理知识启蒙和封建伦常教育。

在“循序乎六经之学，归趣乎孔孟之教，穷极乎濂洛之说”之后，朱升又强调“六经”与诗文的本末主次，说：“休日则事笔札而考苍雅；余力则记名数而诵诗文，庶几入门适道，有序有条，本末兼备，终始相成者矣。”（《朱枫林集》卷四《小四书序》）这一教学法并非朱升独创，新安儒士在理学教学中大多如此。朱升治学相当严谨，其门人黄枢在写给他的祭文中说：“先生之聪明卓绝，天下之人皆知之。大而天人之道，远而造化之旨，精穷阃奥，妙析毫厘，不雷同而是是，不崖异而非非。”（《朱枫林集》卷十《黄门生祭文》）可贵的是，朱升不仅重视书本知识，而且重视向各阶层人士学习，特别是向下层民众学习，“平日事师交友，读书听语，下至里巷山野、樵渔妇女，一言一事，于人有补者，莫不谨服而博取之”，所学内容亦广泛，“下及庖馔工巧之琐末”（《朱枫林集》卷三《墨庄率意录序》）。朱升学高为师，故弟子众多，成为休宁一带的硕儒。

朱升的教育思想，有两个显著特点：

一是定次序，由浅入深，渐穷道体。循序渐进，是朱熹反复强调且始终坚持的治学之方。朱熹认为，小学只能教学生识一些字，做一些具体的事，获得一些简单的基本知识，到了大学，学生就要领悟道理了，即所谓“小学者，学其事；大学者，学其小学所学之事之所以”（《朱子语类》卷七）。除此之外，“四书”的阅读顺序也有先后之别——先《大学》，次《论语》《孟子》，最后《中庸》。对于朱熹的这一教育方法，朱升是基本遵循的，从他为自己的“旁注”类著作撰写的序中，我们就可以看到此种学习方法；他修编《小四书》，贯彻的也是这种方法；同时，他还强调在学习儒家经典时，须重视“令字字有着落”（《朱枫林集》卷三《跋性理字训后》）的考据和训诂，反对臆断，认为读书要有序有条，本末兼备，始终相成。

二是传圣心，以践履致用为其功。朱升治学，“以列圣传心为主，践履致用为功，务究极天人之蕴，兼理数而一之”（《朱枫林集》卷九《休宁理学名贤朱升传》）。朱升是一位理学家，“二程”、朱熹三夫子之学自在其精研范围之内，但是朱升更注重孔孟之学。对于这种治学旨趣，后人评价道：“孔门求仁之要义，《中庸》智仁勇之统，尊德性、道问学之说，孟氏存心养性之异用，风人诗章之体，音韵之说，诸如此类，皆涵泳玩索，有得乎圣贤之旨者。”（《朱枫林集》卷九《学士朱升传》）朱升治学遵循儒家正统，对于儒家的仁礼思想和经世致用思想更是身体力行，强调“极儒者之功用”，并且重视格物致知，“一事一物，莫不旁搜曲摸，沿流溯源”。应当指出的是，在儒家思想中，真正得到践履的主要是儒家的道德伦理观，其核心便是仁学思想和传统伦理纲常。践行儒家仁礼观和社会伦理观，就是将儒家的仁礼思想和传统伦理施诸生活，于事物之中穷理尽性，使自己的一举一动皆合乎“天理”。

五、朱升思想评价

朱升身历两朝，人生可谓有起有落。他不像某些新安学者那样，蛰居深山穷谷中，皓首穷经，不问时势，而是关心时政，积极参加反元义军，因首呈“高筑墙，广积粮，缓称王”三策而为朱元璋器重；明朝开国后，更是官至翰林学士，一时文臣莫及也。

朱升既辅助朱元璋一统天下，救民众于水火，又勤于传道授业、著书立说，实现了儒家所倡导的“修身、齐家、治国、平天下”的社会价值，赢得了人生的辉煌。在学术上，朱升为学以“旁注诸经”为特色，其学术旨趣在于求真知、求实理。朱升读书务求其精，思辨务求其明，恪守师法却不盲目追从，在阐明先儒学说上以“求真”“求是”为要务，坚执儒学正统，彰显出严谨不苟的学术风格。在政治上，朱升积极入世，为官清廉，提倡帝王应行仁政王道、礼乐治国，劝说官员应通达民情、心存百姓，既表现出了一个儒者高尚的品德修养，又践履了儒家治国安邦的经世致用理念。

朱升“自幼力学，至老不倦。尤邃经学”（《明史·朱升传》），其治学“以定宇、资中为之师，以东山、道川为之友，而紫阳衣钵，世绪犹存”（《朱枫林集》卷十《唐翰林祭文》），学术特色则是“以列圣传心为主，践履致用为功，上穷道体，幽探化原，务究极天人之蕴，合理数而一之”（《朱枫林集》附录《（康熙）休宁县志·朱升传》）。朱升被后学誉为“休宁理学九贤”之一，九人“盖朱子而外，皆其卓卓者也”（《寄园寄所寄》卷十一《泛叶寄·新安理学》）。

朱升并没有建成自己的“理学体系”，其主要贡献是注解儒家经典，发明朱子之学，以“求真”“求是”为治学旨归。朱升认为前人对儒家经典的训释，的确有真知灼见，但有的则牵强附会：“学者用先儒功夫，而能因经解以得先儒之意，几人哉！性质庸常，学力卤莽……读经与解离，不能以意相附。其弊也，断裂经文，使之血脉不通，首尾不应，欲求其知味乐学不可得也。”（《朱枫林集》卷三《大学中庸旁注序》）既然“读经与解离”“断裂经文”，那又何谈治学的“求是”“求真”？朱升认为学者注经“若不能以意相附，则非徒无益，而适滋其惑”（《朱枫林集》卷四《小四书序》）；声明自己旁注儒典是为了发皇经文大义，矫正前人的曲解误读。

治学不仅要有端正的态度，更要有合理的方法。朱熹在《沧洲精舍谕学者》中说：“义不精，细思可精。”主张精密思考，得其精蕴。《四书章句集注》是朱熹覃思最久、训释最精的传道喻世之作，朱升继承了朱熹的治学风格，无论是在教学上还是在著述上，皆殚精竭虑，探幽索微，力求攫得精深的义理。在治学过程中遇到疑难之处，朱升“必穷研极虑，不合乎圣经不止”“其异也，非立异以要名；其同也，非雷同而苟合”（《朱枫林集》卷九《学士朱升传》）。在学术研究中，朱升发挥“慎思”之法，反复“体认”“已明”并“深究乎其所未明”，通过慎思明辨，以达到“求真”“求是”的目的，挖掘出儒家思想的真谛。朱升和同时代的郑玉、赵汸等人治经，皆体现了元末明初新安理学家求实、求真的学风。

朱升一改元代新安学者不乐仕途的面目，辅助朱元璋一统天下，其有诗云：“西风笳鼓东南来，国本应须老手裁。净洗甲兵过练水，早随冠冕上云台。传宣马系门前柳，作颂人磨石上苔。机会到时须勇进，天边莫待羽书催。”（《朱枫林集》卷五《题柏山齐祈寺和唐子华韵》）这不同于其师陈栎和其友郑玉，在当时应该说是具有极大的勇气和政治卓见的。朱升于功成名就之时急流勇退，虽德高望重却不忘归隐山林，正如他所说的“隆中窥此诸闻达，莘野抱此称天民”（《朱枫林集》卷五《赋梅花初月酬汪古义诸公并序》），要做一个“春深雨足长青草，数亩山田自可耕”（《朱枫林集》卷五《赠星士汪晓窗其五》）的乡间老农。研究朱升的学者普遍认为，朱升在明朝初建时选择隐退，是为了明哲保身。这一说法是有道理的。“狡兔死，走狗烹；高鸟尽，良弓藏；敌国破，谋臣亡”是对封建时代功臣每落杀戮下场的惨痛概括，识力深湛的朱升对此应是有深刻体会的。事实证明，朱升的判断是正确的，但即便如此，其子朱同最终还是被朱元璋找个理由赐死了。朱升家族的悲剧，其实不能单纯归咎于朱元璋个人，而是由封建专制主义“家国一体”的政治体制造成的，但朱升本着儒者经世致用的“修身、齐家、治国、平天下”的思想理念，站到了历史的最前沿，适时勇进，积极参政，又不可谓不是“为天地立心，为生民立命，为往圣继绝学，为万世开太平”，这正是儒家思想刚健有为特征的鲜明体现。

（原载《安徽大学学报》2007年第2期，收入本书时有改动）

郑玉理学思想研究

郑玉（1298—1358），字子美，徽州歙县（今黄山市歙县）人。汪克宽在为郑玉所作的《行状》中说："父千龄累官承事郎休宁县尹，以操行著称，学者集士友私谥曰贞白先生，有司表所居为贞白里。……先生（郑玉）自髫龀不与凡子伍，稍长颖敏，不治细务，唯嗜读书。……闻人诵朱子之言，则喜其契于吾心也；闻人论朱子之道，则喜其切于吾身也。于是日诵《四书》，玩味朱子之说而䌷绎之，沉潜反覆，久而融会贯通，得其旨趣。……处己以澹薄自持，立心以诚敬为本……因是于恻隐之发，体认涵养，造诣益深矣。"（《师山遗文》附录《师山先生郑公行状》）

郑玉自言其学："昔先君子作尉淳安，余在侍傍……吴暾（朝阳）先生则所师也。"（《师山集》卷七《洪本一先生墓志铭》）《宋元学案·慈湖学案·隐君洪复翁先生震老》说："郑师山之学与淳安也，尝曰：'朝阳先生吾师之，复翁、大之二先生吾所资而事之，本一吾友之。'"其中，朝阳为吴暾，大之为夏溥，复翁为洪震老。吴暾、洪震老为夏希贤的门生，夏溥则为希贤之子。希贤从学于史弥坚，弥坚学于慈湖杨简，慈湖则为象山（陆九渊）门人。

郑玉所师三人，都属陆学一派，由此可知，郑玉乃陆氏嫡传弟子，但前引汪克宽所撰《行状》，则明确说郑玉学宗朱子，读朱子之书，明朱子之道，体认涵养无所不本朱子。正是由于兼通朱、陆，郑玉才能够一针见血地指出朱学和陆学的“同”和“异”，并为“和会朱、陆”做出重要的贡献，故《宋元学案》称：“继草庐而和会朱、陆之学者，郑师山也。”

郑玉早年曾二度试举，不第后专心治学。汪克宽在《行状》中道：“再应进士举，不利，即弃举子业，求圣人之道于六经。研精覃思，优游涵泳，蕲必至古人之域”，“门人鲍元康（仲安）等因其地创师山书院……先生日与诸生论说《春秋》而通其大用”，“以翰林待制奉议大夫诏先生……固辞……秋七月，天兵（明军）遽至……主帅欲罗致之……先生曰：‘吾荷国厚恩，偷生苟容，何面目立于天地间耶？’”（《师山遗文》附录《师山先生郑公行状》）

郑玉生平，概言之：一曰融贯朱陆，二曰崇尚名节，三曰敦风化俗。我们不妨用郑玉自己的话来评述其人：“希孔明，徒有其志；学朱子，莫知其方。谈天谈地，都成话枋；登山临水，遂为膏肓。或者谓斯人之所造，其圣门之所谓狂也欤？”（《师山遗文》卷四《自赞二首》之二）

郑玉对《周易》有相关论述，惜其不传于世。今存著作主要有《春秋阙疑》，又名《春秋经传阙疑》，四十五卷，被《四库全书》收录。另外，《四库全书》还收有郑玉自编的《师山集》八卷。

对于在理学中占据核心地位的“理气”问题，郑玉述周、张、程、朱之意，兼采陆九渊“本心”之旨，融会贯通。周敦颐作为理学的开山式人物，将“太极”作为万物之本原，程颢、程颐又提出了“理”，朱熹进而将“理”提升为万事万物的本体。但是，本体之“理”如何生成变化为“气”以及天地万物，朱熹并没能做出解答，于是，“天地之性”何以发为“气质之性”等一系列问题便成了诸学派关注的焦点。张载的“气本论”在“宇宙发生论”上体系严密，这对于郑玉解决朱子学“理气二橛”的矛盾有一定启示意义，郑玉把周敦颐的“太极”与张载的“气”融会在一起，建构起了自己的理气论：

为学之道，用心于枝流余裔而不知大本大原之所在者，吾见其能造道者鲜矣。周子《太极图说》、张子《西铭》，其斯道之本原欤？然太极之说，是即理以明气；《西铭》之作，是即气以明理。太极之生阴阳，阴阳之生五行，岂有理外之气？天地之塞吾其体，天地之帅吾其性，岂有气外之理？然则天地之大、人物之繁，孰能出于理气之外哉？二书之言虽约，而天地万物无不备矣。（《师山遗文》卷三《跋太极图、西铭解后》）

郑玉虽然没有具体论述“理”与“气”何以相即不离，但后世在挽救陆王心学末流的弊病时往往有两个选择方向，一为事功学，一为朱子学，而这两个方向其实可以归结于气学转向。黄宗羲学宗心学而又批判其流弊，他对“明清巨变的反思也使其心学形成重大的转向，从而表现出由明向清，由心学向气学过渡的迹象”[①]。在“理气”的问题上，黄宗羲继承了郑玉学说而又有所发展，说：“理气之名，由人而造。自其浮沉升降者而言，则谓之气；自其浮沉升降不失其则者而言，则谓之理。盖一物而两名，非两物而一体也。”（《明儒学案·曹月川学案》）黄宗羲提出了“盈天地间皆气”的命题，清晰地显现出了“心学向气学过渡的迹象”，而这种过渡，其实早就反映在郑玉“岂有理外之气”“岂有气外之理”的论述中。心学向气学的过渡，郑玉发其端，黄宗羲继其中，直至王夫之提出“太虚一实”“理依于气”，才算完成。

郑玉治经虽以探求义理为旨归，但又不尚空谈，而是善于就史事立论，以期经世致用。此外，他宗朱取陆，不执门户之见，兼采诸儒之长。

郑玉于儒家诸经中尤精《春秋》，其治《春秋》的方法是“以常情观之，非考验事实证据明白，未易轻信而不疑也”（《师山集》卷二《读欧阳公赵盾许止弑君论》）。根据这种方法，郑玉评价《春秋》三传说：“《左传》所载皆鲁史旧文，明白可信。及丘明稍加檃括，附以议论，然后事迹泯灭，是非乖谬，《春秋》之旨始有不可得而考者矣。及《公羊》《穀梁》定为义例之说，但有不合，则曰此圣人之微意也。一切舍事实而求之空言，使圣人笔削之妙下

① 郭齐勇编著：《中国哲学史》，高等教育出版社2006年版，第319页。

同刻吏弄法之文，而仲尼之志亦复不可见矣。然则《春秋》之不明，三传蔽之也。”（《师山集》卷二《读欧阳公赵盾许止弑君论》）针对三传的弊病，郑玉认为读《春秋》当以“二程”为法，即“以经证传之误，以传补经之缺”。程颐说：“学《春秋》者，必优游涵泳，默识心通，然后能造其微也。……通其文而求其义，得其意而法其用，则三代可复也。”（《二程集》卷第八《春秋传序》）这样读《春秋》，是以心通义、以义为用，进而实现经国济世的理想。朱熹论《春秋》，一是体认圣人意蕴，不在一字半句上论褒贬，以致舍本求末；二是以明道正谊为《春秋》大旨；三是遏人欲、存天理。郑玉虽承此一脉，却并不株守，他“以经证传，以传补经”，虽宗尚“理义”，但依旧有“证之以史”的倾向。如此一来，与公羊、穀梁二家单纯阐发《春秋》所谓的“微言大义”相比，郑玉治《春秋》的方法是有一定的合理性的。

郑玉治学以《春秋》为重，自有他的用意。他认为《春秋》“体天地之道而无疑，具帝王之法而有征”（《春秋阙疑原序》），认为《春秋》是不刊之典，足以遏人欲于横流、存天理于既灭。他根据“卫人杀州吁于濮”之事发论：“人欲之感人也虽深，天理之感人也实易，甚矣。人恒蔽于人欲之私而不能启其天理之公，遂至失其本心而亦不能明乎人之本心也。”（《春秋阙疑》卷一《冬十有二月卫人立晋》）这其实是对朱子“天理人欲之辨”与象山“发明本心”的兼容。圣人能存天理而灭人欲，故而“尧舜之治”可复，而《春秋》也就成了体道治世的大典，不可不究。郑玉将《春秋》与其他儒家经籍进行比较，认为“《易》《诗》《书》言其理，《春秋》载其事。有《易》《诗》《书》而无《春秋》，则皆空言而已矣”（《师山集》卷三《春秋经传阙疑序》），即《春秋》所载之事与《易》《诗》《书》所言之理不可分割，这也透露出郑玉将《春秋》作为其治学基础的原因。

郑玉对历史上各家各派的“春秋学”做了评论，说：

> 三家之传，左氏虽若详于事，其失也夸；公、穀虽或明于理，其失也鄙。及观其著作之意，则若故为异同之辞而非有一定不可易之说。两汉专门名家之学，则又泥于灾祥征应而不知经之大用。唐宋诸儒，人自

为说，家自为书，纷如聚讼，互有得失。程子虽得经之本旨，惜无全书。朱子间论事之是非，又无著述。(《师山集》卷三《春秋经传阙疑序》)

程颐对于《春秋》，尝言“俾后之人通其文而求其义，得其意而法其用，则三代可复也”(《二程集》卷第八《春秋传序》)，此谓《春秋》涵理于文，学者当明理以致用，因用而治世。朱熹将《春秋》三传做了分梳：“以《三传》言之，《左氏》是史学，《公》《穀》是经学。史学者记得事却详，于道理上便差；经学者于义理上有功，然记事多误。”从这个意义上说，“《左氏》所传《春秋》事，恐八九分是。《公》《穀》专解经，事则多出揣度”，“《春秋》制度大纲，《左传》较可据，《公》《穀》较难凭”。(《朱子语类》卷八十三)朱熹此论，基本上是从理学的立场来权衡《春秋》三传的。陆九渊也认为：“圣人贵中国，贱夷狄，非私中国也。中国得天地中和之气，固礼义之所在。贵中国者，非贵中国也，贵礼义也……圣人悉书不置，其所以望中国者，切矣。”(《陆象山全集》卷二十三《大学春秋讲义》)可见，在论《春秋》重义理上，朱、陆二家存在共识。

郑玉对历代诸家“春秋学”的评论颇为公允，《四库全书总目》称其“主于明经以立教，端学之著书，主于诋传以邀名，用心之公私，迥不同哉”。郑玉指出了诸家的不足，并提出了自己的解决办法：“为今之计，宜博采诸儒之论，发明圣人之旨。经有残缺则考诸传以补其遗，传有舛讹则稽诸经以证其谬。”(《师山集》卷三《春秋经传阙疑序》)这种经、传互参以治《春秋》的方法，目的在于“使经之大旨粲然复明于世，昭百王之大法，开万世之太平，然后足以尽斯经之用”(《师山集》卷三《春秋经传阙疑序》)。这是禀义理以致用，不同于纯粹的章句之儒。郑玉《春秋经传阙疑》一书的编撰宗旨正体现了上述方法：“因朱子《通鉴纲目》之例，以经为纲，大字揭之于上，复以传为目，而小字疏之于下。叙事则专于《左氏》而附以《公》《穀》，合于经者则取之；立论则先于《公》《穀》而参以历代诸儒之说，合于理者则取之。其或经有脱误无从质证，则宁阙之以俟知者而不敢强为训解。”(《师山集》卷三《春秋经传阙疑序》)

郑玉既有治史的征信求真的实证精神，又有治经的探赜索隐的哲学思维。郑玉立论，往往以史为据，不发空论，如针对《左传》中“夏，五月，郑伯克段于鄢”一事，郑玉引程颐的话：“郑伯失为君之道，无兄弟之义。”又引胡安定的话：“郑伯，兄也，不能教弟以养成其恶，是兄不兄、弟不弟，故圣人书以交讥之。”之后发表自己的观点：

姜氏欲之，焉避害之言，庄公固不能胜其母也。然不能胜母者，情也；制之以礼者，义也。圣贤于此，安肯舍礼法、纵情欲而陷其亲于不义乎？亦必有道也。孟子曰：“仁人之于弟也，不藏怒焉，不宿怨焉，亲爱之而已矣。”使郑伯之于段如舜之于象，封之有庳，使吏治之而段不得有为，则段长有京城而郑无患矣。岂有置姜氏于城颍之祸哉？此所谓从父之令为非孝也。（《春秋阙疑》卷一《夏五月郑伯克段于鄢》）

由此可见，郑玉解《春秋》有如下特征：一为以经为重，经传并用，兼采诸儒之说；二为宗朱熹而不拘执，自成一家之言；三为以经籍明理，以致用求治。

郑玉将“春秋学”之旨落实到史论上，其论史不事空言，而是就事发挥，阐发他的伦理纲常思想。他认为，只要有德且能救民于水火，就不必“拘于父子名分之间”。父传位于宗子，这是中国封建时代王位承袭的基本模式，似乎也成了天经地义的事情，但是，唐太宗李世民的情况则有些例外。不少人指责唐太宗的夺位之举有失父子名分、兄弟伦常，对此，郑玉颇不以为然，他认为唐太宗据有天下，一因其有德，二因其“应天顺人，救民于水火之中矣”，三因史有前例，即“尧以天下与舜，未闻舜以瞽瞍为辞”。郑玉的观点十分明确，认为“拘拘于父子名分之间，孜孜于详度论议之细，不量其父之才，必欲强以天下之重言之而不从”（《师山集》卷二《唐太宗论》），是不能救民于水火之中的。郑玉这种不计名分、唯民是重的观点在当时是颇有见地的，在理学执纲常以为死理的形势下，郑玉的这种异论，不仅体现了他的理论勇气，也体现了他的权变思想，同时，这还是对于孟子民本思想的发扬。后来，黄宗羲将这种民本思想进一步阐释为“天下之治乱，不在一姓之兴亡，而在万民之忧乐”（《明夷待访录·原臣》），但不可否认，从孟子朴素的民本思想到黄宗羲具有近代特色的民主思想，郑玉的民本思想实为这一发展链条上不可或缺的一环。郑玉在《颂叶县丞平金课时估诗序》中说：“古之善为国者，必先富民。民者，国之本也。国用乏而裒民财以足之，犹割四肢之肉充口腹之食，其能久乎？”这是对孔子“庶之”“富之”“教之”的治民之论的进一步发展。

君臣之义也是郑玉论史时所关注的，他说：“人君者，天下之义主也。义之所在，天下共为之主矣。苟义去之，匹夫而已，岂得为天下之主乎？”（《师山集》卷二《张华论》）郑玉以义为体、君为用，黄宗羲“天下为主君为客”之论，正是从郑玉这种观点中生发出来的。郑玉借助史实来阐明自己的观点，认为君主若“昏愚纵情，暴虐肆行，祸乱毒害生灵，倾危宗社”，人臣“则权之以义”（《师山集》卷二《张华论》）。郑玉史论中君臣关系、君民关系等方面的观点，上承孔孟的民本思想，下开明末清初黄宗羲等人的启蒙思想。

朱熹和陆九渊学术思想分歧由来已久。南宋著名学者吕祖谦为了调和朱、陆之间的思想分歧，遂邀请朱熹、陆九渊及其兄九龄（复斋）会于江西铅山鹅湖寺，这就是著名的“鹅湖之会”。这次相会，朱、陆围绕着治学方法等问题展开了激烈的辩论，使两派日益对立，“宗朱者诋陆为狂禅，宗陆者以朱为俗学，两家之学，各成门户，几如冰炭”（《宋元学案·象山学案》）。“鹅湖之会”既标志着朱熹理学和陆九渊心学的确立，同时也为“和会朱陆”拉开了帷幕。吴澄、郑玉等就是元代“和会朱陆”的代表人物。

吴澄（1249—1333），字幼清，号草庐，抚州崇仁（今属江西）人。吴澄直承宋代理学端绪，因此比起同时代的许衡，他是“正学真传，深造自得”。吴澄家世代业儒，他十五岁时始读《大学章句》，十六岁在场屋中结识了饶鲁（朱熹门人的高弟）的学生程若庸并拜其为师，遂为饶鲁的再传弟子。其后，他又师事程绍开，程绍开为陆学后人，以“和会朱陆”为治学宗旨。由于吴澄在“和会朱陆”中“右陆”，故被许多朱学学者认作“由朱入陆”的人物。

吴澄认为，世人仅把朱学作为谋仕途的敲门砖，致使朱学日益僵化，遂对朱学感到失望，转而投向陆学阵营。吴澄将陆学的“本心论”视为自孔孟至宋代周、程、张、邵一脉相承的“圣人之道”，说：“今人谈陆子之学，往往曰以本心为学，而问其所以，则莫能知陆子之所以为学者何如。是本心二字，徒习闻其名而未究竟其实也。夫陆子之学，非可以言传也，况可以名求哉！然此心也，人人所同有，反求诸身，即此而是。以心而学，非特陆子为然，尧、舜、禹、汤、文、武、周、孔、颜、曾、思、孟，以逮周、程、张、邵诸子，莫不皆然。故独指陆子之学为本心，学者非知圣人之道者也。”（《宋元学案 · 草庐学案》）吴澄认为陆九渊的“本心”同朱熹的“理”一样，都是继往圣之绝学的，但相较之下，他认为陆九渊的“尊德性”要比朱熹的“道问学”高明，“朱子于道问学之功居多，而陆子以尊德性为主。问学不本于德性，则其蔽必偏于语言训释之末，故学必以德性为本，庶几得之”（《宋元学案 · 草庐学案》）。至此，吴澄已完全站在陆学一边。

元至治年间，吴澄作《陆象山语录序》，犹云：“澄肃读之，先生之道如青天白日，先生之语如震雷惊霆，虽百数十年之后，有如亲见亲闻也。……能反之于身，则天之所以与我者，我固有之，不待外求也，扩而充之，不待增益也。先生之教人盖以是，岂不至简易、切实哉！不求诸我之身，而求诸人之言，此先生之所深悯也。今口谈先生、心慕先生者比比也，果有一人能知先生之学者乎？”（《陆九渊集》附录一）吴澄在这里简直把陆九渊奉若神明，甚至自许为唯一能理解陆九渊的人。正因如此，“议者遂以澄为陆氏之学，非许氏尊信朱子本意”（《元史 · 道学传》），以致他不得不辞去国子监丞一职。

由此可见，吴澄在“和会朱陆”的问题上偏于陆，没能客观公正地解决朱陆分歧，其“和会朱陆”的观点有一定的局限性。不同于吴澄，郑玉“和会朱陆”的思想影响深远，不仅在当时被一些人认为是深得朱、陆之学旨，而且也为明末的黄宗羲、全祖望等人认可。

在“和会朱陆”的问题上，郑玉首先肯定了朱熹和陆九渊在学术史上的地位，给予二人极高的评价，认为二先生同植纲常，同扶名教，都继承了孔孟的圣人之道，主张存天理灭人欲，并无本质上的不同。

其次，郑玉认为二人只是在治学的方法上存在差异。“陆子之质高明，故好简易；朱子之质笃实，故好邃密”，二者治学是各因其“质之所近”（《宋元学案·师山学案》），故而所入之途不同。陆九渊聪明敏锐，能举一知十，故能轻轻松松地学到知识，所以不必为读书所累；而朱熹则质朴踏实，所以做学问认真细致，务求尽善尽美。朱、陆二人的治学方法不同，故其学也各有长短：“朱子之说教人为学之常也，陆子之说才高独得之妙也。二家之说又各不能无弊，陆氏之学，其流弊也，如释子之谈空说妙，至于卤莽灭裂而不能尽夫致知之功；朱氏之学，其流弊也，如俗儒之寻行数墨，至于颓惰委靡而无以收其力行之效。然岂二先生垂教之罪哉？盖学者之流弊尔。”（《宋元学案·师山学案》）郑玉将朱、陆之学的缺点、弊病分析得清楚明白：朱学笃实有余却易流于支离泛滥，不能收“力行之效”，陆学高明简易却易沦为“谈空说妙”，无法尽“致知之功”。然而，许多后学并不能正视这些弊端，更不能革除这些弊端，而是一味地照搬照抄，以至于朱学走向“支离”，陆学几近“狂禅”。陆氏后学更把陆氏的“发明本心”发展为“明悟为主”“不起意为宗”（《宋元学案·慈湖学案》），以至于“不读书，不穷理，专做打坐工夫”。在郑玉看来，“陆子静高明不及明道，缜密不及晦庵，然其简易光明之说，亦未始为无见之言也，故其徒传之久远。施于政事，卓然可观而无颓堕不振之习。但其教尽是略下工夫，而无先后之序，而其所见又不免有知者过之之失，故以之自修虽有余，而学之者有弊。学者自当学朱子之学，然亦不必谤象山也”（《宋元学案·师山学案》）。陆九渊之学虽有不足之处，却不失为一种修身养性的好方法，若将之与朱学的笃实缜密相结合，就是理想的治学之道，既避免了“支离”，又避免了“谈空说妙”。可见，只有打破门户之见，融会两家之长，理学才能得到长足发展——这也是郑玉“和会朱陆”的目的。

综上所述，郑玉“和会朱陆”的思想虽然还不够系统、全面，但比起同时代的吴澄及其他理学家来说，则更显客观公正，因而影响较大。在郑玉之后，休宁学者赵汸进一步提出了朱、陆“合并于暮岁”的观点，认为朱、陆的差异乃是“入德之门”的差异，及至晚年，朱、陆各自反省，均觉察到了自己的弊病——朱熹认为，不仅要重视“道问学”，而且也要重视“尊德性”，二者不能偏执于一端，而要相辅相成；陆九渊也对自己过去的“粗心浮气”进行了反省。此外，明代徽州著名学者程敏政也受郑玉、赵汸等人的影响而提出了朱、陆“早异晚同”的见解，王阳明更是受上述徽州学者的影响而著有《朱子晚年定论》。

（原载安徽大学出版社2015年出版的《江淮思想家研究》，收入本书时有改动）

论《四书辑释》对朱子学的诠释与传承

倪士毅编著的《四书辑释》是元代理学研究的重要成果，其主旨是通过对朱熹《四书章句集注》的辑释，阐明朱子学的本旨，纠正违背朱熹本意的异论，从而维护朱子学的纯洁性。倪士毅在该书中坚持朱熹的解说并有所发挥，表现出对朱子学继承与发展的统一、守正与出新的统一。

《四书辑释》一书是由元代理学家倪士毅编著的，主要包含两部分内容：一部分纠正诸儒异论，一部分阐明朱子学本旨。这是一部反映元代理学家学术风格与理学思想的重要著作，是理学发展到元代的重要成果，对后世影响较大。明代永乐年间，胡广等人奉命纂修《四书大全》，“其书因元倪士毅《四书辑释》稍加点窜”（《四库全书总目·四书大全提要》），引用倪士毅《四书辑释》之处颇多。顾炎武在论《四书大全》时称：“永乐中所纂《四书大全》特小有增删，其详其简，或多不如倪氏。”（《日知录集释》卷十八《四书五经大全》）由此可以看出，《四书大全》的编纂是以倪士毅的《四书辑释》为蓝本的。

倪士毅（1303—1348），字仲弘，徽州休宁（今安徽黄山休宁）人。曾师从乡儒朱敬舆和新安理学名儒陈栎，一生不仕，在黟县教书二十三年，“非仁义道德之说尝论定于郡先师朱子者，不以教人”（《新安学系录》），阐明朱子学本旨，纠正异说，致力于维护朱子学的纯洁性，传承朱子之学。《宋元学案》将倪士毅归入《沧洲诸儒学案·定宇门人》，并谓倪士毅与赵汸、汪克宽为“新安三有道”。

南宋以降，程朱理学上升为统治阶级的意识形态，特别是在元代，朱熹的著作被定为科举考试的钦定教材，元仁宗在位时曾说：“朕所愿者，安百姓以图至治，然匪用儒士，何以致此。设科取士，庶几得真儒之用，而治道可兴也。”（《元史·仁宗本纪》）诏行科举法，规定“设科取士，非朱子之说者不用”，朱熹的著作成为法定教科书，至此，理学的官学地位已完全确立。于是，一些陋儒便将朱子学视为获取功名的敲门砖，使得朱子学“晦而不彰”，逐渐失去了其初创时期的生机活力。同时，朱子学亦面临种种挑战：学派迭起，门户纷争，陆学、事功学派乃至佛老之学亦不停地向朱学阵营渗透，剥离、分化着一些立场不坚定的朱门学者。在朱学阵营的内部，也出现了分歧，诸儒阐释朱子学时各持一端：一部分人侧重于传播朱熹的义理之学，但所传又多异于朱熹；一部分人侧重于朱熹“道问学”的治学方法，结果又流为训诂；还有一部分人致力于朱子经学，但其“解说经义，或引诸家以翼朱子，或舍朱子而取诸家，亦不坚持门户之见”（《四库全书总目·黄氏日抄提要》）；还有的摇摆于朱陆之间，终不知其所归。

这一时期的理学境况正如元代学者揭傒斯所说：“圣人之学，至新安朱子广大悉备。朱子既殁，天下学士群起著书，一得一失，各立门户，争奇取异，附会缴绕，使朱子之说翳然以昏。”（《新安学系录》）明代学者程敏政亦说：“自徽国文公（朱熹）得河南两夫子之传，斯道复明于天下。及门之士厌饫其说，盖充然各有得焉，顾未一再传能不失真者，则已寡矣！”（《定宇集》卷十七《定宇先生祠堂记》）可见，“争奇取异，附会缴绕”之说和“失真”的朱子学淆乱了朱学之本旨，这就使排斥“异论”、阐明朱子学本旨成为当时理学家们的当务之急。正统的理学家们将纠正诸儒异说、弘扬朱学本旨、维护朱子学的纯洁性作为自己的治学重心，围绕着这一目标，元代正统理学家纷纷著书立说，“凡衅朱氏者，辄刊而去之；其微词隐义则引而伸之；其所未备者，复为说以补其阙。于是朱子之学大明于世”（康熙《徽州府志》卷十二《人物》）。倪士毅的《四书辑释》就是在这种背景下问世的。

倪士毅是如何诠释和传承朱子思想的呢？让我们首先来看看他对《中庸章句》的诠释。

朱熹在《四书章句集注·中庸章句》中，如此解释“中庸”：

> 中者，不偏不倚、无过不及之名。庸，平常也。子程子曰：“不偏之谓中，不易之谓庸。中者，天下之正道，庸者，天下之定理。”此篇乃孔门传授心法，子思恐其久而差也，故笔之于书，以授孟子。其书始言一理，中散为万事，末复合为一理，“放之则弥六合，卷之则退藏于密”，其味无穷，皆实学也。善读者玩索而有得焉，则终身用之，有不能尽者矣。

倪士毅对朱熹的这段注释又添加了更为详细的注释：

> 不偏不倚未发之中，以心论者也，中之体也，无过不及，时中之中。以事论者也，中之用也，语录名篇本取时中之中，然所以能时中者，盖有未发之中在，所以先说未发之中，然后说君子之时中。通曰，朱子于语孟释中字，但曰无过不及，盖以用言。中庸有所谓未发之中与时中，故添不偏不倚四字，兼体用言以释名篇之意。语录庸是依本分不为怪异之事，尧舜孔子只是庸夷，其所为都不是庸了。陈氏曰，非中外别有所谓庸，只此中底，即日用常行而不可易者。（《四书辑释·中庸章句》）

在这里，我们可以看出倪士毅赞同朱熹对“中”的解释。至于“庸”字，“二程”本来解释为“不易之谓庸”“庸者，天下之定理”，但朱子却解释为“庸，平常也”。倪士毅坚持了朱熹的解说，强调“庸”的“平常”含义，即认为平常的东西才能在实践中长久存在，诡异离奇的东西则无法长存，强调道理不能离开人伦日用，也隐含了对佛教离开人伦日用去追求高明境界的批评，认为《中庸》是“实学”，强调“中庸”的道理不脱万事万物。

对于“天命之谓性，率性之谓道，修道之谓教”，朱熹的理解是：

命，犹令也。性，即理也。天以阴阳五行化生万物，气以成形，而理亦赋焉，犹命令也。于是人物之生，因各得其所赋之理，以为健顺五常之德，所谓性也。率，循也。道，犹路也。人物各循其性之自然，则其日用事物之间，莫不各有当行之路，是则所谓道也。修，品节之也。性道虽同，而气禀或异，故不能无过不及之差，圣人因人物之所当行者而品节之，以为法于天下，则谓之教，若礼、乐、刑、政之属是也。盖人之所以为人，道之所以为道，圣人之所以为教，原其所自，无一不本于天而备于我。学者知之，则其于学知所用力而自不能已矣。故子思于此首发明之，读者所宜深体而默识也。（《四书章句集注·中庸章句》）

倪士毅在注释中写道：

"命犹令也"，陈氏曰，如分付命令他一般。"性即理也"，陈氏曰，性即理也，何以不谓之理而谓之性，盖理是天地间人物公共之理，性是在我之理。（《四书辑释·中庸章句》）

这是把古代思想中的"天命"说诠释为自然主义的造化过程。造化赋予万物"气"和"理"，这种赋予好像来自天的命令，但其实是造化的自然过程。倪士毅在注释中还写道："有天命便有气质，不能相离，若阙一便生物不得……如太极不离乎阴阳，而亦不离乎阴阳也。"（《四书辑释·中庸章句》）

倪士毅在注释中还引用了伊川、真氏、李氏、胡氏等理学家的注释来阐述此段，认为"天命"须有此"气"，方能承得此"理"，若无此"气"，则此"理"亦无法顿放。天之造化以阴阳五行为材料而生成万物，在这一生成过程中，阴阳五行之气聚合，生成万物的形体，与此同时，天把"理"也赋予了事物并使之成为事物的本性。这就是所谓"天命之谓性"，而"性即理也"。倪士毅在这里结合了"性即理"的思想，阐明了"性"非空虚之性，而是与"理"同一的。倪士毅将"天命"与"性"的关系纳入一个宏大的宇宙论哲学，即从天理到阴阳五行，再到万物化生，定义世界万物均是"气以成形、理以成性"，使"天命之谓性"的命题获得了系统的、哲学化的论证。于是，无论是"礼乐刑政"的外在人文和"仁心德性"的内在人文，均既源于宇宙的终极实体，又体现了自我的个体存在，“无一不本于天而备于我”，从而他不仅在学理上验证了人文法则与终极实体间的内在联系，也为个体的人文信仰奠定了理性基础。人与物都禀受了天赋之“理”，“理”在天是阴阳五行之理，所以在被赋予到人、物之身后，便成为健顺五常之性。人与物循着其本性去做事，即为“道”，“道”就是行为的当然之则。人之“性”虽有相同之处，但“气禀”则各自有别，不同的人对阴阳五行之气的禀受有过有不及，亦有清浊厚薄，因而人之本性的表现也会受到“气”的影响、遮蔽。如果性的表现受到蒙蔽，那么“率性”之“道”也会有所改变，此时，人们就需要修身养性。圣人根据人本身所具有的“性”，制定各种制度、规范，以使人的行为无过无不及，都能够达到“中”，此之谓“教”。性、道、教都是“本于天而备于人”的，所以《中庸》注重“修身、反身、诚身”，即以“诚”为标准和原则反求诸己，自我批评。

朱熹在对《中庸》的诠释中始终贯穿着“人性论”，认为人与物有相同的“性”，只因禀受的“气”不同而彼此有别；人的“性”是相同的，都是“理”，都是善的，而人的“气”则各有差异；“气”的作用不可小觑，它能遮蔽本性；圣人的“气禀”纯粹而清，故而本性不受其遮蔽，可以完全显现出来，贤人以下的人，气质不是十足的纯正，故而本性的作用只能部分显现，因此一般人要学习圣人，必须从本性中一些“善”的萌芽入手，加以推拓，将其发挥到极致，使“性”之全体充分显现；一个人内心若“诚”，其形体上自然也会有所表现，而且他还能以此感化其他人。在这一点上，倪士毅也认为，心具有虚灵的知觉能力，但是人会有不同的意识和知觉，这是因为“人心”根源于形气之私、“道心”根源于性命之正，也就是说，“人心”根源于人所禀受的气所形成的形体，“道心”生发自人所禀受的理所形成的本性。“人心惟危”，意谓人心若不正，则人欲萌动，危而不安；“道心惟微”，则说人也有道心，但体现天理的道心微妙而难见。人人都有形体、本性，所以人人都有道心、人心。朱子所说的“道心”就是道德意识，“人心”则指生命欲望，这其实是从人体的“性”“气”二元分析引申出“道心”“人心”二元分析。如果人的心中

"道心"和"人心"相混杂，那么人欲之私就会压倒天理之公，"人心"就变得危而又危，"道心"也愈发隐没难见。所以，正确的做法是精细地辨察心中的"道心"和"人心"，"必使道心常为一身之主，而人心每听命焉"（《四书章句集注·中庸章句序》），即让"道心"成为主宰，让"人心"服从于"道心"的统领，进而使人的行为无过无不及、达到"中"。朱熹认为，《中庸》的中心思想与他所阐发的"道心人心"说是一致的，《中庸》里的"天命率性"就是"道心"，"择善固执"就是"精一"，"君子时中"就是"执中"。而孟子的思想则继承和发扬了《中庸》的思想，继承了先圣以来相沿不坠的"道统"。在孟子之后，"道统"中断了，道学未能再传承下去。朱熹甚至认为，"二程"之所以得孟子之后的"不传之学"，主要是由于他们对《中庸》做了细致的考究。

纵观《四书辑释》，可见倪士毅对《中庸章句》的理解是以"性""气"二元论为出发点，以"道心""人心"来对应"性命""形气"，同时又强调"性即理"，强调人之性受之于天之理、天之理备具于人之性，强调人性即"天命之性"。在这里，"天命之性"虽是起点，但最后须落实在"修道之教"的工夫上，而修道工夫则需"诚""明"两进，不可偏废。在《中庸章句》中，理学的理气论、天理论、心性论、工夫论都得到了全面的贯彻，展示了新儒学的理论建构，对理学思想的发展亦起了关键性的作用。

倪士毅在《四书辑释》中是如何将《四书》所倡导的"仁义礼智"道德准则，与主宰万物的"天"关联起来的呢？他在《四书辑释》中，对朱熹的"礼者，天理之节文，人事之仪则"是这样解释的：

> 天下有当然之理，但此理无形影，故作此礼文画出一个天理，与人看使有规矩可以凭据，故谓之天理之节文。黄氏曰，如天子之服十二章，上公九章，各有等数，此是节；若山龙华虫之类为节，此是文；如冠如婚，此是人事……陈氏曰，天理只是人事中之理，而具于心者也，天理在中而著于事，人事在外而根于中，天理其体而人事其用也。节文仪则四字相对说，节则无太过，文则无不及……胡氏曰，天理其体，故先节而后文，人事其用，故先仪而后则。（《四书辑释·论语卷一》）

他将孔孟倡导的仁义道德、社会礼仪以一个“理”字来概括。

倪士毅在《四书辑释》中也多次论证了这种“一本”与“万殊”之间的关系，譬如朱熹在解《论语·里仁》中的“吾道一以贯之”时说：

> 夫子之一理浑然而泛应曲当，譬则天地之至诚无息，而万物各得其所也。自此之外，固无余法，而亦无待于推矣。曾子有见于此而难言之，故借学者尽己、推己之目以著明之，欲人之易晓也。盖至诚无息者，道之体也，万殊之所以一本也；万物各得其所者，道之用也，一本之所以万殊也。(《四书章句集注》)

倪士毅在对此段的注释中称：“千万个理只是一个，如事君忠是此理，事亲孝、交友信也是此理，以至精粗大小之事皆此一理贯通之。”(《四书辑释·论语卷四》)从中可以看出，倪士毅是要借“理一分殊”的道理，说明孔子“吾道一以贯之”的原因。这种解释正是朱熹宇宙论哲学的重要思想，所以倪士毅本着朱子之学的本旨，在其他多种注释中均详细地阐发了这一思想，以在理论体系上解决“一本”与“万殊”之间的辩证关系。

朱熹将《四书》中的“天”“天命”也同样诠释为“理”“天理”，把神秘的“天”“天命”转化为更具理论色彩的哲学范畴。倪士毅对此也做了进一步的说明，以此来维护朱子学的纯洁性和正统地位。在《孟子·梁惠王章句下》中有一段话：“以大事小者，乐天者也；以小事大者，畏天者也。乐天者保天下，畏天者保其国。”孟子在这里所言的“天”，是对宇宙中最高主宰者的称谓，象征着那个神圣而又超越的终极实在。而朱熹则将“天”诠释为“理”，他说：“天者，理而已矣。大之字小，小之事大，皆理之当然也。自然合理，故曰乐天。不敢违理，故曰畏天。包含遍覆，无不周遍，保天下之气象也。制节谨度，不敢纵逸，保一国之规模也。”(《四书章句集注·孟子集注卷二》)倪士毅将朱熹的“理”，理解为人文世界之中的“所当然之则”、自然世界中的必然法则。尽管“理”仍有一种主宰力量，但它主要是一个体现宇宙中普遍法则的哲学概念，是构筑哲学思想体系的核心范畴。

在儒家传统观念中，“天命”代表着宇宙终极实体的概念，是宇宙万物本源。而天地之间的万物各有其性，人类也不例外，每个人的品性都是千差万别的，故而性有“万殊”。倪士毅以“形而上”与“形而下”、本性的同一与气禀的差异来说明这种“一本”与“万殊”间的关系。朱熹在《四书章句集注·孟子集注卷十一》中说：“性者，人之所得于天之理也；生者，人之所得于天之气也。性，形而上者也；气，形而下者也。人物之生，莫不有是性，亦莫不有是气。”倪士毅对此做了这样的诠释：“《易大传》曰形而上者谓之道，形而下者谓之器。……有形以上便是无形之理，性即理也；有形以下便是有形之器，气有形者也。”（《四书辑释·孟子卷一一》）他以形而上之“性”与形而下之“气”来说明“一本”的同一与“万殊”的差异及其来源，认为形而上之“性”即是“天理”，它是同一的，而天地之间、人与物之间、人与人之间的差异在于“气禀”。从生命体验的角度而言，朱熹主张“心具众理”，也就是说，心不是虚的，而是“心者，人之神明，所以具众理而应万事者也”（《四书章句集注·孟子集注卷十三》），倪士毅对此的理解是“心者，神明之舍。具众理，心之体也；应万事，心之用也”（《四书辑释·孟子卷一三》），主张“心为主宰”，即“心”不但是个体身心实践的主体，而且也是天下万事万物的主宰，这相当于肯定了“天理”先天地而存在于人的心中。

综上所述，倪士毅的《四书辑释》继承了正统理学家一贯的学术传统，秉承着朱熹的哲学思想，并汇集了各家之言，来全面地诠释朱熹的注释，纠正诸儒异说，阐明朱子学的本旨，维护朱子学的纯洁性。同时，倪士毅对朱熹《四书章句集注》的诠释，不仅以朱熹的解说为宗，而且有所发挥，表现出对朱子学继承与发展的统一、守正与出新的统一。

（原载《廊坊师范学院学报》2018 年第 3 期，收入本书时有改动）

程敏政、程瞳关于"朱、陆异同"的对立及其影响

学术界一般认为，在"朱、陆异同"的争辩中，王阳明的《朱子晚年定论》是"和会朱、陆"的"定论"；陈建的《学蔀通辨》则是朱、陆学术相异的"定论"。其实，在王阳明和陈建之前，新安理学家程敏政、程曈业已形成了上述两种观点，并且直接影响了王阳明、陈建等人。程敏政的朱、陆"早异晚同"说比较理智，体现出较多的理性因素，而程曈的朱、陆"早异晚异"说则渗入了较多的情感因素。

"朱、陆异同"的争论是宋、明学术史上的重要内容。"鹅湖之会"明确了朱熹与陆九渊的分歧，并开启了"和会朱、陆"的先河。黄宗羲云："二先生同植纲常，同扶名教，同宗孔孟。即使意见终于不合，亦不过仁者见仁，智者见智，所谓'学焉而得其性之所近'，原无有背于圣人，矧夫晚年又志同道合乎！"（《宋元学案》卷五十八《象山学案》）正是朱、陆"同植纲常，同

扶名教，同宗孔孟”的共同点，为“和会朱、陆”奠定了基础，因而“和会朱、陆”成为宋明理学发展史上的必然。

在“和会朱、陆”的历程中，新安理学家们做出了重要的理论贡献。在王阳明和陈建之前，程敏政即提出朱、陆“早异晚同”说，影响了王阳明及其后学；程曈则认为朱、陆之学“早异晚异”，反驳了程敏政的“早异晚同”说，并影响了陈建等人。

程敏政的朱、陆“早异晚同”说，是在吸收前人观点的基础上形成的。对程敏政影响较大的，一是郑玉的“朱、陆之学各有优劣，应取长补短”的观点，一是赵汸的朱、陆思想“合并于暮岁”的观点。

郑玉（1298—1358），字子美，徽州歙县（今黄山市歙县）人。青少年时代在家乡从先生攻读儒家经典，稍长后随父至淳安，师事陆学名儒吴暾。同时，他还与夏溥、洪震老等陆学学者极为投契。可见，郑玉实为陆学弟子。

郑玉虽为陆学传人，但他对朱学也有较深造诣，因而对朱、陆之学的共性与各自的利弊分析得比较透彻。郑玉认为朱、陆之学在本质上是相同的：“及其至也，三纲五常、仁义道德，岂有不同者哉？况同是尧舜，同非桀纣，同尊周孔，同排佛老，同以天理为公，同以人欲为私，大本达道，无有不同者乎！”（《师山集》卷三《送葛子熙之武昌学录序》）他还认为朱、陆之学各有利弊：“朱子之说，教人为学之常也；陆子之说，高才独得之妙也。二家之学，亦各不能无弊焉。陆氏之学，其流弊也，如释子之谈空说妙，至于卤莽灭裂而不能尽夫致知之功；朱氏之学，其流弊也，如俗儒之寻行数墨，至于颓惰委靡而无以收其力行之效。”（《师山集》卷三《送葛子熙之武昌学录序》）即是说朱子的“道问学”是为学之常规，但其弊端在于支离与迂腐，以至于“颓惰委靡”而无“力行之效”；而陆子的“尊德性”确有独到高明之处，但易流于空谈，脱离实际，而无“致知之功”。

郑玉“和会朱、陆”的思想在理学史上是有一定地位的。全祖望在《宋元儒学案序录》中说：“继草庐（吴澄）而和会朱、陆之学者，郑师山也。草庐多右陆，而师山则右朱，斯其所以不同。”（《宋元学案》卷首）全祖望之意有二，一是说在吴澄之后，和会朱、陆且影响较大的是郑玉；二是说郑玉虽本于陆学，但更侧重朱子学。郑玉之所以侧重朱子学，主要是因为他将朱熹奉为儒学之“集大成”者，功同孔、孟：“至吾新安朱夫子集诸儒之大成，论道理则必著之文章，作文章则必本于道理。”（《师山集》卷首《余力稿序》）“至吾新安朱子，尽取群贤之书，析其异同，归之至当，言无不契，道无不合，号集大成，功与孔、孟同科矣。”（《师山遗文》卷三《与汪真卿书》）虽然郑玉“右朱”，但他对学者们的门户之见深为不满：“后之学者不求其所以同，惟求其所以异……此岂善学圣贤者哉！”（《师山集》卷三《送葛子熙之武昌学录序》）“是学者自当学朱子之学，然亦不必谤象山也。”（《师山遗文》卷三《与汪真卿书》）意谓学者不应存门户之见，不同学派之间应和睦相处、取长补短。

赵汸（1319—1369），字子常，徽州休宁（今安徽黄山休宁）人。《明史》称其“初就外傅，读朱子《四书》，多所疑难，乃尽取朱子书读之。闻九江黄泽有学行，往从之游。……后复从临川虞集游，获闻吴澄之学”。吴澄为朱熹的四传门人，赵汸又从吴澄问学，可见赵汸为朱学传人。

赵汸“和会朱、陆”的思想，集中反映在《对问江右六君子策》中。赵汸认为，朱、陆二人虽为儒者，但他们在学术上确实存在差异，这种差异是由他们学术传承上的差异造成的。朱熹之学出于周敦颐、“二程”，而周敦颐之学出于颜回；陆九渊之学则有得于孟子立心之要。颜回与孟子的学术差异，造就了朱熹与陆九渊的学术差异，也即“尊德性”与“道问学”的差异。赵汸认为，朱、陆二人的这种差异是“入德之门”的差异，到了晚年，二人各自反省自己，均觉察到自己学术之弊。朱熹认为，自子思以来，教人之法以“尊德性、道问学”为用力之要，陆九渊强调“尊德性”而自己强调“道问学”，各自都有偏颇，应当反身用力。陆九渊也对自己过去治学的“粗心浮气”表示反省。赵汸据此认为：“夫以二先生之言至于如是，岂鹅湖之论至是而各有合邪？使其合并于暮岁，则其微言精义必有契焉。”（《东山存稿》卷二《对问江右六君子策》）赵汸的朱、陆“合并于暮岁”之说，是“和会朱、陆”学说发展中新的切入点，亦为程敏政的朱、陆“早异晚同”说奠定了理论基础。

在郑玉、赵汸之后，明代著名的新安理学家程敏政提出了朱、陆“早异晚同”之说，对“和会朱、陆”做了比较全面而系统的论述，并对后继的“和会朱、陆”者产生了深远影响。

程敏政（1445—1499），字克勤，号篁墩，明代徽州休宁（今安徽黄山休宁）人，其“和会朱、陆”的思想比较集中地体现在他的《道一编》中。《道一编》收辑了朱、陆二人的言论和往来书信。《四库全书总目·道一编六卷》中说，《道一编》“不著撰人名氏，编朱、陆二家往还之书，而各为之论断，见其始异而终同。考陈建《学蔀通辨》曰‘程篁墩著《道一编》，分朱、陆同异为三节，始焉如冰炭之相反，中焉则疑信之相半，终焉若辅车之相依。朱、陆早异晚同之说，于是乎成矣。王阳明因之，遂有《朱子晚年定论》之录，与《道一编》辅车之说，正相唱和’云云，然则此书乃程敏政作也”。道光年间《徽州府志》亦云：“程太史敏政著《道一编》，以朱、陆之学始异而终同。”

《道一编》卷一、卷二摘编了朱、陆“始焉如冰炭之相反”的有关书信和言论。卷一摘编了朱、陆“鹅湖之会”上的三首诗，程敏政在卷一开宗说：“此卷凡三诗，盖二先生论所学者，其不合与论无极同。”程敏政认为，“鹅湖之会”上，朱、陆“相与讲其所闻，皆不合”，朱、陆分歧是明显的：“盖二陆诗有支离之说，疑朱子为训诂；朱子诗有无言之说，疑二陆为禅会。两家门人遂以成隙，至造言以相訾，分朋以求胜；而宗考亭者尤不能平，恚其以支离见斥也。”（《道一编》卷一）《道一编》卷二收录朱子之说十六条、陆子之说二十条，可体现出二先生的学术观点“始焉如冰炭之相反”。

《道一编》卷三摘录了朱子之说十六条、陆子之说十四条，旨在说明朱、陆“中焉则疑信之相半”。但实际上，其摘录的朱、陆言论，还是“如冰炭之相反”。

《道一编》卷四收录了朱子之说十五条、陆子之说十条，旨在说明朱、陆晚岁观点“若辅车之相依”。从该卷收录的朱子言论来看，可知朱熹晚年接受了陆九渊的“尊德性”思想。如《道一编》卷四《朱子答项平父书》一信云：

“大抵子思以来，教人之法惟以尊德性、道问学两事为用力之要，今子静所说，专是尊德性事，而熹平日所论，却是道问学上多了。……熹自觉虽于义理上不敢乱说，却于紧要为己为人上多不得力。今当反身用力，去短集长，庶几不堕一边耳。”程敏政在这段话后加按语云：“此书，则知朱子所以集诸儒之大成者如此，世之褊心自用、务强辩以下人者，于是可以惕然而惧，幡然而省矣。然陆子亦有书论为学有讲明，有践履。全与朱子合。”（《道一编》卷四）朱熹认为，子思以来，教人之法是“尊德性”与“道问学”的结合，二者不可偏废。朱熹反省自己，认为自己在“道问学”上下了功夫，但在“尊德性”上不得力，应当两个方面都要重视，去其短而取其长。由此，程敏政认为朱熹学术胸怀宽广，能接受和容纳不同的观点，不愧为集诸儒之大成者。那么陆九渊是如何阐发“为学有讲明，有践履”的呢？

为了说明陆子“全与朱子合”，程敏政在该书的第四卷中收录了《陆子与赵咏道书》，其中说：“为学有讲明，有践履。《大学》致知、格物，《中庸》博学、审问，谨思、明辨，《孟子》始条理者智之事，此讲明也。《大学》修身，正心，《中庸》笃行之，《孟子》终条理者圣之事，此践履也。”陆九渊注意到过去自己只强调“尊德性”而忽视“道问学”，这也是不全面的。因为《大学》既讲致知格物，也讲修身正心；《中庸》既讲博学审问、谨思明辨，也讲笃行——对人的培养目标都是既智且圣，所以在教育方法上既要讲明义理、格物致知，又要践履道德、修身正心。这样，朱熹和陆九渊都反省了自己治学的短处，吸收了对方治学的长处，由早期的“异”转向了晚年的“同”。程敏政认为，由于朱子认识到了“尊德性”的重要性，故而对陆学的看法有了改变。对此，程敏政引录了《朱子答陈肤仲书》来说明：“陆学固有似禅处，然鄙意近觉婺州朋友专事闻见，而于自己身心全无工夫，所以每劝学者兼取其善，要得身心稍稍端静，方于义理知所决择。”在这段话后，程敏政加按语云：“朱子书在前两卷者曰‘子静全是禅学’，至此始谓陆学固有似禅处，且劝学者要得身心稍稍端静，方于义理知所决择。即是观之，则道问学固必以尊德性为本，而陆学之非禅也明矣。”（《道一编》卷四）

在《道一编》卷四《朱子与吕子约书》后，程敏政也加了按语。《朱子与吕子约书》云："孟子言学问之道，惟在求其放心，而程子亦言心要在腔子里，今一向耽着文字，令此心全体都奔在册子上，更不知有己，便是个无知觉不识痛痒之人。虽读得书，亦何益于吾事邪？"朱子在这里强调了"求其放心"的重要性，并反思自己过去只是埋头于书册，忽视了正心诚意，而若忽视修身正心，那么即使读书再多，也是个无知觉、不识痛痒之人。程敏政在《朱子与吕子约书》后加按语，云："此正陆子之学，平日谆复以教人者也。"并引录《陆子论学问求放心》中的言论："古人之求放心，不啻如饥之于食，渴之于饮，焦之待救，溺之待援……'学问之道无他，求其放心而已矣。'孟子斯言，谁为听之不藐者。"通过对朱、陆二人关于"放心"论述的比较，程敏政认为二先生的观点已趋于一致。

程敏政认为朱、陆之说早年相异晚年相同，但很多学者对此未能深究，而他辑录《道一编》的目的，就是证明朱、陆"早异晚同"。朱熹早年曾激烈地批评陆学，阐扬"道问学"，到了晚年，他"深悔痛艾于支离"，并"七见于书札之间"。程敏政所选朱熹的七封书信是：《朱子答陆子书》、《朱子答吕子约书》三封、《朱子答何叔京书》、《朱子答吴伯丰书》、《朱子与周叔谨书》。

在《朱子答陆子书》后，程敏政按云："朱子此书谓'迩来日用功夫颇觉有力，无复向来支离之病'，盖'支离'二字始见于此。……考《象山与子渊书》，有云'所谈益高，而无补于实行'者，正朱子之意。……以二书味之，朱子既自以支离为病，陆子亦复以过高为忧，则二先生胥会，必无异同可知。"（《道一编》卷四）程敏政认为，朱熹到晚年反思自己的"道问学"，认为陆九渊批评的"支离"的确是"病"；陆九渊也做了反省，认为自己的"尊德性"所谈甚高而无补于实行。两人都做了自我批评，同时肯定了对方的长处，故程敏政说"二先生胥会，必无异同可知"。

至此可见，程敏政"和会朱、陆"是有一定逻辑程序的，即是以朱熹为论述主体，将朱熹对陆学的认知作为一个过程逐步展开。朱熹从指斥陆学"全是禅学”到宽容陆学“固有似禅处”，然后从“求放心”到反思自己的治学方法有“支离之病”，最后肯定陆学。除此之外，程敏政还引录了陆九渊的相关言论，说明陆九渊也对自己过去轻视“道问学”，以及“粗心浮气，徒致参辰”“所谈甚高，而无补于实行”做了深刻反思。这使“和会朱、陆”的任务最终得以完成。

与程敏政的观点截然相反的是程瞳的观点。程瞳（1480—1560），字启暾，号练江，又号莪山，徽州休宁（今安徽黄山休宁）人。

在程敏政提出朱、陆“早异晚同”的观点后，程瞳即著《闲辟录》进行反驳。道光《徽州府志》云：“程太史敏政著《道一编》，以朱、陆之学始异而终同。瞳叹曰：‘今日以朱子为同，他日必有斥朱子为异者。’乃疏为之说，名曰《闲辟录》。”《紫阳书院志》卷九关于程瞳的条目有云：“程篁墩著《道一编》，谓朱陆早异晚同。先生深以为非，乃采朱子《年谱》、《文集》、《语类》有辨陆学者，考其岁月先后，以明《道一编》之颠倒，名其书曰《闲辟录》。”可见，程瞳与程敏政论辩，旨在捍卫朱子学的正统地位。

《闲辟录》共十卷。程瞳之子程缵洛在《闲辟录跋》中将该书编撰意图说得很清楚：“朱陆之学，始终不同，具见两家年谱及文集、语录。夫何草庐吴氏创为‘迁就调停’之说，篁墩程氏又继为‘始异终同’之书，由是遂成千古未了之公案、历世不决之疑狱，道无从授指南矣。我先君深为此惧，爰取朱陆之遗书，考其岁月之先后，明其旨趣之异同，旁搜博采，辑以成编。”[①]

在《闲辟录》中，程瞳按时间顺序编排朱熹论陆学的有关言论，“考其岁月之先后”，并认为程敏政的《道一编》在编排朱子言论时存在时间错乱之弊，或将其早年的言论定为晚年的，或将其晚年的言论定为早年的，所以程敏政关于朱、陆“始焉如冰炭之相反，中焉则疑信之相半，终焉若辅车之相依”之说不能成立。

在《闲辟录》卷一的开篇，程瞳录朱熹《答吕伯恭书》一封、《答吕子约

---

① 严佐之、戴扬本、刘永翔主编：《历代“朱陆异同”典籍萃编》第二册，上海古籍出版社2017年版，第16页。

书》两封。在这三封书信中，朱熹认为陆学“颇宗无垢”“脱略文字，直趋本根”“全是禅学，但变其名号耳”；同时，朱熹也强调“依本分持养”“内外两进”。由此，程曈认为朱子上述三书是“朱子未识陆氏时语也……曷尝他日待识静，而后始尊德性，如后世学者之论哉”。

在《闲辟录》卷四中，程曈录朱熹与陆九渊“南康之会”后朱熹答东莱书。程曈加按语云：“朱子未识子静时，答东莱子约书，谓其议论颇宗无垢，脱略文字直趋本根，全是禅学。及鹅湖既会之后，答南轩书，谓其尽废讲学，专务践履要人，提撕省察悟得本心，此为病之大者。自信太过，规模窄狭，不复取人之善，将流于异学而此。南康再会答东莱书，谓其旧日规模，终在不为禅学者，几希则子静之学与，夫讲论之异，同不言可喻矣。”

《闲辟录》的后几卷，辑录了朱、陆有关“天理人欲”之辨、“无极太极”之辨、“异学”之辨、“禅学”之辨等内容的语录与书信，表明朱、陆之说一直没有吻合过。程曈之所以反对朱、陆“晚同”说，是因为他认为陆学是“异端”，流于禅学、佛老，所以他必须对之进行摧陷廓清。

程曈的《闲辟录》产生了较大的影响，陈建就对程曈的《闲辟录》大加赞赏，喟然叹曰：“斯世也，而有斯人耶，斯世而有众醉独醒、无偏无党之士，如莪山者，何处得来耶？其主意正矣，用心勤矣，卫道严矣，有功朱子矣。”（《紫阳书院志》卷九）陈建在《学蔀通辨》中也采用了程曈的手法，对《道一编》《朱子晚年定论》所依据的相关资料逐条分析辨明，得出了朱、陆“早同晚异”的结论，批驳程敏政、王阳明等人颠倒早晚、欺蔽后学的做法，其目的与程曈一样，就是捍卫朱子学的正统地位。

综上所述，在“和会朱、陆”的问题上，程敏政与程曈的观点截然相反。程敏政的“早异晚同”说影响了王阳明以及后来的许多学者，如周汝登、孙奇逢、黄宗羲等人。王阳明的《朱子晚年定论》无疑受到了程敏政的影响，他说：“近年篁墩诸公尝有《道一》等编，见者先怀党同伐异之念，故卒不能有入，反激而怒。今但取朱子所自言者表章之，不加一辞，虽有褊心，将无所施其怒矣。”（《王阳明全集》卷四《与安之》）所以，陈建说王阳明的《朱子晚年定论》与《道一编》“正相唱和”。程曈的“早异晚异”说影响了陈建等人，陈建受《闲辟录》的启发，著《学蔀通辨》一书，提出了朱陆“早同晚异”说，并影响了罗钦顺、顾炎武等人。

当然，程敏政与程曈在“和会朱、陆”问题上的歧见自有其原因。程敏政虽然是徽州人，但一直在京城做官，学术嗅觉较为敏锐，学术视野比较开阔，所以作为朱学学者的他在看到陆学发展势头迅猛、大有统领全国学术潮流之势时，深为朱学的命运担忧，便提出朱、陆“早异晚同”的思想，以维护朱学的学术地位；同时，他还以折衷的方式来调和儒学内部的矛盾，以维持儒学的统一性。程曈的“早异晚异”说则是完全站在捍卫朱子儒学正统地位的立场上，来批驳陆学以及程敏政的“早异晚同”说，同时也夹杂着“吾新安朱夫子”这样的乡土观念。由此可知，程曈的朱、陆“早异晚异”说渗入了较多的情感因素，而程敏政的“早异晚同”说则比较理智，体现出较多的理性因素。

（原载《中国哲学史》2003年第1期，收入本书时有改动）

论阳明心学的自觉道德意识

一、良知

“良知说”源于孟子，是指“不虑而知”“不学而能”的道德意识。王阳明将“良知”的内涵加以扩充，认为“良知者，心之本体”（《王阳明全集》卷二《答陆原静书》），“夫心之本体，即天理也。天理之昭明灵觉，所谓良知也”（《王阳明全集》卷三十五《年谱三》），“心即性，性即理”（《传习录》上），“心即理也，此心无私欲之弊，即是天理，不须外面添一分”（《传习录》上）。“良知”与“吾心”是等同的，天地万物都是心的“流行发用”，也是“良知之发用”。王阳明把“良知”“心性”与“理”看成一个东西，这是其学说与朱子学的根本区别所在。王阳明认为“心即性”，“性”与“气”统一，“天命之性”之外不可能有“气质之性”。他还从“心即理”出发，否定朱学所认同的“心”之外的“天理”，认为“物理不外于吾心，外吾心而求物理，无物理矣”（《王阳明全集》卷二《答顾东桥书》），从而解决了朱学“物理”与“吾心”的矛盾。

由此可见，所谓“良知”，不是指一般意义上的先验道德意识，而是指内心固有的封建道德准则，也即仁、义、礼、智、信“五常”。于是，“良知”便成了判断是非的标准。另外，王阳明将“吾心”与“良知”等同起来，并将“吾心”视为宇宙的创造者，这样就把主体道德意识抬高到宇宙本体论的地位。

王阳明在晚年提出了“致良知”的命题，自认为这是其毕生心血的结晶，是“圣人教人第一义”（《王阳明全集》卷二《答欧阳崇一》）。“致良知”就是要使“良知”在人的思想和行为中得到体现，王阳明认定“良知”是人们先天固有的封建道德观念，因此“致良知”也就是要以封建道德准则来规范人们的思想和行为，这是与其他理学家相同的一面。王阳明认为“致良知”的目的是去“物欲”之“昏蔽”，存“中寂大公”之良知“本体”，也即“圣人述六经，只是要正人心，只是要存天理、去人欲”（《传习录》上），在道德修养的宗旨上，这并未超越理学的既定规范。王阳明“体认良知”之说中涉及的修身的方法与途径，与程朱“修身养性”之说中的相关内容是不同的，其修身方法主要是：

首先，体认良知，即在现实中使人们固有的“良知本体”得到“明复”，也就是所谓的“正心”。能做到这一步，自身的修养也就完美了，因为“主宰一正，则发窍于目，自无非礼之视；发窍于耳，自无非礼之听；发窍于口与四肢，自无非礼之言动”（《传习录》下）。明复“良知本体”有两条途径，第一条途径是“心上工夫”，指通过内省、直觉去“悟”自己固有的“良知本体”。正心的工夫在“诚意”，而“诚意之本”又在致“吾心良知”——王阳明认为只有这样才能涤除朱学的弊端。这种道德修养应以发自内心的真诚为前提的见解，确实有可取之处。第二条途径是“克己工夫”。“私欲”昏蔽良知，不用“克己工夫”，“天理”不会自明，“私欲”不会自去。

其次，实现良知。王阳明认为讲修养不能空谈性命、闭门思过，而必须使良知在行动中体现出来，在为人处世中做到“去恶”为善，“正其不正以归于正”（《王阳明全集》卷三十二《补录》），从而突出了践履的地位，强调了修养和践履的统一，不仅主张以道德实践来衡量道德修养，而且要求通过“事上磨炼”来提高道德修养。本来，修养和践履的统一是我国伦理思想一直以来的要求，但宋代的程朱理学却通过“王霸义利”之辨将事功和道义对立了起来，把事功统统归于“人欲”而加以排斥，从而形成了空谈性命、事功与道德脱节等现象。王阳明讲“知行合一”，因而他并不鄙视、排斥事功，而是主张以良知来规范事功。他不仅要求道德修养在事功上体现，同时认为人们的修养只有在事功的磨炼中才能得到提升，这在理论上是以他的良知“体用一体”说为前提的。

二、克己

王阳明强调道德行为须出于主体的内在意愿，这意味着他确认了个体所应具有的独立人格。然而，个体的独立总是相对于社会整体而言的，故而就会产生自我与社会、公与私的关系问题，这也是传统义利之辨的重要方面。

在自我与社会的关系上，王阳明认为应以“克己”为先，然后由“克己”而致“为己”。他承认，人心虽然具有本然之善，但也会受物欲之蔽而产生“私我”意识，从而将自我与他人分隔开来。在此前提下，他认为达到“至仁之境”的根本途径是去其私欲之蔽，恢复心体本然之善，自明明德。

事实上，王阳明对“克己”的确是一贯强调的：

> 仁者以天地万物为一体，莫非己也……君子之学，为己之学也。为己故必克己，克己则无己。(《王阳明全集》卷八《书王嘉秀请益卷》)

这里的“己”指“私己之我”，也正是这“私己之我”，使世界上出现了“物”与“我”、“人”与“我”的对立，导致了我与他人的疏离，因而“须是克去己私，真能以天地万物为一体”（《王阳明全集》卷六《与黄宗贤》），人才能实现真正的自我。从这个意义上说，为己必须克己，克己正是为己。孔子曾说过“古之学者为己”，这里的“己”是指人真正的自我，意在强调人之为学，不应只抱着功利性的目的，而应当为了自我的完善与发展。王阳明的“为己”之“己”，其实正承接了这一概念，所以为己必须克己，即为了实现真正的自我，必须首先克除私欲。从伦理学的角度看，道德修养与道德践履当然离不开“克己”，而道德主体的自我磨炼，归根结底是为了使自我道德臻于完善。

王阳明的“为己”强调的是道德的自我完善，而不是个人追求及自身利益的实现，这体现了其伦理学说的非功利主义特色。事实上，王阳明在重义轻利这一点上与正统儒学家所主张的并无二致，而所谓“致良知以求自慊”（《王阳明全集》卷二《答欧阳崇一》），其实已经表明了他在“义”“利”问题上的非功利主义选择，他一次又一次地宣称：

仁人者，正其宜不谋其利，明其道不计其功。（《王阳明全集》卷四《与黄诚甫》）

这更表明他在义利观方面片面强调动机，以“义”排斥“利”的非功利主义性质。其实，王阳明既然以“致良知”来规定“义”，认为以道德原则为内容的“良知”内在于个体，而内在的“良知”又是“为己”与“成己”的前提，那么这本身就是对个体所负社会责任的肯定。由此，他认为个体利益理应服从于社会的整体利益，这也就是所谓的“无我”：

圣人之学，以无我为本。（《王阳明全集》卷七《别方叔贤序》）

人心本是天然之理，精精明明，无纤介染着，只是一无我而已；胸中切不可有，有即傲也。古先圣人许多好处，也只是无我而已。（《传习录》下）

所谓“无我”，即是消除追求个体自身利益的私欲，并自觉地服从于社会整体利益的公义。从境界上说，无我是“无”的境界，所以“胸中切不可有”。那么，“切不可有”什么呢？是“良知”及“天理”之外的东西。因为心之本体是良知，而良知本来就是无执无着的；人心本然存有天理，精精明明且无纤介染着，这些都是与生俱来的，那么“切不可有”的就是良知与天理之外的物欲与私蔽。王阳明说：

天下之人心，其始亦非有异于圣人也，特其间于有我之私，隔于物欲之蔽，大者以小，通者以塞，人各有心，至有视其父子兄弟如仇雠者。圣人有忧之，是以推其天地万物一体之仁以教天下，使之皆有以克其私，去其蔽，以复其心体之同然。（《王阳明全集》卷二《答顾东桥书》）

所以，“无我”就是克其私、去其蔽，以恢复心之本然；就是化去心中一切滞碍，以遂万物一体、天下一家之念。为此，他说：

大人者，以天地万物为一体者也，其视天下犹一家，中国犹一人焉。若夫间形骸而分尔我者，小人矣。(《王阳明全集》卷二十六《大学问》)

三、知行合一

王阳明反对朱熹涵养以致中，省察以致和的工夫论，提倡知行合一，反对程朱理学将知行割裂开来的做法。他说：

今人却就将知行分作两件去做，以为必先知了，然后能行。我如今且去讲习讨论做知的工夫，待知得真了，方去做行的工夫。故遂终身不行，亦遂终身不知。……某今说个知行合一，正是对病的药，又不是某凿空杜撰，知行本体，原是如此。(《传习录》上)

知行工夫本不可离。只为后世学者分作两截用功，失却知行本体，故有合一并进之说。(《王阳明全集》卷二《答顾东桥书》)

在王阳明看来，"知"包含着"行"，"行"亦包含着"知"，即"知是行的主意，行是知的功夫；知是行之始，行是知之成"(《传习录》上)，他强调：

我今说个"知行合一"，正要人晓得一念发动处，便即是行了。发动处有不善，就将这不善的念克倒了，须要彻根彻底，不使那一念不善潜伏在胸中。此是我立言宗旨。(《传习录》下)

从"一念发动处即是行"的观点来看，王阳明的"知行合一"是对人之所作所为的总体概括。"知行合一"在某种意义上可以说是将"涵养"与"省察"有机地合而为一了，这一功夫说来说去，还是离不开"心上用功"。据载：

直问："戒慎恐惧是致知，还是致中？"先生曰："是和上用功。"曰："《中庸》言'致中和'，如何不致中，却来和上用功？"先生曰："中和一也。内无所偏倚，少间发出，便自无乖戾。本体上如何用功？必就他发处，才着得力。致和便是致中。万物育，便是天地位。"直未能释然。先生曰："……近儒亦有以戒惧即是慎独，非两事者。然不知此以致和即便以致中也。"他日崇一谓直曰："未发是本体，本体自是不发底。如人可怒。我虽怒他，然怒不过当，却也是此本体未发。”后以崇一之说问先生。先生曰：“如此却是说成功。子思说发与未发，正要在发时用功。”（《王阳明全集》卷三十二《补录》）

阳明弟子王畿曾对阳明心学的发展历程做过总结，他说：

自此以后，尽去枝叶，一意本原，以默坐澄心为学的。有未发之中，始能有发而中节之和。视听言动，大率以收敛为主，发散是不得已。江右以后，专提“致良知”三字，默不假坐，心不待澄，不习不虑，出之自有天则。盖良知即是未发之中，此知之前更无未发；良知即是中节之和，此知之后更无已发。此知自能收敛，不须更主于收敛；此知自能发散，不须更期于发散。收敛者，感之体，静而动也；发散者，寂之用，动而静也。知之真切笃实处即是行，行之明觉精察处即是知，无有二也。居越以后，所操益熟，所得益化，时时知是知非，时时无是无非，开口即得本心，更无假借凑泊，如赤日当空而万象毕照。（《明儒学案·姚江学案》）

意思是说，王阳明的“知行合一”思想、“已发未发”思想的形成是有一个过程的，“致良知”思想最终将“心上用功”与“事上磨炼”有机地结合起来了。他所追求的是胸次悠然，上下与天地同流这样一种至高的和谐境界。他说：

夫君子之所谓敬畏者，非有所恐惧忧患之谓也，乃戒慎不睹、恐惧不闻之谓耳。君子之所谓洒落者，非旷荡放逸、纵情肆意之谓也，乃其心体不累于欲，无入而不自得之谓耳。夫心之本体，即天理也。天理之昭明灵觉，所谓良知也。君子之戒慎恐惧，惟恐其昭明灵觉者或有所昏昧放逸，流于非僻邪妄而失其本体之正耳。戒慎恐惧之功无时或间，则天理常存，而其昭明灵觉之本体，无所亏蔽，无所牵扰，无所恐惧忧患，无所好乐忿懥，无所意必固我，无所歉馁愧怍。和融莹彻，充塞流行，动容周旋而中礼，从心所欲而不逾，斯乃所谓真洒落矣。是洒落生于天理之常存，天理常存生于戒慎恐惧之无间，孰谓“敬畏之增，乃反为洒落之累”耶？惟夫不知洒落为吾心之体，敬畏为洒落之功，歧为二物而分

用其心，是以互相抵牾，动多拂戾而流于欲速助长。(《王阳明全集》卷五《答舒国用》)

敬畏与洒落的浑然一体，可看成是对“致良知”的一种诠释。

杨国荣曾说：“相对于程朱由强化理性而贬斥非理性，王阳明无疑更多地注意到了主体意识的多重规定。心与理的合一，同时展开为一个过程，这一过程既表现为普遍之理通过道德践履逐渐内化并融合于主体意识，又表现为道德意识（心体）外化为道德行为，并进而通过道德实践而实现社会人伦的理性化。作为本体，心不同于纯粹的理性形式，亦非单一的个体之意，其内在特点表现为普遍性与个体性的统一，而心体在践履过程中的外化与对象化（人伦秩序的建立），则通过本体的外在展现而使之取得了某种现实性的品格。”[1] 即在王阳明的学说体系中，一切都旨在造就理想人格、提升个体精神境界，并彰显和增强人们的自觉道德意识。

（宋冬梅撰，原载中国言实出版社2018年出版的《传统实学与现代新实学文化》，收入本书时有改动）

① 杨国荣：《心学之思：王阳明哲学的阐释》，生活·读书·新知三联书店1997年版，第85页。

阳明学在徽州的传播及其意义

民国安徽通志馆传抄本《新安理学先觉会言》的发现，为我们研究明代徽州地区的阳明学提供了重要的文献资料。王阳明弟子钱德洪、邹守益、刘邦采等人，结合徽州特有的理学背景，对阳明学进行了创造性的转换，并以讲会的形式向徽州地区传播心学。受阳明弟子心学思想的影响，徽州学子翟台、陈昭祥、陈履祥等人对心学有了独特的认识，他们对心学的诠释，反映了明代中后期徽州学人对阳明学的肯定，符合徽州人试图挣脱理学枷锁、发展徽商经济的强烈需求。

一、抄本《新安理学先觉会言》的价值

徽州是程朱理学的重要阵地，有"东南邹鲁""程朱阙里"之美称。自"徽国文公倡道"以来，徽州形成了具有地域特色的新安理学。新安理学是朱子理学的重要分支，在长达六百多年的历史长河中，新安理学作为地方性哲学流派，在徽州占有主导地位，但是到了明代中后期，心学思潮席卷宇内，致使固守理学的徽州受到了巨大的冲击。这一时期的徽州是理学与心学交锋的

重要阵地，也是晚明心学在传播过程中所遇到的一个难攻之地。也许正是因为徽州具有深厚的朱子学传统，所以有些学者认为徽州是心学，特别是阳明心学传播过程中的一座“孤岛”，甚至黄宗羲在《明儒学案》中都未曾提及。黄宗羲将阳明后学分为浙中、江右、南中、楚中、北方、闽粤、泰州七派，但对于徽州王学，黄宗羲只字未提，而后世学者也同样忽视了对徽州心学的研究。

然而，据有关史料证实，徽州在明代中后期受白沙心学和阳明心学影响较大，白沙弟子和阳明弟子以讲会的形式向徽州传播心学，而部分徽州学子也以包容的态度接受甚至力挺心学，特别是阳明心学。虽然这一时期不乏一些坚守程朱理学的徽州士人抗拒心学，但我们并不能因此否认心学在晚明的徽州盛极一时。所以，“徽州是阳明心学的‘孤岛’”这一说法，未免有所偏颇。

《新安理学先觉会言》(以下简称《会言》)的发现，使我们对徽州的阳明学有了深入的了解。《会言》为明代徽州人韩梦鹏、谢文烨等人搜录选编。韩梦鹏，字鸣起，世居徽州黟县(今属安徽黄山市)，生卒年月不详，其学术活动主要在明嘉靖和万历时期。据《安徽通志·艺文考·子部提要》记载，该书有明刻本，但暂无从考，现仅发现民国安徽通志馆传抄本，共两卷。《会言》卷一为新安同志会约及其序、家会及其序，还包括一些徽州书院之序等等。因当时心学与阳明学盛行，故郡有郡会，邑有邑会，甚至一家一族亦莫不有会，而为之作序的大多为白沙弟子和阳明弟子，以及一些鼓吹心学的徽州人士，如湛若水、邹守益、王龙溪、祝世禄、陈履祥、潘士藻等。《江南通志》谓“皖南讲学之盛一时，民淳俗朴有三代风”，读此可以想见。

《会言》卷二为主会诸先生之讲论，如湛若水、耿定向、王龙溪、罗汝芳、洪垣等，其内容大都以心学为中心，并对诸如“学习”“义利”“尽心”“求放心”等问题展开讨论，来阐释心学的“微言大义”。他们或拈“四书五经”以彰大义，或揭性命天道以阐微言，或饬伦纪，或语家常，读之令人油然生孝悌之心。《会言》中出现的人物与讲论的内容，反映了16世纪中期阳明心学在徽州传播、兴盛的状况。

从《会言》中可以看出，阳明弟子惯于以讲会的形式向徽州传播心学，徽州很多士人、学子常常邀请阳明弟子如钱德洪、王龙溪等来主持六邑大会，且“每会不下百数十人”（《会言》之《书绩溪颖滨书院同心会籍》）。不仅如此，阳明弟子还在祁门、休宁、斗山、婺源等地区进行频繁的讲学活动，使“童稚孺子，概知讲学入会为美事，一举笔便能言良知天理”（《会言》之《祁西会约簿首》）。由此可见，明代中后期，阳明心学不仅在徽州的学术讲坛中占据一定地位，有压倒朱子理学之势，而且受到了徽州学者的欢迎。

宋明时期的徽州一向被称为“朱子故里”“程朱阙里”，程朱理学在徽州有很高的地位，所以，在明清的徽州地方文献资料如《新安学系录》《紫阳书院志》里，一般都不记载阳明学在徽州的传播情况。然而《会言》却详尽记载了心学的主要代表人物在徽州所写的序言及所发表的演讲，反映了阳明心学在徽州传播、兴盛的状况，说明了阳明学在当时徽州学术中占据主流地位。这对研究这一时期徽州学术的走向，意义重大。

那么，明代中后期，阳明弟子如何结合徽州特有的理学背景来传播心学？他们对阳明心学有什么样的创造性解释？徽州弟子如何诠释阳明心学？阳明心学何以能进入徽州这座理学重镇及其意义何在？这是研究徽州阳明学传播与发展的主要问题。所以，本文将以《会言》为中心，从以上几个方面入手，来探讨明代中后期阳明学在徽州的传播状况及其意义。

二、阳明学在徽州的展开

在受程朱理学影响较深的徽州地区，阳明学的传播并不是一帆风顺的，这是由朱熹对心学的态度决定的：“近闻陆子静言论风旨之一二，全是禅学，但变其名号耳。竞相祖习，恐误后生。”（《朱子全书》第二十二册《晦庵先生朱文公文集》卷四十七《答吕子约》）所以，自明代中期阳明学突起之时，心学在徽州的传播便不如在其他地域那么顺利，难怪有学者认为徽州是阳明学传播的一座“孤岛”。然而，朱熹把心学完全等同于禅学的说法难免有所偏颇，毕竟心学与禅学存在着本质区别。而针对徽州学者对阳明心学的这一误解，阳明弟子需要予以澄清，这也是阳明心学输入徽州地区的前提性工作。

阳明心学与禅学的区别以及阳明学的入世精神，《会言》中多有体现。比如，阳明弟子邹守益之子邹善，在《书东山会六邑诸同志籍》中认为，禅学“去人伦，遗庶物，视天地万物皆为幻妄”，并且“不知孔门之旨。即此伦物而明察之”，“与洙泗、濂洛嫡脉终是千里”；而阳明心学传承孔孟“明于庶物，察于人伦”之旨，并不忽视人伦日用的“下学”之道，主张在现实的社会生活中实实在在地修身、实实在在地体悟本心。邹善在其父邹守益的教导下，把倡实行、忌妄学作为人生目标，并进一步认为只有“立真志，修实行”，才是“会稽之旨”。

而阳明的另一弟子刘邦采，在《书祁门同志会约》中也讲到“学不离于性命，则灵照一体之心，融液于庶物人伦之应”，心能够对人伦庶物感而应之，并且能与人伦庶物融为一体。所以从根本上讲，心学并非像禅学那样忽略社会生活中的人伦关系与万物之理，认为世间的一切都是虚幻的假象。相反，心学与现实社会联系密切，肯定世间万物的真实性，认为人的修养不离人伦日用。

综上所述，心学和理学都是儒家哲学的重要组成部分，都教导人们在人伦日用的社会生活中不断修养身心，从而达到一种道德完满的至善境界，二者只是修养身心的路径有所不同而已。所以从某种意义上说，心学也是一种积极的入世哲学。而禅学则不然，它要求人们摆脱尘世纷扰和人伦事理，进入一种超脱的虚空之境，故而较之于儒家思想的积极入世，佛教禅学无疑是一种消极的出世哲学。

与程朱理学重“理”不同，阳明学无疑将重点放在“心”上，所以阳明弟子在徽州讲学的过程中如何结合徽州的理学背景，创造性地阐释阳明学中的“心体”，便成为一个紧要问题。在《会言》之《书婺源叶氏家会籍》中，阳明弟子钱德洪有言：“天有二气五运，会而为人；人有五类四体七窍，会而为心。”人为天地万物中的至尊，而心则是人体的统帅，支配着人的“五类四体七窍”，即感官和行为。这是钱德洪对阳明“心者人之主宰”的进一步解释。但与阳明不同的是，钱德洪夸大了“心”的主宰地位，认为“心之神明灵触，灵通主宰造化纲纪”，即“心”具有掌控自然界、管理万物的能力。这里，他显然拔高了“心”的主宰力。因为宇宙中不同的事物需要不同的管理方法，这个管理方法可被称作“理”，所以“百物散为万殊，归而为一”，这似乎与程朱理学中的“理一分殊”在理论形式上有相同之处。但在内容上，钱德洪将“理”改为“心”，在某种意义上可称作“心一”而“分殊”。这里的“心”不是个体之心，而是具有普遍性的“理”之心，因为钱德洪认为心是“万理之会”，心即理，理即心，心与理一，当然，作为阳明弟子的钱德洪并不否认“心”也是个体的存在。心既然是“万理之会”，那么心作为个体的存在，如何与“理”合一？针对这个问题，钱德洪说：“故心一则神明察，而万理时出；心二则神明蔽塞，万理乖隔。”心若专一于理，人的精神头脑就会清明，万物之理就会自然而然地随心所出，从而达到“心与理一”的境地；但心中若有杂念，人的精神头脑就会受到蒙蔽，万物之理就会受到阻隔，心与理也就无法达到合一的状态。

由上可知，钱德洪在程朱理学“理一分殊”的理论模式下解释“心”的普遍性，使得徽州学者更容易进入心学的思想体系；同时，钱德洪又不否认个体之心与外物之理合一的可能性，这在某种程度上迎合了徽州学者以主体之心来把握万物之理的现实需要，亦提升了个体的主观能动性。由此可知，阳明的心性之学在徽州自有其存在的理论基础与现实价值。

钱德洪主张用“心”掌控自然界，而阳明的另一高徒邹守益则将“心”引向了社会领域。他在《会言》之《斗山书院序》中认为心像“斗柄”一样“玄机默化，无声无臭”，并且“吾心之神化”不异于“斗柄之神”，所以邹守益主张，作为个体之人，在其“心”的指导下，能够做到孔子所说的“从心所欲，不逾矩”的境地，达到孟子所谓的“美大圣神”的境界。但是就像孔子“耳顺从心，始于志学”一样，美大圣神“基于可欲之善”，而“可欲之善”，即指儒家“仁义礼智”等伦理道德。邹守益认为“可欲之善”就是孔子所说的“矩”，他解释道：“志学者，志不逾矩之学也。矩者，天然自有之善也。可欲惟善。”在此基础上，邹守益认为如果人能够立志于“可欲之善”，那么“心”就会不惑；如果“心”不惑，那么人就会“从心可欲而不逾矩”，以至于达到“大而化，圣而不可知”的“神化”境界，即“欲仁而至之，熟而已矣”的至善境界。在邹守益这里，“毋溷于善，毋夺于志”是人“心”在社会领域中达到“神化”境界的前提，这一点在王阳明的思想中鲜有体现，而且邹守益赋予“矩”以“可欲之善”的内涵，可谓是一种创新。邹守益在《会言》中将“心”与社会道德领域之“仁义礼智”联系在一起，与孔子的“志于学”联系在一起，使长期受程朱理学影响的徽州学子在情感上更加容易接受阳明心学，在理论上也更加容易理解阳明心学。因此，邹守益在徽州不仅积极传播了阳明学，而且也对心学思想做了符合徽州学术背景的创造性转化。

受朱熹“道心者，天理也”“人心者，人欲也”，以及“存天理，灭人欲”观点的影响，徽州学子将道心与人心对立起来，多认为天理与道心等同、人欲与人心等同。徽州学子的这种观念是徽州人追求至高无上的道心、天理的理论基础，在一定程度上泯灭了现实的人心、人欲，抹杀了主体的个体意识，遏制了主体的合理欲求，从而导致理学与社会现实脱节。

阳明学的输入则让徽州人喜出望外，王阳明认为道心、人心只是一心，二者并不对立，人之心得其正者即为道心、杂以人伪即为人心。阳明的这一观点，为个体的多样化追求提供了可能，也为徽州人挣脱精神枷锁提供了理论支援。因此，在徽州传播心学的过程中，阳明弟子非常重视对道心、人心的解读，在王阳明思想的基础上，对之做了更为详细的阐释。

刘邦采在《会言》之《福山书院序》中认为，人心“异于万物，备而最灵。善则恻隐、羞恶、辞让、是非”。显然，人心并非只有朱熹所谓的“饿食渴饮”，而是也具有恻隐、羞恶、辞让、是非等道德观念。但是，刘邦采并没有完全把人心等同于道心而否认人心之“危”，他认为人心“不善而至于机变、权谋、勇怯、暴缓，流注于视听言动之无纪。极者也，故曰危”，把人在社会生活中所运用的不当手段，及在生活中产生的过度的情感波动也归入“人心”——这也许是刘邦采对阳明“道心之失其正者即人心”（《王阳明全集》卷一）的变相解释。刘邦采对人心的这两种解释，与朱熹“人心者，气质之心也，可为善，可为不善”（《朱子全书》第十六册《朱子语类》卷七十八）的观点有相似之处，只是刘邦采将人心落实到社会生活之中。但是，在刘邦采这里，不管人心究竟如何，它都是“太虚之流行”，是“学之为后天者”；而关于道心，刘邦采则认为其“冲漠无朕”，是“万物之一原”，是“太虚之主宰，学之为先天者”。

所以，道心具有先天性、超越性，是人生来就有的，是无形无相的。但是，道心只有落实到现实的人心上，才能实现其价值与意义。当人在社会生活中时刻保持着儒家的“四心”，践行着儒家的“仁义礼智”等道德观念时，道心就处于“显”的状态，人心就体现出道心，道心与人心就会相融为一；可当人心被私欲蒙蔽时，道心就难以显现而处于“隐”的状态。

由此可知，虽然刘邦采分别阐释了人心、道心，也认为二者存在区别，但其言语的背后无不透露出“道心、人心是一心”的观点——由于人心是“太虚之流行”，即心之用，道心是“太虚之主宰”，即心之体，且“体用一源，显微无间”，故而道心、人心本是一心。刘邦采对于道心、人心的解释，不仅继承、发展了阳明思想，更契合了徽州人试图挣脱朱子理学的束缚的心理。

三、徽州学子对阳明学的诠释

在钱德洪、邹守益、刘邦采等人的影响下，徽州学子对阳明学有了新的认识，开始慢慢接受心学，对“心”也有了自己独特的见解，有的人甚至加入了心学的阵营。从《会言》中，我们可以发现，翟台、陈昭祥、陈履祥对心学及“心”的阐释较为详细，颇具特色，代表了徽州学子对阳明学的诠释和认识。

在《会言》的《书绩溪会册》中，翟台首先批评了时人讲会为学的弊端，进而指出了讲会的真正作用和目的。他说：“吾辈今日之会，岂徒骋辞辩侈见闻，以标榜其门墙已耶。”可见，在讲会盛行的时候，有的人只是通过言语文辞，夸大所见所闻，从而炫耀门楣。但是，讲会的真正目的并非如此。在翟台看来，讲会的意义在于传播“洙泗濂洛”之风，追溯本源之学，因为“道有要归，学有本源”“不探本源，而徒以资之所近者。为学即以资之所近者教人，其远于大道也”，意思是说若不探求“本源之学”，就会与“大道”相去愈远。那么何为“本源之学”？翟台说：“昔人云：圣贤之学，心学也。学也者，所以学此心耳。”他认为心学是“本源之学”，是学习的正确取径。并且，翟台还主张“心学”大明于天下，人人应该阐发孔孟之“心”髓，否则“人人原习执迷，而百肆其欲间有知，所用力者又或起明于识，或碍境于定，或倚假于形格意气以袭之”，从而不能真正阐发“洙泗濂洛”之意，不能真正明白天地万物之理。可见，在翟台这里，心学是“洙泗濂洛之秘传”，是圣贤之学。

通过翟台的阐述，我们可以看出他对心学的认可与赞同，而他对心学之“心”的认识和理解，则足以显示出阳明心学对他的深刻影响。在《会言》之《书绩溪会册》中，翟台对“心”有自己独特的体悟，他说：“吾尝观之，自心之冲漠而生，生者谓之性；自心之流行而殊，应者谓之情；自心之不落有无、不滞形式、蕴之至虚、触之至灵者，谓之神；合而言之，一心也。”不难发现，在翟台的认知中，“性”是心之本体，“情”是心之流行，确切地说，是本体之心对人伦庶物感而应之之后，在人身上的不同情感体现；而“神”则是“心”至虚、至灵的特征，是心“不执着”“无累”“无滞”的自由活泼的境界。但无论是所谓的“性”“情”，还是所谓的“神”，都是发自“一心”，都是“心”的作用，而此“心”并非不可捉摸，因为它与人伦日用密切相关，是人们在日常生活中可以察觉到的。翟台认为这“心”“发窍于视听言动；理体于子臣弟友；用达于辞受进退、食息起居，而通之于家国天下之远”，表明“心”与人本身、人的生活，甚至治国理政都是一体的。可见，受阳明弟子的影响，翟台也认为心学不离人伦日用，只是这里的“心”并非“那团血肉”，而是众人皆知的“天理”。“心”通过人伦日用的外化来显现“天理”，它表现在人自身的视听言动之中，表现在个体所担当的不同的社会角色之中，表现在每一种角色的辞受进退、饮食起居之中，甚至还表现在治国理政之中。从某种意义上讲，翟台虽未明确提出阳明所说的“心即理”，但其言语中已处处包含着“心即理”的思想。

虽然翟台所讲的“心”是“理之心”，但就心之发用而言，现实生活中的个体之心往往会被外物所迷惑并执着于外物、执着于喜怒哀乐爱恶欲，所以人就需要一个“化之”的过程，即人在念虑、情感上能够一过而化、不滞不留，直面生活中的喜与忧而不执着于此，真正达到“应物而无累于物”的精神境界。正如翟台所言：“夫心有所著，即为放觉其著，而即化之，即为本心。”现实的个体之心难免会受外界牵累，难免会“有所著”，但是只要经历一个“化之”的工夫，就能够求放心、发明本心。到了“心无所著”时，翟台就认为“可以言一矣”了。“心一则神凝，神凝则性定，性定则情顺”，这里的“心一”与钱德洪所说的“心一”，意思极为接近，都指“专一”。翟台认为，如果心无杂念、专一无二，那么个体的精神就会凝聚在一起，即“神凝”；“神凝”之后，人的内外身心就会清净、平静、稳定，在内没有妄想，在外也没有贪求，即“性定”；“性定”之后，人就会体贴、顺从万物之情以为己情，达到忘却自我、无有私情、不偏执于一物的境界，即“情顺万事而无情”“廓然而大公，物来而顺应”（《二程集》之《河南程氏文集》卷第二）的境界，这就是“情顺”。“心一”是人在“心无所著”时的修养方法，“神凝”“性定”“情顺”都是人“心一”之后的表现，也是人内修的体现。在翟台看来，人须内修，更须外显，所以他紧接着又说：“神凝则微，微则显；性定则明，明则照。情顺则通，通则溥，而措之家国天下，莫非真感而真应矣，是之谓圣贤之学。”由“微”到“显”，由“明”到“照”，由“通”到“溥”，这是一个从内修到外显的过程，符合儒家修齐治平的传统价值观念。从这句话中可以看出，翟台认为个人的修养应该施惠于家国天下，这才是心的“真感”“真应”，才是圣贤之学。可见，对于徽州士人来讲，心学并非虚妄之学，而是可以同儒家传统价值理想相统一的内圣外王之学。

除翟台外，另一位徽州学子陈昭祥也对心学有自己的认识，其心学思想的特别之处就在于他是从人对本心的自信出发来阐述“心”的。在《会言》之《黟南韩氏家会序》中，陈昭祥首先对“天命之性”做了解释，认为天命之性是“人所得之以为生者”，是“莫之为而为者”“莫之致而致者”，即不做而成、不求而至。在陈昭祥看来，天命之性不像“意念”“兴况”一样有“起灭”、有“作止”，它是无起灭、无作止的。不仅如此，人所具有的这种天命之性在生活中还表现为忠、信、敬、谨、恭俭、礼让等道德品质。但是，生活中难免会有一些盲目无知的人，难免会有一些不忠不信、不尊不敬的人，他们对于天命之性要么“终身由之而不知”，要么“丧失之”而“不知求”。针对此种情况，陈昭祥认为人应该“求”其天命之性，因为天命之性“求则得之”。如何“求”？陈昭祥主张“信心”，即对澄明之心绝对肯定。他解释道：“具信心者，能于此玄览而默识之，自可一念万年，何有已处，又何有已时。”这里的“心”具有“玄览”和“默识”的功能，而陈昭祥这句话的意思是，对本心自信不疑的人，可以通过本心，深察天命与天命之性，并自觉地对其默而识之，进而达到“一念万年”的境地。“一念万年”本是佛家用语，在这里意谓心可知天命、可具万理。只要人对自己的本心深信不疑，即使“习气未融”“习心未彻”，在生活中犯有过失，也能够“不远而复”，及时改正错误。习气、习心遇到本心，就像雨雪遇到阳光一样自发消融。可见，在陈昭祥这里，人首先要绝对肯定自己的本心，然后才能明白天命与天命之性，才可以在丧失天命之性后将其快速寻回。在此之后，人就可以将其本心扩而充之，推置到现实生活中，具体表现为忠、信、敬、谨、恭俭、礼让等，即“大本立而达道行”，可知天命之性在生活中也表现为忠、信、敬、谨、恭俭、礼让等。在陈昭祥的思想中，“心”与“天命之性”具有一致性，在某种意义上都被视为“大本”，“心”即天命之性，即儒家的忠信恭俭之理。由此可知，人对自己本心的肯定和笃信是至关重要的，否则“用功虽密，见解虽融，譬之注水漏邑，凝春彩胜，虽欲不已，何可得耶”，即如果没有对本心的肯定和信任，所有获取“天命之性”的工夫都只是竹篮打水一场空，没有任何意义，也不可能有任何收获。总而言之，在陈昭祥的思想中，对本心的肯定是一切工夫的前提。

祁门贡生陈履祥在其师罗汝芳思想的影响下，对心学有了较为深刻的认知。在《会言》之《狮山于氏同志会序》中，陈履祥首先以《庄子·人间世》“以礼饮酒者，始乎治，常卒乎乱”一句，引出“以道相会者，亦始乎勤卒乎怠”，指出了现实生活中，人们在聚会讲学时表现出的前后不一、有始无终的弊病，而之所以会出现这种弊病，原因就在于人们“资口耳而不躬行”“任意气而不闻道”。陈履祥指出：“夫道者，率性之路，故见性者闻道之根也；性者从心以生，故尽心者知性之荂也。”“道”意谓顺着人的本性去行事，所以“见性”是“闻道”的根本；而“性”则是从心而生的，所以“尽心”是“知性”的根本。基于此，陈履祥认为人们在聚会讲学中产生弊病的根本原因就在于“不认取本心”，即不承认、不扩充自己的本心。如果人“不认取本心”，就不可能“见性”，进而也不可能“明道”，以至于“昌口耳为实得，信意气为天则”，并在“校长论短”的过程中产生“形骸念生，而始合终离”的弊病，即误将人体感官对事物的认知视作真实可靠的，导致“始合终离”。在陈履祥看来，只有“认取本心”，以心见性，尽心知性，扩充人原有的本心，才能真正通晓万物之理，才能真正明白天道；也只有“扩拓此本心”，人们才不会“辜负立会讲学”，不会在聚会讲学中出现有始无终的弊病。可见，在陈履祥的思想中，“本心”始终如一，具有恒常性，而具有恒常性的“本心”贯穿于人伦日用中，与人们的生活密切相关。陈履祥言：“一念由是见家庭父子兄弟，亦只尽此本心处日用事务应接，亦只尽此本心；自当下一息，至于经月经年，都只尽此本心，再无尔我间隔，再无长短嫌疑，则生生化化。”在空间上，无论是尊父敬兄还是应接事务，只需尽此本心；在时间上，短则一呼一吸，长则整年整月，也只需尽此本心。只要每时每刻都尽此本心，人与人之间就没有隔阂、是非与猜疑，而万物也就可以相生不绝、变化不已。可见，陈履祥受心学思想影响至深，认为本心既具有恒常性，又普遍存在于人伦日用、处事接物之中。

综上所述，阳明弟子钱德洪、邹守益、刘邦采等人以讲会的形式向徽州传播阳明心学，并且在传播的过程中创造性地发展了阳明心学，即结合着徽州的理学背景，对阳明学中的心体、本心做了新的诠释。同时，由于受到阳明弟子的影响，徽州学子翟台、陈昭祥、陈履祥等人也对阳明心学有了自己独特的理解，他们把阳明心学视为儒家入世之学，并将本心、心体与人伦日用相联系，使阳明心学在徽州逐步繁荣起来。

四、阳明学传入徽州的原因及意义

阳明心学能够在明代中叶传入徽州并非偶然，而是有其历史必然性。首先，长期以来，程朱理学的官学化使人们将之视为步入宦途的一条门径，从而在一定程度上限制了人的思想自由。长期以来，程朱理学被奉为正统，受到统治者的青睐，朱明王朝把朱熹注释的“四书”作为科举圭臬，要求人们必须尊崇程朱理学，非朱子之论不可教、不可学；甚至遏制人们的新思想，不允许人们有自己的经典解读方式。明政府对程朱理学的这种过度提倡，致使学风僵化固陋，亦使理学走向功利化、形式化，失去了真精神。此时，理学看似风靡宇内，实则趋于衰落。这一状况，在徽州地区一样存在，甚至更加恶劣。阳明心学就是在这样的历史境遇下变得“有机可乘”，渐渐输入徽州这片难攻之地的。

其次，元末明初，程朱理学领域已无杰出的建树者出现，理学体系始终未获超越性发展，这使程朱理学失去了往日的活力；而以朱熹嫡传自居的一些徽州理学家，更是难以突破门户之见，故而没能形成鲜明的学术个性，在理学思想上也创获不多。在这种情况下，理学若想恢复昔日的光彩，就必须另辟蹊径，打破门户之见，寻找新的机缘，吸收新鲜血液。恰恰此时，心学进入了徽州，使当地一些理学家开始注意调和理学和心学，进而出现了一些“和会朱陆”者，如郑玉、赵汸、程敏政等。这些理学家或主张朱陆两家应取长补短，或认为朱陆“早异晚同”“始异而终同”，这表明他们在思想上已经解除了理学的禁锢。

再次，就阳明学自身而言，它对程朱理学不仅有补偏救弊之效，而且适应了当时徽州社会发展的现实需要。自从程朱理学成为人们谋求仕宦的工具之后，理学就开始趋于庸俗化，一些徽州士人出于功利目的，常常口是心非、言行不一，人前大谈仁义，以朱子正统自居，昌言道德理性，但实际行为则背离仁义。王阳明认为，这是士人道德沦丧的恶果，故而创出了“良知”学，试图唤醒人们的道德良知，消除理学虚伪化所造成的社会弊病。不仅如此，阳明心学还缓解了理学对徽州商人的精神压迫。明代中后期，生存的压力迫使人们开始热衷经商，但程朱理学的价值观念，特别是朱熹的义利观、天理人欲观，使徽州人在从商时背负着较大的道德压力，徽州人从事商业活动的积极性被压制。可以这么说，此时的理学就像一个枷锁，严重制约了徽州地区社会前进的步伐。而阳明心学的出现，让徽州人看到了一线希望。阳明学主张学术思想社会化、通俗化、平民化，无论是官僚士大夫，还是贩夫走卒，都可以通过内心的修持，达到人心与天理合一的精神境界。一个人若循“良知”、求心安，“虽其言之出于葛羌，不敢以为非”；可若违背了“良知”，“虽其言之出于孔子，未敢信也”。（《会言》之《婺源同志会约》）所以，程朱理学的道德观念、价值观念不再是至高无上的“圣谕”。由此引申，一个商人如果能在“声色货利”上致良知、求心安，那么从商不但不会“害其为圣为贤”，而且能使他成为真儒。很显然，阳明的这种思想适应了当时徽州地区的实际情况，让徽州人卸下了精神枷锁。也许正是受到阳明学的影响，明代中后期的徽州出现了“亦贾亦儒”的现象，儒贾相通、“贾何负于儒”的新观念也开始在徽州流行。所以，阳明学促进了徽州人的思想解放，并成就了盛极一时的徽商事业。

综上所述，程朱理学日渐显露的诸多弊病，及阳明心学的补救之功，是明代中后期阳明心学在徽州迅速传播的主要原因。

（解光宇、刘艳撰，原载《社会科学战线》2017年第6期，收入本书时有改动）

儒学大众化的典范

——以阳明学在徽州的传播为中心

新发现的民国安徽通志馆传抄本《新安理学先觉会言》(以下简称《会言》)表明，明代中后期，阳明学在徽州十分活跃，而这一切都归功于阳明高足的传播活动。邹守益、王畿等人，借助徽州地区的学术讲坛，深入徽州地区的乡村大族，将阳明心学引入徽州，进而影响了徽州人的思想，实现了阳明学在徽州的大众化，取得了良好的传播效果。阳明学在徽州的传播实践，为我们今天实现儒学大众化提供了有益的借鉴。

明代中后期，儒学呈现出由庙堂返归民间的迹象，由此产生了与官方儒学即程朱理学迥然有别的平民儒学。平民儒学就是我们所说的大众儒学，阳明学就是这一时期平民儒学的代表。走平民化、通俗化、大众化路线的阳明学，在明代中晚期深入民间、风靡宇内，其中就包括素有“东南邹鲁”“程朱阙里”之称的徽州地区。明代中后期，阳明学在徽州发展得十分兴盛，“讲会者大多不诣紫阳”(《紫阳书院志》卷十二《列传》)，而其之所以能输入徽州，

"沦人骨髓"，使徽州"阒雒绝响，遵者寥寥"（《中国历代书院志》第8册《还古书院志》卷之七《吴抑庵先生》），其中一个重要原因在于阳明学秉持着儒学大众化的指导思想，试图以最平实的语言向精神匮乏的普通百姓谈经论道。明代中后期，新安讲会多聘请阳明高足阐教，邹守益、王畿、钱德洪、刘邦采、罗汝芳等王门高足"迭主齐盟"（《紫阳书院志》卷十六《会纪》），纷纷来徽州讲学。他们把高高在上的儒家之学从庙堂、书斋推向民间，认为人人皆可成圣人，由此填补了平民与圣人之间不可逾越的鸿沟。也正因这样，明代中后期的徽州地区"多王氏之学，有非复朱子之旧者矣"（《紫阳书院志》卷十六《会纪》），这足以说明阳明学在当时已于徽州地区广泛传播，并使徽州人心折。那么，王门高足是如何向徽州百姓传播阳明学，从而使阳明学平民化、大众化的呢？

一

阳明学在徽州传播的最主要的方式就是讲会。为了实现阳明学在徽州的传播，明代中晚期，阳明弟子开始进入徽州，参加各种形式的讲会，或主教，或主会，或主讲，占据了当时的徽州讲坛，似有引领徽州学术走向之势。

嘉靖二十九年（1550），邹守益受徽州诸生之邀入祁门的东山书院讲学，这一事件标志着阳明心学正式进入徽州，同时也开启了徽州阳明学讲会之先河。邹守益步入徽州讲会，前后历时一个多月。《新安理学先觉会言》中记载，刘邦采随邹守益来徽州是庚戌孟冬（农历十月），其作《圣学端绪辩》的时间为庚戌仲冬（农历十一月），而邹守益的《斗山书院序》《婺源同志会约》，以及刘邦采的《书祁门同志会约》都作于庚戌仲冬。这说明1550年10月，刘邦采随邹守益来到徽州，并于11月结束徽州之行。

邹守益在徽州参加了哪些地方讲会，《会言》之《婺源同志会约》中有所记载：

> 婺源王生价、洪生圭、王生鸣宾、余生纯明，趋学于复古，订齐云之游。予携王生一峰、朱生震及二儿兰、善，泛番湖，历东山书院，相与剖

富贵利达之关。齐景千驷，不及饿夫；管仲一匡，取羞童子。诸友欣然若有契也。既两邑之诸生，以次集于齐云，复以次集于建初。让溪游司谏聚讲岩镇，觉山洪郡侯趋别斗山，持其邑之会约以相示，规过劝善，期以共明斯学。

从地点上看，邹守益在徽州先后去了祁门的东山书院，休宁的建初山房、齐云山，歙县的斗山书院、岩镇，婺源的福山书院等等。由于邹守益首先是在东山书院讲学的，所以人们往往将邹氏在东山书院的会讲视为新安六邑大会的开始。所谓“六邑”，即是当时徽州府所辖的六县——歙县、黟县、婺源县、休宁县、绩溪县、祁门县。潘士藻曾说六邑大会“肇举于嘉靖庚戌”且“安成东廓邹公，实亲举玉趾照临之”，此后“六邑各举于季秋”（《会言》之《书六邑白岳会籍》），由此可见，邹守益是新安六邑大会上主讲阳明心学的第一人。新安六邑大会影响深远，每年都会举办，很多人也都会前来倾听，其中大多数为徽州六县的学者，也有一些慕名而来的普通百姓，所以六邑大会是邹守益传播阳明学的重要平台。

邹守益的徽州之行时间较长、所到地点较多、影响也较大，为阳明学在徽州的传播开了个好头。据《会言》之《福山书院序》《圣学端绪辩》，邹守益讲学于东山书院时，“徽郡之同志聚而二百人”；赴福山之约时，婺源同志“闻而云集”，“再见衣冠之盛”；邹守益在福山书院“留十日言别”，婺源同志“依依不忍别”。潘士藻也讲到，嘉靖二十九年（1550），邹守益来徽州讲学，“一时景从之士彬彬然”（《会言》之《书六邑白岳会籍》），可见，邹守益在徽州的讲学活动受到了热烈欢迎，其思想也获得了徽州人的认同，这为阳明学在徽州的广泛传播奠定了良好的基础。

邹守益之后，王畿、钱德洪、罗汝芳、耿定向等人也陆续进入徽州，特别是王畿，他曾多次到徽州讲学并参加了众多讲会。《会言》之《福田山房序》中有言：

嘉靖丁巳春暮，予赴水西期会，新安歙县学谕徐子汝洽闻予至，遣友人程元道辈趋迎于水西，遂从旌德以入新安，馆于福田山房。至则觉山洪子偕六邑诸友，已颙颙然候予旬日矣。旧会在城隅斗山精舍，避静改卜于此，盖四月十八日也。

王畿所作《会言》之《婺源同志会约》中，也提及他于嘉靖三十六年（1557）在徽州参与讲会时目睹的情景：

嘉靖丁巳五月端阳，予从齐云，趋会星源，觉山洪子偕诸同志，馆予普济山房，聚处凡数十人，晨夕相观，因述先师遗旨及区区鄙见，以相订绎，颇有所发明。同志互相参伍，亦颇有所证悟。

王畿还回忆他与钱德洪于嘉靖四十三年（1564）初到歙县斗山书院时不为人所容，于是去了婺源的福山书院，直到隆庆四年（1570）来到建初山房，期间足有七年之久：

新安旧有六邑同志之会，予与绪山钱子更年莅会，以致交修之益。初会斗山，后因众不能容，改会于福田。今年秋仲予复赴会，属休宁邵生汝任辈为会主，驰报让溪、觉山、周潭诸公及六邑之友，相期十月九日会于建初山房。……予念甲子与诸君相会，复七年于兹也。（《龙溪王先生全集》卷二《建初山房会籍申约》）

王畿记载了他参与徽州六邑大会的情景：

新安旧有六邑同志大会，每岁予与绪山钱君迭主会事，每会不下百数十人，惟绩溪信从者寡，心窃讶之。今年秋杪，予复如期赴会。（《会言》之《书绩溪颖滨书院同心会籍》）

王畿门人还记载了王畿来六邑大会讲学的盛况：

新安旧有六邑大会，每岁春秋以一邑为主，五邑同志士友从而就之。乙亥秋，先生由华阳达新安，郡守全吾萧子出迎曰："先生高年，得无舆马之劳乎？郡中士友相望久矣。"乃洒扫斗山书院，聚同志大会于法堂，凡十日而解。（《龙溪王先生全集》卷七《新安斗山书院会语》）

通过《会言》的记载，可以推知王畿来徽州后的大体情状，即王畿在1557年春首先在歙县参加福田之会，并作《福田山房序》一文；后又到歙县斗山精舍，"与新安同志诸君为数日之会"，留《斗山留别诸同志漫语》一文；

同年端阳，王畿还去了婺源普济山房，与婺源同志“述先师遗旨”，为婺源沱川余氏的家会籍题辞，并作《婺源同志会约》一文；之后王畿来到休宁，与徽州学者“相会数日”，并作《书休宁会约》一文；1570年，王畿来到歙县建初山房参加六邑大会，并作《书绩溪颖滨书院同心会籍》一文；1575年秋，王畿又来到歙县斗山书院参加六邑大会，并作《新安斗山书院会语》一文。可见，王畿不仅多次来到徽州，而且参加了众多讲会。

另一方面，王畿曾多次为徽州书院写序，为徽州讲会定会约，为徽州某些家会题辞，这既表明他与徽州人联系密切，同时也能说明徽州人对其学问心存认同，这种密切的联系与认同是王畿在徽州传播阳明学的有利条件。

除了邹、王二人，王门的其他弟子也曾数次来徽州参加讲会，积极传播阳明学。可见，王门高足不断涌入徽州、参加讲会传播阳明学，正是阳明学在徽州实现大众化的前提。

二

阳明弟子来徽州参加讲会，向百姓讲经传道，不仅受到了徽州民众的热烈欢迎，而且更是引起了徽商的注意，因为在被称为“程朱阙里”的徽州地区，商人往往受人鄙视，只有研读儒家经典并以成圣成贤为目标的士人才会受到人们的尊重。面对理学所带来的精神压力，徽商自惭形秽，而阳明学尤其是“新四民观”的输入，为他们带来了希望。王门高足们秉承着阳明“四民异业而同道”（《王阳明全集》卷二十五）的“新四民观”，将社会地位低下的“工”“农”“商”与受到民众尊重的“士”置于同一层次，认为“士农工商”虽有职业差别，但只要“尽心”致良知，就都能不断完善自我，实现儒家的道德理想。

阳明弟子对“新四民观”的弘扬、对商人伦理价值的肯定，表现在他们对徽商的褒扬上。比如王畿就曾为徽商黄君的义行大唱赞歌，他在赠黄君的序文中说：

> 世有沾沾挟策，猥云经史之儒，而中无特操，甚或窃饾饤以媒青紫。

及践膴华，辄干没于铢两，举生平而弁髦之，谓经术何卒使士人以此相诋訾？耻吾儒之无当于实用，而却走不前矣。夫其人之不敢步趾儒也，岂诚儒足耻哉！亦谓心不纯夫儒耳，乃若迹，与射嬴（通“赢”）牟息者伍，而其心皭然。不淄于出入，不悖于人伦，若南山黄君，斯非赤帜夫儒林者耶？（《王畿集》之《赠南山黄君归休序》）

王畿对社会上许多儒士无儒家操守、急功近利且心术不正的恶劣行为进行了强烈抨击，以此来衬托徽商黄君“贾服儒行”的优秀品质。他认为世间有一些人以儒者自居，但徒有其名，并没有儒者应有的品德和节操。这些人表面上自得于儒者的身份，私下里却做着与这一身份相悖的事。在王畿看来，这些衣冠楚楚的“伪儒”，不但“无当于实用”，而且故步自封，所以没有人愿去追随他们，于是，王畿发出了儒学“何卒使士人以此相诋訾”的感叹。

但是，社会上还有另一类人，他们从商以谋生，穿流于人群中以“射嬴牟息”（营利），但内心洁净无尘、行为光明正大，就如徽州的黄君一样，虽是商人，却有儒者风范。王畿在《赠南山黄君归休序》中称赞黄君不计较个人得失，常常“辞貌整雅，时挟书出游”，每“闻法施财施之说”，总是“击节称善”，其“仗义周贫，虽倾床头阿堵，弗惜也”，意谓黄君为了扶困济贫，即使倾尽自己所有钱财也在所不惜。除此之外，王畿还对黄君抚恤兄长儿子、捐金筑邑城、响应国家号召承担采木之役，以及以儒家经史教育子弟的行为予以高度赞扬，认为黄君的行为与那些“射嬴牟息”者不可同日而语。

为了将黄君与饾饤小儒区别开来，王畿将“贾服儒行”之人与“儒服贾行”之人做了对比：

昔有儒而隐于屠者、渔者、耕牧者，要其质行，皎然与古为徒，其骨迄于今不朽。黄君盖辨此矣。慕义植伦咸儒者之实蹈也。然则君之托迹称质，安知不犹夫屠耶、渔耶、耕牧耶？彼沾沾以儒自名，媒青紫而干没铢两者，黄君且臣虏之矣。（《王畿集》之《赠南山黄君归休序》）

过去有一些儒者虽寄身于屠者、渔者、耕牧者等职业，但其品行诚朴，与古人无异，所以其风骨、气概至今不朽，黄君就是这样的人。而那些隐居山林、以儒者自居的人，却“媒青紫而干没铢两”，这种人连屠夫、渔夫、耕牧人都不如，更不要说与黄君相比了。

在王畿看来，贾、儒之别不在名衔身份，而在他们是否以儒家伦理作为行事准则。商人若有儒行，同样算是一个儒者，用汪道昆的话来讲，即“藉能贾名而儒行，贾何负于儒”（《太函集》之《明故明威将军新安卫指挥佥事衡山程季公墓志铭》）。

王畿旗帜鲜明地为徽商贾服儒行、经世济民的儒者风范扬名，打破了传统的重儒轻商观念，无疑能吸引包括徽商在内的社会各个阶层的人前来听讲。据有关材料记载，当王门高足来徽州参加讲会时，他们经常受到当地商人和大族的热情接待，如邹守益在徽州讲学期间，就有“鲍氏、程氏、潘氏、胡氏、戴氏、谢氏、李氏、吴氏、方氏、洪氏、余氏、王氏”等前来切磋学问，邹守益也亲切地称他们为“徽之同志”（《邹守益集》卷二《赠郑景明归徽》）。如此亲密的称呼蕴含着邹氏对徽商的理解、尊重和肯定，让一直受到歧视的徽商感到了温暖。所以，阳明学迅速地渗透进徽商群体，并渐趋大众化。

三

地方家族在文化传播中扮演着重要角色，其对某种学术的认同和支持，往往决定着该地文化的发展方向。阳明弟子高瞻远瞩，早已洞明这一点，所以，除了参加大量讲会、取得徽商的信任和支持外，他们也重视与徽州家族之间的互动。

王畿认为“吾人之学，始于家庭”，学问之“日充，日显由一家，以达于一邑一郡，以风动于四方”（《会言》之《余氏家会籍题辞》），所以阳明弟子在徽州参加讲会的过程中，时常通过徽州士人，与徽州的一些大小家族互动、往来，如为徽州一些家族的家会题辞、书写家会籍等等，并在与徽州地方家族的互动中传播阳明学。

嘉靖三十六年（1557），王畿来到婺源，与诸同志“晨夕相观”，讲述“先师遗旨”，“以相订绎”。（《会言》之《婺源同志会约》）在此期间，王畿与婺源大族——沱川余氏家族有所互动。在《会言》之《余氏家会籍题辞》中有这样的记载：

> 婺源沱川余氏汝兴、诚甫、孝甫等，谋于叔氏士晋，举合族之会，以示亲睦而征德业，相与乞言于予，记有终也。

为了显示家族成员间亲近和谐的关系，旌扬他们的德行与功业，婺源余氏大族举办家会，余氏家族中具有威望的成员一道“乞言”于王畿。王畿在受邀之后为余氏家会籍题辞，向他们阐述了儒家关于维护家庭和睦，提升家族成员内在修养的道理，以及德行高尚之人在整个家族中的重要意义等。从题辞的内容可以看出，王畿并没有刻意地宣传阳明心学，而是自然而然地谈论日常生活中最为普遍的家庭伦理，这种方式让徽州大族更易接受并感到十分亲切——这也是阳明高足受到徽州地方家族欢迎的原因之一。

那么，王畿到底是如何阐述家庭伦理的？其阐述家庭伦理的用意何在？在《会言》之《余氏家会籍题辞》中，王畿首先提出了“正家之道”须“恩义并用”，说：“家庭之间恩常掩义，恩洽而济之以义，则恩不渎义。敷而培之，以恩则义不乖，恩义并用，先后以节，正家之道也。”家庭伦理中，“恩”包含着“义”，“义”藏于“恩”中，“恩”“义”相互助益。以“义”为内涵而施“恩”于家庭成员，人们就不会轻忽“恩”；以“恩”为内涵而广传“义”，人们就不会背离“义”。只有“恩”“义”相倚，“恩”才不会泛滥而被人轻慢，“义”亦不会无限膨胀而窒塞人情；只有“恩”“义”并用，家庭关系才能和谐有序。

王畿还认为，“正家之道”非如声音笑貌，可以“袭取而得”，其根本在于反躬自省，使道德表现于日常的言行之中，从而以德服人，使家庭和谐稳定。在“庸言庸行”中尽君子之道，这是孔子家法，也是“正家之道”的根本。王畿引用《易·家人·象》中的言辞，说明具有明哲之德的人才能言之有物、行之有理，才能教化其他家族成员。王畿说：“言而有物，则非虚诬之言；行而有恒，则非邪妄之行。言非虚诬，家人得有所稽；行非邪妄，家人得有所赖，风动之机于己取之而已。”（《会言》之《余氏家会籍题辞》）意谓说话有根据，就不会出现虚妄之言；行动有准则，就不会出现乖谬之行。语言真实有据、行为可靠有理，就会获得家人的信赖和尊敬；以人伦道德自律，就会影响身边其他人。这是“风自火出”之象，即德教出于明哲。所以，只有提高自身的道德修养，言有实，行有理，言行一致，知行合一，才能树立威信，更好地教化家人。

在王畿看来，由于家族成员不可能都是完美无缺之人，故而需要家族中的“二三主会君子”来引导教育。而这“二三君子”，不仅要以自身的德行去影响家人，还需“积诚以感动之”，即以诚心去打动、感化家人。但这还不够，家族成员真要改过迁善，还须“自悟自改”，并由“二三君子”审视其言行，予以督促，与其共同经历这一改过自新的过程，此即王畿所说的“与之同过”，只有这样，才能“既不伤恩亦不废义”。由此可知，阳明学在当时已受到当地大族的认同，在徽州深入人心。

除了王畿，王阳明的另一位高徒钱德洪也十分重视家会。在他看来，“道始于家邦，终于四海”，所以家会在道学传播的过程中发挥着重要的作用。钱德洪说：

> 会于四方，则信乎者慱无择地矣。会于家庭，则信乎者益慱无择人矣。周子曰：“家难而天下易。”学征于日用，难者既乎，而易者自不容已焉，得道之常也。（《会言》之《书婺源叶氏家会籍》）

即是说，参加地方大会的成员来自四面八方、全国各地，参加家会的成员亦不分男女老少、鳏寡孤独，但是使某种学问扎根于家庭比扎根于天下难，因为家族成员的年龄、学术水平、理解能力各不相同。如果某种学问能在家族中流传，能够被每个家族成员吸收，那么其广传于社会也就不是什么难事了。

钱德洪一方面强调家会的重要性，另一方面也注重个人在家会中“自求会之端”，即家会的真实意义在于求“心一”。钱德洪以“家会”作为背景来阐述个人“一其心”的重要意义，而其意图则与王畿一样，即宣传阳明心学。钱德洪言：“知同志之会在四方，而不知自求其所会，其会也欺。知同志之会在家族，而不知自求会之端，其会也诬。”（《会言》之《书婺源叶氏家会籍》）无论是四方之会，还是家会，人都应“自求”，即自己寻求、体验“会”的终极意义和价值，否则举办任何讲会都是自欺欺人，都是有其形而无其实的空架子。

在《会言》之《书婺源叶氏家会籍》中，钱德洪以“人”引出了“心”，又以“心”引出了举会的意义。他说：“天有二气五运，会而为人；人有五类四体七窍，会而为心。”意谓人为天地万物间的至尊，而心则是人体的统帅，支配着人的“五类四体七窍”。钱德洪强调“心”的主宰地位，他认为“心之神明灵触，灵通主宰造化纲纪”，但他显然拔高了“心”的主宰力，因为宇宙中的不同事物需要不同的管理方法，这个管理方法即为“理”，所以“百物散为万殊，归而为一”。这一见解，貌似与程朱理学中的“理一分殊”在理论形式上有相同之处，但在内容上，钱德洪将“理”改为“心”，在某种意义上可称作“心一”而“分殊”。这里的“心”不是个体之心，而是具有普遍性的“理”之心，因为钱德洪认为心是“万理之会”，心即理，理即心。

但作为阳明弟子的钱德洪并不否认“心”也是个体的存在，既然心是“万理之会”，那么心作为个体的存在又如何与理合一？针对这个问题，钱德洪说：“故心一则神明察，而万理时出；心二则神明蔽塞，万理乖隔。”（《会言》之《书婺源叶氏家会籍》）心若专一于理，人的精神头脑就会清明，万物之理就会自然而然地随心而出，从而达到心与理一的境地；而心若有杂念，人的精神头脑就会受到蒙蔽，万物之理就会受到阻滞，心与理也就无法达到合一的状态。由此可知，钱德洪在程朱理学“理一分殊”的理论模式下解释心的普遍性，使徽州学者更易进入心学的思想体系；同时，他又不否认个体之心与外物之理合一的可能性，这在某种程度上迎合了徽州学者以主体之心把握万物之理的现实需求。

总之，阳明高足在进入徽州后参加了大量讲会，占据了徽州的学术讲坛，进而弘扬王阳明的“新四民观”，俘获了徽州商人的心，得到了大量徽商的支持和拥护，最后深入徽州大族，真正渗透进徽州的社会内部，实现了阳明心学在徽州的大众化。这一实践经验，为我们今天推进儒学大众化提供了借鉴，即学者们必须走向民间，举办儒学讲座，向普通民众阐述儒家的微言大义，同时还要贴近百姓生活，让百姓真正明白儒学的意义和价值进而以之为精神食粮；除此之外，还需倡导全社会重视家庭伦理建设，以儒家思想的精华陶染家庭成员，使其德行落到实处。由此可见，阳明学在徽州的传播，为当今儒学的复兴提供了可循的实践路径。

（刘艳、解光宇撰，原载《孔子研究》2017 年第 3 期，收入本书时有改动）

朱子新安后学对“理”的解构及其意义

“理”是宋明理学的核心范畴，然而，尊朱熹为宗师的新安理学派对“理”进行扬弃，剔除其至上性、神秘性和主观性，赋予其客观性和规律性。程洵认为，“理”是“自然之节”，“不为言之有无而损益”；陈栎认为，理，“道理也”，“文理、条理是也”；朱升认为，“理者，纹理之谓也”，“如身体之脉理，如枝干之纹理”；倪士毅认为，理是“礼文”，“是人事中之理”；戴震认为，理者，“曰肌理，曰腠理，曰文理”。新安理学派之所以对“理”进行解构，是因为他们继承并发扬了传统儒学中的求实求真精神和经世致用理想，所以在目睹了理学被统治者用为“忍而残杀之具”，阻碍了徽商经济的发展后，他们便决意对“理”进行解构，还原“理”的本来面貌。新安理学派在对“理”进行解构的同时，还体现出了对朱子学的继承与发展、守正与出新。

宋明理学中，一个重要的、基础性的范畴就是“理”。无论是程朱理学还是陆九渊心学，都对“理”做了论述。“二程”认为，“理者，实也，本也”(《二程集》之《河南程氏遗书》卷第十一)，“所以谓万物一体者，皆有此理，只为从那里来”(《二程集》之《河南程氏遗书》卷第二上)，“天下只有一个理”（《二程集》之《河南程氏遗书》卷第十八），意谓“理”为客观存在，并且理产生万物，是世界的本原。可见“二程”将理规定为实有而非象、本无而不空的精神绝对体。朱熹继承“二程”“理”的思想，认为“宇宙之间，一理而已，天得之而为天，地得之而为地”（《朱子全书》第二十三册《读大纪》），“未有天地之先，毕竟也只是理。有此理，便有此天地；若无此理，便亦无天地。无人无物，都无该载了。有理便有气流行，发育万物”（《朱子语类》卷一），即理为物之本、气之本，是天地的本原。

陆九渊认为，“塞宇宙一理耳”（《陆九渊集》卷十五《与吴斗南》），“此理在宇宙间，未尝有所隐遁，天地之所以为天地者，顺此理而无私焉耳。人与天地并立而为三极，安得自私而不顺此理哉？”（《陆九渊集》卷十一《与朱济道》），“理之所在，固不外乎人也”（《陆九渊集》卷三十二《学古入官议事以制政乃不迷》），“人皆有是心，心皆具是理，心即理也”（《陆九渊集》卷十一《与李宰》）。此即谓“理”在宇宙间，天、地、人“三极”归于一理；但“心即是理”，心与理是合一的，明理就是明心。

可见，无论是“二程”还是朱陆，都赋“理”以神秘性与主观性，然而朱子新安后学在诠释“理”的过程中，对“理”进行了解构，剔除其至上性、神秘性和主观性，赋予其客观性和规律性。这一过程是由程洵开其端的。

一、理是“自然之节”，“不为言之有无而损益”

理“不为言之有无而损益”，是朱熹高足程洵的观点。程洵（1135—1196），原字钦国，后更为允夫，号克庵，婺源人，朱熹内弟。程洵在朱熹的教诲和影响下，致力于孔孟之学、濂洛之书，终成新安理学大家，以至于“士友登其门者，如出文公之门”（《紫阳书院志》卷八《程克庵先生》）。所著文集为《尊德性斋集》。

从现有的资料看，程洵的理学思想主要散见于《晦庵先生朱文公文集》卷四十一《答程允夫》（《朱子全书》第二十二册）中。在朱熹文集里，与程洵的往来书信约三十通，其中，对程洵予以指教或对程洵见解进行点评的书信主要有十三通。

从朱熹《答程允夫》中可以看出，程洵对“理”的理解是：

仁者，天理也。理之所发，莫不有自然之节，中其节，则有自然之和，此礼乐之所自出也。人而不仁，灭天理，夫何有于礼乐？

朱子评点说：

此说甚善。但“仁，天理也”，此句更当消详，不可只如此说过。

程洵认为，“理”来自“天”，即“自然之和”，也即“礼乐之所自出”，如果“灭天理”，就无所谓礼乐，而如果没有礼乐，人类社会也将大乱。此说为朱熹认可。但是，朱熹认为程洵“仁，天理也”的说法尚不准确、完整，而应全面理解“理”的内涵，即“理”涵盖自然界和人类社会运动、变化和发展的规律和法则，“仁”仅是“理”的一个特征。所以朱熹要程洵对“理”“更当消详”。

从这里可看出，程洵将“理”理解为“仁”与“自然之节”，也即自然规律。符合自然规律，即为“中其节”“自然之和”，而人类社会中的“礼乐”，则是“理”的外化形式。

程洵进一步指出：

“天何言哉？四时行焉，百物生焉。天何言哉！”洵窃谓四时行、百物生，皆天命之流行，其理甚著，不待言而后明。圣人之道亦犹是也，行止语默无非道者，不为言之有无而损益也。有言，乃不得已为学者发耳。明道先生言“若于此上看得破，便信是会禅”，亦非谓此语中有禅，盖言圣人之道坦然明白，但于此见得分明，则道在是矣，不必参禅以求之也。

朱子评曰：

如此辨别，甚善。近世甚有病此言者，每以此意晓之，然不能如是之快也。

程洵认为，自然界与人类社会的发展、运动、变化都有其自身的规律，“四时行焉，百物生焉”，都是自然规律的体现。“理”是客观存在的，“不为言之有无而损益”，不以人的意志为转移。

二、理，道理也，文理、条理是也

理，道理也，文理、条理是也。这是陈栎对“理”的诠释。陈栎（1252—1334），字寿翁，号定宇，晚号东阜老人，徽州休宁（今安徽黄山休宁）人。陈栎师事新安理学家黄智孙，黄智孙师从滕璘之子滕武子，滕璘为朱熹及门弟子，故陈栎为朱熹的四传弟子。其主要著述有《四书发明》《礼记集成》《书传纂疏》《六典撮要》《定宇集》等。明代纂修《四书大全》，引陈栎之说颇多。

“性”与“理”是宋明理学的核心范畴，朱子学的宗旨也是“穷理尽性以期圣”。陈栎对朱子学的性理思想做了进一步的改造与阐发，认为“理，道理也”“文理、条理是也”。他说：

> 天所赋为命，人所受为性，所赋所授，不过此理而已。理，道理也，然道字大纲包涵说理字。就道字中分析精细说，如言：文理、条理是也。在物为理。理虽散在万物，而实具于人之一性。（《定宇集》卷七《答问》）

陈栎从朱子“理一分殊”出发，阐明了道主统而理主分，言性言命，皆是言理。他再进一步把性命之理贯通而为道德本体，即仁义礼智。他说：

> 性中之理何物也？就其大者言之，仁义礼智是也。故朱子《大学序》曰：“天降生民，则既莫不与之以仁义礼智之性。”观此言可见矣。天下之理，此四者足以该之。天下道理千般万样，皆自此四者出耳。（《定宇集》卷七《答问》）

这是对孟子“性善论”及“四端说”的继承。据此“性理一体”之说，陈栎批评了荀子的人性说，指出荀子“言性不言理，则不知性中实具此理”（《定宇集》卷七《答问》），批评荀子视人性为恶，而不知本善之理存于性。陈栎还更深一层地说明理性不容分涉，物我皆具此理，他说：“以理言性则可见天下无不善之理，则无不善之性可知矣。……此物我一理之妙，而合内外之道也。”（《定宇集》卷七《答问》）陈栎这种“性理不二”的见解，是在“天人合一”思想的基础上阐发的。天虽能赋人以“性”，却不能使所有人都成全这天成之性，原因就是人的气质之禀不同，而天地之性与气质之性亦是杂糅在一起的。命、理、太极流行而为元、亨、利、贞，元、亨、利、贞为天道之常，仁、义、礼、智为人性之则，“天”“人”并非二理。

三、理是“礼文”，“是人事中之理”

理是“礼文”，“是人事中之理”。这是倪士毅对“理”的诠释。倪士毅（1303—1348），字仲弘，号道川，徽州休宁（今安徽黄山休宁）人。他曾师从新安理学名儒陈栎，故可说学承朱子，代表作为《四书辑释》。《宋元学案》将倪士毅归入《沧洲诸儒学案·定宇门人》中，并谓士毅与赵汸、汪克宽朝夕讲学，时称“新安三有道”。倪士毅对“理”的诠释，是从对朱熹“礼者，天理之节文，人事之仪则”（《朱子全书》第六册《论语集注》）的解释开始的。倪士毅认为：

> 天下有当然之理，但此理无形影，故作此礼文画出一个天理，与人看使有规矩可以凭据，故谓之天理之节文。黄氏曰，如天子之服十二章，上公九章，各有等数，此是节；若山龙华虫之类为节，此是文；如冠如婚，此是人事……陈氏曰，天理只是人事中之理，而具于心者也，天理在中而著于事，人事在外而根于中，天理其体而人事其用也。节文仪则四字相对说，节则无太过，文则无不及……胡氏曰，天理其体，故先节而后文，人事其用，故先仪而后则。程曰，天理、节文、人事、仪则，上言经礼，下言曲礼。（《四书辑释·论语卷一》）

倪士毅认为，“理”不是抽象的精神实体，而是具体的“礼文”，使人有规矩。如冠礼、婚礼等社会礼仪，就都是“理”的体现，也是“千万个理只是一个，如事君忠是此理，事亲孝、交友信也是此理，以至精粗大小之事皆此一理贯通之”（《四书辑释·论语卷四》），故“理”是人事中之理。

朱熹将《四书》中的“天”“天命”也同样诠释为“理”“天理”，使神圣而具有超越性的“天”“天命”转变为更具哲学理论色彩的“理”“天理”。倪士毅对此也做了进一步的说明，他所理解的“理”，是人文世界中的“所当然之则”，是自然世界中的必然法则。

四、理者，在物之质，曰肌理、腠理、文理

理者，“在物之质，曰肌理，曰腠理，曰文理”。这是戴震对“理”的诠释。戴震（1724—1777），字东原，徽州休宁（今安徽黄山休宁）人，清代著名学者。戴震认为：“理者，察之而几微必区以别之名也，是故谓之分理；在物之质，曰肌理，曰腠理，曰文理；得其分则有条而不紊，谓之条理。”（《戴震全书》第六册《孟子字义疏证》卷上）可见，戴震将“理”解释为“肌理、腠理、文理”，是内在于万物的“质”的规定性，而不是至高无上的“天理”。“就事物言，非事物之外别有理义也；‘有物必有则’，以其则正其物，如是而已矣。”（《戴震全书》第六册《孟子字义疏证》卷上）这显然在说，“理”就是事物运动的必然，不在事外，更不在事先，从而反对程、朱将“理”看作主宰万事万物的精神性的抽象的实体。

戴震不仅把“理”视为“物则”，而且认为“理义根于性”。戴震人性学说的基本观点是：性成于阴阳五行，理义根于性，万物皆由“阴阳五行”“气化流行”自然生成，人性也不例外；“古人言性，但以气禀言”，“举凡品物之性，皆就其气类别之。人物分于阴阳五行以成性，舍气类，更无性之名”（《戴震全书》第六册《孟子字义疏证》）。意谓“性”是事物赖以相互区别的自然物质特性。人性是由“气类”生成的，其具体表现形式是“血气心知”，他说：“血气心知，性之实体也。”（《戴震全书》第六册《孟子字义疏证》卷中）程、朱所谓的“义理之性”并不是先天存在的，而是“心知”活动的结果，是后天所得，“血气心知”才是“性”的唯一的内在规定性。

戴震不仅以“血气心知”之性反对“天命之性”，还以“情欲为性”反对“以理为性”。他说：“人生而后有欲，有情，有知，三者，血气心知之自然也。”（《戴震全书》第六册《孟子字义疏证》卷下）“欲”是人“声色臭味”的需求，“情”是人“喜怒哀乐”的表现，“知”则是人辨别美丑是非的能力。戴震没有把“情欲”排斥在“性”之外，而是将其直接纳入“性”之中，故而他

说："给于欲者，声色臭味也……声色臭味之欲，资以养其生……"（《戴震全书》第六册《孟子字义疏证》卷下）即把声色臭味等人欲看作人自然且正常的需求，这种需求并不是恶的，相反，人特有的"心知"能使这些欲望得到合乎自然规律的发展，这就是"善"。所谓"人性善"，并不意味着人性先天即善，而是人性中的"心知"能明"理"。从这一观点出发，戴震认为人性善与恶的区别不在于能否"存天理，去人欲"，而在于有没有理智地指导情欲，如果情欲的发展合乎自然规律，那么人性就一定是善的而不是恶的。戴震进而用"物"和"则"来说明"欲"和"理"的关系，他说："理者存乎欲者也""欲，其物；理，其则也"，又说，"欲者，血气之自然""由血气之自然，而审察之以知其必然，是之谓理义"。（《戴震全书》第六册《孟子字义疏证》卷上）所以，"天理"与"人欲"不仅不是对立的，而且是互相统一的，是"理存于欲"。戴震又旗帜鲜明地提出："有欲而后有为，有为而归于至当不可易之谓理；无欲无为又焉有理！"（《戴震全书》第六册《孟子字义疏证》卷下）从而充分肯定了人的正当欲望和要求，表达了"体民之情，遂民之欲"（《戴震全书》第六册《孟子字义疏证》卷上）的良好愿望。

戴震对程朱理学的揭露和批判，表明他在一定程度上看出了程朱理学的伪善、残忍的本质，表达了民众对封建专制和礼教的反对情绪。同时，他的"理存于欲"的人性学说，将批判的矛头直指封建纲常伦理，动摇了以"天理"为性的封建人性学说的基石，预示着整个封建伦理学说体系行将崩溃。这就是说，戴震对"理"的解构，不仅在本体论上对程朱的"天理观"进行了辩证的扬弃，而且对程朱的"理欲观"进行了更深入的批判，这使戴震被誉为中国18世纪杰出的唯物主义启蒙思想家。

五、结　语

朱子新安后学，大部分是朱熹的弟子和再传弟子，然而，从他们对"理"的解构中可见，他们的哲学思想宗朱而又不尽同于朱，反映了对朱子学的扬弃。他们不迷信教条，能够与时俱进，在治学上守正而又出新。

从程洵到戴震，朱子新安后学不断对“理”进行着解构，他们之所以这样做，原因之一就是他们秉承了传统儒学中的求实求真精神和经世致用理想。如朱升就强调“深究乎其所未明”“求真是之归”，不仅求实求真敢于怀疑，而且对社会现实有深刻的观察与思考，故向朱元璋提出了“高筑墙，广积粮，缓称王”的对策。这种既关注现实又善于从义理的高度解决现实问题的新安理学传统，无疑是新安理学派能够突破程朱之“理”的根源。

新安理学解构程朱之“理”的另一成就，是其对徽商商业理念的铸就。强大的徽商经济引起了徽州地区社会价值观的变革，这一变革最突出者有三：平等的要求、义利关系的重新定位、理欲关系的调整。徽州地区地少人多，百姓多为谋生而经商，经商也因此被称作“生意”，侧面体现出了儒学的真精神。如戴震出生于商贾之家，自有“四民平等”的意识，故而把传统的“重义轻利”观念改造为“以义取利”观念，强调“财自道生”，从而使义与利、理与欲统一起来。但是，在现实中，戴震感受到的依然是陈腐的轻商观念，依然是尊卑等级的压迫，依然是“天理”与“人欲”的不可调和。于是，他认为，如果不破除“灭人欲”之说，就不可能有“人伦日用”的流通，就不可能有商业的发达和商贾的人格尊严；如果不破除气外、物外之“理”，“天理”就永远是一把悬在民众头顶的达摩克利斯之剑。戴震主张“通天下之情，遂天下之欲”（《戴震全书》第六册《孟子字义疏证》卷下），怒责宋儒“以理杀人”，体现了平民的心声；当然，也正是平民精神的滋养，使戴震能够洞见朱熹之误，发出时代的最强音。

（原载《鹅湖》2011年第10期，收入本书时有改动）

第五章 清代儒学

论戴震“体民之情，遂民之欲”的民本伦理观

戴震是我国古代杰出的思想家，他不仅在自然科学、考据学上有突出贡献，在伦理学上也卓有建树。南宋以降，程朱“存理灭欲”成为封建社会后期的纲常伦理，严重地摧残了人性。戴震目睹社会现状，对“存理灭欲”的思想展开了批判，提出了“理存于欲”“体民之情，遂民之欲”等民本伦理思想，为平民阶层争得了生存权，亦对后世产生了深远的影响。

一、程朱“存理灭欲”的伦理观

南宋以降，程朱理学被尊为统治阶级意识形态，尤其在社会伦理层面，“存天理，灭人欲”更是成为道德评价标准。“二程”开创了以“天理”为核心的理学体系，认为这种形而上的“天理”是世界的本原，万事万物皆来自“天理”。这个“理”在不同事物身上会呈现出不同的特性，“其体则谓之易，其理则谓之道，其用则谓之神，其命于人则谓之性”（《二程集》之《河南程氏遗书》卷第一）。“天理”还具有绝对性、普遍性和恒常性的特点：“天理云者，这一个道理，更有甚穷已？不为尧存，不为桀亡。人得之者，故大行不

加，穷居不损。这上头来，更怎生说得存亡加减？是佗元无少欠，百理具备。”（《二程集》之《河南程氏遗书》卷第二上）

在人性方面，“二程”吸收了张载的“天地之性”和“气质之性”的理论，将人性分为“天命之性”和“生之谓性”。“天命之性”即“理”，是善的；“生之谓性”即“气禀之性”，有善有恶。“天理”是社会伦理道德的最高原则，是人的最高价值标准，而其内在的仁、义、礼、智、信具有先验性、普遍性和恒常性，需要人们遵守。作为“天命之性”的“天理”落实到社会生活中，就表现为“礼”，成为父子、君臣、兄弟、夫妻、朋友间各种行为关系的标准和原则。“人伦者，天理也”（《二程集》之《河南程氏外书》卷第七），“父子君臣，天下之定理，无所逃于天地之间”（《二程集》之《河南程氏遗书》卷第五），“二程”所论述的“天理”是体用贯通、内外合一的，体现了儒家“内圣外王”与“极高明而道中庸”的特点。“二程”进一步阐述“天理”与“人欲”的关系：“人心私欲，故危殆。道心天理，故精微。灭私欲则天理明矣。”（《二程集》之《河南程氏遗书》卷第二十四）“人心”发乎“情”，是“不善”的，是“私欲”，而“道心”就是“天理”。私欲危害人的生活，对社会伦理道德体系的构建与真善美理想境界的缔造有极大妨害，故而只有消灭了人的私欲，昭昭天理方能彰显。“二程”还具体分析了人的私欲：“甚矣欲之害人也。人之为不善，欲诱之也。诱之而弗知，则至于天理灭而不知反。故目则欲色，耳则欲声，以至鼻则欲香，口则欲味，体则欲安，此皆有以使之也。”（《二程集》之《河南程氏遗书》卷第二十五）人的各种私欲来源于眼、耳、鼻、口、身等感官对色、声、香、味、安的欲求，这些私欲不断膨胀，致使人沦为“不善”，进而“天理”泯灭却迷不知返。“二程”笼统地将人们维持生命的基本物质需求一概列入“私欲”范围，与“天理”相对立，无疑是对人性的严重束缚。

朱熹进一步发展了“二程”的“理欲观”，对“二程”“人心即人欲”的观点做了修正，提出了“道心”与“人心”。他说：

> 心之虚灵知觉，一而已矣，而以为有人心、道心之异者，则以其或生于形气之私，或原于性命之正，而所以为知觉者不同，是以或危殆而不

安，或微妙而难见耳。然人莫不有是形，故虽上智不能无人心，亦莫不有是性，故虽下愚不能无道心。（《四书章句集注·中庸章句序》）

朱熹把“道心”“人心”与“天命之性”“气质之性”联系了起来，认为“人心”即眼、耳、鼻、口、身等感官躯体的欲望，“道心”则体现在对“天理”的追求上，“人心”是有善有恶的，“道心”会因受“人心”私欲的蒙蔽而无法显现。圣人具有“道心”，不会被私欲杂念所蒙蔽，而大多数“众人”只具有“人心”，所以“众人”若想达到圣人的境界，就必须剔除一切私欲，不为外物所诱惑，使自己的一切思想与行为都符合伦理纲常的要求，符合“天命之性”的要求，此即“存天理，灭人欲”。

程、朱“存理灭欲”的伦理观作为封建社会后期的正统伦理观，严重地戕害了民众的人性，尤其是对妇女生命的轻视和摧残，更是令人触目惊心。在徽州的文献记载中，节妇烈女随处可见。康熙年间的《徽州府志》中有言：“节妇烈女，惟徽最多。”有学者做过统计，民国《歙县志》中记载的祁门烈女有2839人，而黟县旧志则载该县烈女1834人。在婺源县，道光十八年（1838）立了一座孝贞节烈总坊，表彰宋代以来婺源的孝、贞、节、烈女性2658人。光绪三年（1877）重建节孝祠，人数骤增至5800有余。自元代延祐六年（1319）见于记载的徽州第一座贞节牌坊出现后，到明代弘治年间，贞节牌坊已有14座。明代中后期以后，伴随着徽州一系列社会变化，如宗法制度不断完善、封建仪礼观念日益深入人心、徽商不断崛起等，徽州节妇烈女大量涌现，贞节牌坊亦遍地林立。以歙县为例，在现存的101座牌坊中，贞节牌坊占了近37%，共有37座。徽州贞节牌坊表彰的女性，或一坊一人，或一坊多人，“还有一些总坊，表彰的人数可达数千甚至上万。比如至今仍立于歙县县城南街应公井巷口的‘孝贞节烈坊’，建于清代光绪三十一年（1905），高6.6米，宽6.46米，厚0.65米，旌表徽州府及属县有记载的孝贞节烈者共65078人”[①]。这些清代及之前的节妇烈女的故事令人震惊，折射了徽州女性的悲惨命运，而这一现象的出现来源于理学思想对人们潜移默化的禁锢。程朱理学在明清

① 周晓光：《新安理学》，安徽人民出版社2005年版，第267页。

时期开始片面地强调“存天理，灭人欲”，秉持“饿死事小，失节事大”的观点，斥责妇女“夫丧改嫁”的行为，鼓励妇女守节或轻生，这无疑是封建时代中的文化糟粕。

二、戴震提出“体民之情，遂民之欲”的民本伦理观

戴震生活在这样的时代中，深受社会现实的感染和震撼，故而对程朱“理欲观”展开了批判，提出了新的“理欲观”，开启了解放人性的思潮。戴震对“理”的理解与传统理学家的理解有显著区别。戴震认为：“理者，察之而几微必区以别之名也，是故谓之分理；在物之质，曰肌理，曰腠理，曰文理；得其分则有条而不紊，谓之条理。”（《戴震全书》第六册《孟子字义疏证》卷上）戴震认为“理”不是空泛的、形而上的理，而是一种内在于事物本质的理；认为“理”就是肌理、腠理、文理，是事物内在的本质的规定性，从而否定了至高无上的“天理”。“就事物言，非事物之外别有理义也；‘有物必有则’，以其则正其物，如是而已矣。”（《戴震全书》第六册《孟子字义疏证》卷上）不存在脱离事物的“理”，不同事物有其各自不同的“理”，“理”不在事外，也不是先验的，它只存在于事物之中。可见，戴震反对程、朱将“理”看作主宰万事万物的抽象实体之观点。

对程、朱“存理灭欲”的批判，戴震是做出了突出贡献的。戴震人性学说的基本观点是：性成于阴阳五行，理义根于性，万物由“阴阳五行”“气化流行”自然生成，人性也不例外；“古人言性，但以气禀言”，“举凡品物之性，皆就其气类别之。人物分于阴阳五行以成性，舍气类，更无性之名”。（《戴震全书》第六册《孟子字义疏证》）肯定“性”是事物赖以相互区别的自然物质特性。人性是由“气类”生成的，其具体表现形式就是“血气心知”，故谓“血气心知”是性之实体。程、朱所说的“义理之性”，并不是先天存在的，而是“气知”的结果，即后天的认识，所以戴震说“言理义之为性，非言性之为理”（《戴震全书》第六册《孟子字义疏证》卷中），而“血气心知”才是“性”唯一的内在规定性。

戴震不仅以“血气心知”之性反对“天命之性”，还以“情欲为性”反对

"以理为性"，肯定人的自然欲望、情感与对知识的追求。他说："人生而后有欲，有情，有知，三者，血气心知之自然也。"（《戴震全书》第六册《孟子字义疏证》卷下）"欲"指人对声、色、味的追求，"情"指人的喜怒哀乐，"知"则指人辨别美丑是非的能力。戴震并不将"情欲"排斥于"性"之外，而是将其直接纳入"性"之中，因此他说："有血气，则所资以养其血气者，声、色、臭、味是也。""口之于味、目之于色、耳之于声、鼻之于臭、四肢于安佚之为性……"（《戴震全书》第六册《孟子字义疏证》卷中）意谓声色臭味等人欲都是人的自然欲求，这种欲求并不是恶的，相反，在人特有的"心知"的指导下，这些欲望能得到合乎自然规律的发展，故而也可是"善"的。所谓"人性善"，并不是天生即善，而是"性"中之"心知"能认识理。从这一观点出发，戴震认为区分善恶的关键不在于能否"存天理，去人欲"，而在于能否理智地引导人欲。人欲不是恶的，只要它能得到合乎自然规律的发展，就可以是"善"的。

戴震在"理""欲"关系的问题上持与程、朱不同的观点，他没有将"理"与"欲"对立起来。同样是扬善去恶，戴震认为扬善去恶的方法是理智地指导情欲，只要情欲能按自然规律发展，就一定会是"善"的：

> 欲者，血气之自然，其好是懿德也，心知之自然，此孟子所以言性善。心知之自然，未有不悦理义者，未能尽得理合义耳。由血气之自然，而审察之以知其必然，是之谓理义。（《戴震全书》第六册《孟子字义疏证》卷上）

他进而用"物"和"则"的关系来说明"理"和"欲"的关系，说："理者存乎欲者也""欲，其物；理，其则也"，又说，"欲者，血气之自然""由血气之自然，而审察之以知其必然，是之谓理义"。（《戴震全书》第六册《孟子字义疏证》卷上）所以，"天理"与"人欲"不仅不是对立的，而且是互相统一的，是"理存于欲"，他旗帜鲜明地提出："有欲而后有为，有为而归于至当不可易之谓理；无欲无为又焉有理！"（《戴震全书》第六册《孟子字义疏证》卷下）从而充分肯定了人的正当欲望和要求，表达了"体民之情，遂民之欲"的良好愿望。

戴震认为“理”与“欲”是相辅相成、相互统一的，他肯定了人的正常欲求，主张“体民之情，遂民之欲”，而不是以“天理”为口实来戕害民众。他曾说：

今之治人者，视古贤圣体民之情，遂民之欲，多出于鄙细隐曲，不措诸意，不足为怪；而及其责以理也，不难举旷世之高节，著于义而罪之，尊者以理责卑，长者以理责幼，贵者以理责贱，虽失，谓之顺；卑者、幼者、贱者以理争之，虽得，谓之逆。于是下之人不能以天下之同情、天下所同欲达之于上；上以理责其下，而在下之罪，人人不胜指数。人死于法，犹有怜之者；死于理，其谁怜之！（《戴震全书》第六册《孟子字义疏证》卷上）

戴震“理存于欲”，以及“体民之情，遂民之欲”的思想为“卑贱者”的生存权提供了理论根据。当时的民众饥寒号呼，男女哀怨，以至垂死冀生，而统治者则骄奢淫逸，对百姓施以暴政，将“存理灭欲”充当自己的“忍而残杀之具”，使不计其数的平民百姓在这把“软刀子”下含怨而死。在戴震的家乡徽州，这种情况比比皆是，据有关史料记载，徽州有一蒋姓烈女，十八岁时丈夫去世，便决心自绝以表节烈。她先是自缢殉夫被救，接着绝食五日却未死成，又用斧头自击头部仍未绝命，最后跳楼而亡，“完其名节”。歙县商人谢缙在外病故，其妻蒋氏时年十九，为殉夫跳楼自尽，竟把楼下的石板撞为两截，血溅断石，尸横街头，惨不忍睹。作为“程朱阙里”的徽州，节妇烈女“当他省之半”，民间守寡者，有的婆媳同守，有的妯娌同守，有的甚至祖孙四代同守。歙县曾有一座“孝贞烈坊”，就集中表彰了府属“孝贞节烈妇女六万五千零七十八口”。[①] 戴震曾悲愤地控诉程朱理学：

呜呼！今之人其亦弗思矣。圣人之道，使天下无不达之情，求遂其欲而天下治。后儒不知情之至于纤微无憾，是谓理。而其所谓理者，同于酷吏之所谓法。酷吏以法杀人，后儒以理杀人，浸浸乎舍法而论理。死矣！更无可救矣！（《戴震全书》第六册《与某书》）

① 详见《徽州社会科学》1995年第3、4期。

戴震愤慨地指出了“存理灭欲”的残忍，试图为底层百姓讨回公道，向封建伦理糟粕叫板。

戴震呼吁“体民之情，遂民之欲”，承认民众的正当需求，为民众的生存发展争取权益，他的思想有利于刚萌芽不久的商品经济的发展，对中国近代思想界亦具有重大的启蒙意义。戴震这种敢于与黑暗势力、封建权贵斗争的精神和勇气，令人钦佩。

三、戴震“体民之情，遂民之欲”思想的影响

在中国的封建时代，男尊女卑的思想根深蒂固，等级观念亦牢不可破，但戴震对这种腐朽落后的思想观念进行指斥与反抗，不仅在当时的社会上掀起了一场巨大的波动，也为学术界带来了一场疾风骤雨。戴震的学术思想对后世学者影响甚深，徽州学者凌廷堪和俞正燮，就是其中的代表人物。

嘉庆、道光年间著名的朴学家凌廷堪继承并发展了戴震的思想，长期从事《礼经》研究，提出了自己的礼学思想。在对“理”的理解上，他认为宋明理学家所说之“理”掺杂了禅学思想，完全背离原始的儒学思想，故而将“理”归结为“实事”，提出了“以礼代理”“礼实理虚”“学礼复性”等观点。在凌廷堪看来，程朱理学中的“天理”实际上已经成了一种政治统治的工具，已经蜕变成封建君主专制制度下的伦理道德规范，已经丧失了学术活力。西方著名的唯意志论哲学家叔本华曾经讥讽黑格尔，说他当时的思想已经枯萎，变成了统治阶级的工具和附庸，成为赚钱、谋生的东西，再非哲学与真理。叔本华的执着最终迎来了理性时代。每一个时代都不是永恒的，最终都会有一个新的时代来终结、代替它，哲学是时代的精华，只有坚持质疑传统、挑战权威，才能保持生命力与创造力。凌廷堪也是时代的抗争者，他认为天理和人欲不是对立的，而是相合的，“礼”能够很好地调节天理和人欲之间的关系，在满足人欲的同时节制人欲，使天理与人欲协调发展，发而皆中节。

俞正燮出身贫苦，但从小就十分好学，博览群书，且视角独特，不盲从权威。他倾慕江永、戴震的学问，继承了戴震一派的学术体系，提倡男女平等，批判严酷的贞节观念。他在《节妇说》（《俞正燮全集》第一册）中强烈批判

了封建礼教对妇女的贱视与摧残：

> 自礼意不明，苛求妇人，遂为偏义。古礼，夫妇合体同尊卑，乃或卑其妻。古言“终身不改”，言身，则男女同也。七事出妻，乃七改矣。妻死再娶，乃八改矣。男子理义无涯涘，而深文以罔妇人，是无耻之论也。

并对男女地位不平等的现状深致不满：“呜呼！男儿以忠义自责则可耳，妇女贞烈，岂是男子荣耀也！”（《俞正燮全集》第一册《贞女说》）他又明确地指出，妇女“再嫁者，不当非之；不再嫁者，敬礼之斯可矣”（《俞正燮全集》第一册《贞女说》），认为妇女有再嫁或不再嫁的自由，他人无权干涉——这实是对戴震“体民之情，遂民之欲”思想的继承。除此之外，俞正燮还力图将男女平等问题与古代礼教联系起来，注重妇女地位的提高，他说：“礼本人情，必各遂之，其义始备。”（《俞正燮全集》第一册《娣姒义》）“天下无生而贵者也。”（《俞正燮全集》第一册《释士补仪礼篇名义》）他曾引用典籍中记载的“使其国见其小君。其君出朝会，亦夫妇偕行”（《俞正燮全集》第一册《大象传后义》）等，来证明古代礼节中男女地位是平等的。对此，有学者指出：

> 维护妇女权益，主张男女平等，最能体现俞正燮近代人文思想先驱者的风采。俞正燮的妇女观，完全撇开了以二十四史为代表形成的以礼教道德为观察问题的立场，异常鲜明地反对摧残、压迫、歧视妇女。[①]

可见，俞正燮继承了戴震的民本伦理思想并对之进行发展，故而堪称一位伟大而富有创新精神的思想家。

戴震提出的“理存于欲”，以及“体民之情，遂民之欲”的民本伦理观，是一个时代的强音，而戴震学术思想的形成，亦标志着新伦理的衍生。戴震以降，思想界更加重视对封建社会伦理道德规范的质疑和反思，对天理、人欲的内涵与关系做进一步思考，虽然其力量还不足以冲破封建纲常礼教的藩篱，但依旧为构建崭新的民本、人权、伦理思想体系奠定了基础。

（原载韩国成均馆大学《儒教文化研究》2014年特辑，收入本书时有改动）

① 于石：《试论俞正燮》，《安徽大学学报（哲学社会科学版）》1998年第4期。

金榜《礼笺》述论

清代学者金榜出身于徽商之家，为乾隆三十七年(1772)状元，是乾嘉汉学的中坚人物。其一生唯一著作《礼笺》一书，以古礼证今俗“贯串群言，折衷一是”(《礼笺》序)，成为清代礼学研究的标志性成果。同时，金氏以缙绅身份居家治学，以期复古礼仪、弘扬儒术、振兴世风，这对时代学风及地域社会民俗都有重要的引领作用。

一、引　言

明清时代的徽州是一个典型的宗法制社会，尊卑有序，礼仪井然，各大宗族逐渐形成和发展了一整套族规家法，对宗族成员的日常生活具有很强的约束力。同时，在士人乡绅层面上，新安理学家们一方面在学理层面上建构儒家思想体系，一方面又在社会层面上热心于宗族规约的制定与施行，成为宗族社会稳步发展的有力推动者。他们推崇和依据的朱熹《家礼》中的伦理观，就是宗族制定族规和祖训的理论依据，其对礼仪规范与礼学著作的探讨、研究，也是在宗法族权活动的基础上对儒家经典再诠释的重要手段，是宗族聚居村落中民俗文化和村民行为的管理指南，故徽人许承尧曾自豪地说：“徽州独无教门，亦缘族居之故……徽俗不尚佛、老之教，僧人道士，惟用之以事斋醮耳……于以见文公道学之邦，有不为歧途惑者，其教泽入人深哉。”（《歙事闲谭》卷十八《歙风俗礼教考》）徽州学者多以礼学见称，故“天下名山僧占多”之谚在此地体现得不鲜明。明代中后期，徽州地域风俗受外界影响甚深，新安理学也受到阳明心学的猛烈冲击，休宁的还古书院即成为心学家的宣讲阵地，湛若水等一批士人在此地的讲会盛极一时；同时，释道之学也随之渗入了徽州民众的日常生活，其末流对民风民俗产生了一定的负面影响，如雍正年间，休宁的吴翟便揭露了这种种恶俗：“概自昏礼不明，有阴阳拘忌，选命合昏，男女失时者……有男女混杂，行类禽兽，如世俗所谓闹房者；有往来礼节不周，更相责望，遂致乖争者。种种恶习，不可枚举。”（《茗洲吴氏家典》卷四《昏礼议》）又如丧礼久废，多惑于佛老之说，民间丧葬之事就经常延请僧人和道士超度亡灵，即“丧礼敛死衣冠犹存古制，俗尚七七，延僧诵经，相沿已久”（《歙县志》卷一《舆地志·风土》）。同时，商人的逐利本性也不断冲击着伦常道德，父慈子孝与兄友弟悌的背后，是“金令司天，钱神卓地；贪婪罔极，骨肉相残”（《歙县风土论》）的冷酷现实；而庄严肃穆的祠堂之下，也尽是“天理人欲”的挣扎。这类社会现状，使徽州学者抛弃了阳明心学的“内省”一路，反对释道的谄神佞佛，认为“舍礼而言道，则空无所附，舍礼而复性，则茫无所从”（《荀卿颂并序》），努力在学理上向求实切理、名物训诂的考据学方向发展，追寻古圣贤的礼制礼仪，以求拯救儒学、振兴世风，于是徽州学者多以礼学见称，金榜即是其一。

清代学者金榜（1735—1801），字蕊中、辅之，晚号檠斋，安徽歙县人，出身于徽商兼官宦之家，是乾嘉学派的重要代表人物。他“少负伟志，思博学深造为通儒而不屑溺没聪明于科举之学。受经学于江慎修暨戴东原，学诗、古文辞于刘海峰。年三十一，高宗南巡，召试举人，擢内阁中书，在军机处行走。乾隆壬辰，以一甲第一名及第，授翰林院修撰。仅一度为山西副考官。丁外艰归，遂不出，徜徉林下，著书自娱。卒年六十七”[①]。金氏之所以能够

① 支伟成：《清代朴学大师列传》，岳麓书社1998年版，第78页。关于金榜的生平及家世，可参见徐道彬《清代学者金榜著述与佚文辑考》（《周口师范学院学报》2017年第3期）及拙作《徽州学者金榜三论》（《安徽史学》2014年第5期）。

名垂青史，在于其“以才华为天下望”（《清代七百名人传》下册《金榜》），清人李慈铭在《越缦堂读书记》中称：“阅金辅之《礼笺》，古义湛深，研究不尽。国朝状元通经学者以辅之为巨擘。”

金榜一生仅著有一部《礼笺》，临终前还在修改润色，其弟子在其身后为之刊刻，方得以面世。金榜之所以撰写该书，首先由于时代学风的影响。清初学者激于世变，纷纷从儒家经典中找寻出路，他们惩明儒之空疏无用，故读书以通大义为先，以求经世之务；因痛宗社之变，故好研究古今史迹，以为匡复之图，又因读古书以求真解，故好研究训诂名物典章制度诸学并从事考证。他们以经学济理学之穷，而“礼学”既是经学之核心，又是与“理学”抗衡的关键所在，故礼学研究之风大兴。在乾嘉时期考据学思潮的风起云涌中，特别是在戴震“义理存乎典章制度”思想的影响下，金氏及其同道希望借助文献训诂和文本考证之学，恢复儒家经典的本来面目，反对心学化的“礼也者，志吾心之条理节文者也”（《王阳明全集》卷七《稽山书院尊经阁记》），剔除潜藏其中的异端思想因素，进而“回归元典”，恢复和构建儒家的伦理体系，一如其好友凌廷堪所言：“圣人之道本乎礼而言者也，实有所见也；异端之道外乎礼而言者也，空无所依也。”（《凌廷堪全集》第一册《复礼》下）金氏的《礼笺》虽以考证见长，以典制研究为主体内容，但在要旨及哲学思想的发挥上，则与戴氏、凌氏一致，即从文献考据入手，力图揭除笼罩在经典文献上的世俗悖谬成分，坚守儒家的正统地位，以“气化流行，生生不息”为根本，强调由玄转实、由悟转修，依靠儒家礼教来规范社会秩序和个人言行，知物以察伦，明道以救世，继承了姚际恒、江永、戴震等人“以古礼证今俗”的致用思想，构建起了自己的世界观和人性论体系，对后世礼学家如胡培翚、朱彬、孙诒让、曹元弼等影响深远。

其次，金氏作为儒家代表人物、衣锦还乡的士绅，作为“邦之桢干，里之仪型”（吴伟业《顾母施太恭人七十寿序》），自觉对世俗礼仪的纠谬补正负有一定的社会职责，认为“一邑之中有一二世家大族，以礼仪廉耻治其家，则相观而善磨砺，而兴起者多矣”（陆世仪《龙城郝氏宗谱序》）。[1] 而“所谓士

[1] 引文参考自苏州市传统文化研究会编：《传统文化研究》第十九辑，群言出版社2012年版，第314页。

族者，其初并不专用其先代之高官厚禄为其唯一之表征，而实以家学及礼法等标异于其他诸姓”[①]，又因徽州是新安理学的发源地，在世代恪守朱熹《家礼》的氛围中，人们对冠昏丧祭规范的遵守无疑是极为谨严的。针对明代中期以后，民间多延请僧道超度亡灵的礼俗，及崇尚风水、铺张浪费的悖礼现象，金榜与徽州本土士子合力倡导“缘情制礼”，摈弃“存理灭欲”，对于宗族尊卑之颓败、四民秩序之混乱、身份逾制之不伦，都予以严厉批判。经过金榜、凌廷堪等一批坚持不懈的礼学家的躬行践履，徽俗始不尚佛、老之教，“求其崇宏壮丽所谓浮屠老子之宫，绝无有焉。于以见文公道学之邦，有不为歧途惑者，其教泽入人深哉”（《歙事闲谭》卷十八《歙风俗礼教考》）。由此可见，金氏等居乡之士的以身作则及道德文章，给予了徽州宗法制度制约下的乡村社会较大的指示和引导作用。可以说，金榜的《礼笺》就是一部汲古更新、自振于流俗的应时之作，既是乾嘉汉学时代重要的学术成果，也是金氏以缙绅身份居家治学、引领地域学风和风俗转变的具体体现。

二、撰著《礼笺》，弘扬古礼

金榜《礼笺》三卷凡50篇，计卷一论《周礼》15篇、卷二论《礼经》17篇、卷三论《戴记》16篇，另有附论2篇、附图4幅，“大而天文、地域、田赋、学校、郊庙、明堂，以及车旗、服器之细，贯串群言，折衷一是”（《清史列传》卷六十八《金榜》）。关于《礼笺》的成书经过与卷帙问题，金榜弟子方起泰有记：“金檠斋先生所著《礼笺》，凡十卷，其书未写定，秘不以示人。癸丑冬，以髀痛卧床褥间，因刺取其荦荦大者数十事，录寄大兴朱大中丞。大中丞既为之叙。泰等窃见远近承学之士，愿睹先生书者众矣，辄不揆梼昧，将此帙依经叙录，厘为三卷校刊之，资省览焉。”[②]金榜以此孤篇《礼笺》而为一代学术大师，唯因该书包罗万象却“词精而义核”、一归于礼，是清代礼学研究的标志性成果。

① 陈寅恪：《唐代政治史述论稿》中篇《政治革命及党派分野》，生活·读书·新知三联书店1956年版，第71页。

② 参见《礼笺》目录下金榜弟子方起泰、胡国辅识语。末署“乾隆甲寅（1794）嘉平月同邑后学方起泰、胡国辅谨识”。

金榜曾自述《礼笺》的学术内容和自己的治学方法："榜幼承义方，治《礼》宗郑氏学，长而受学于先师江慎修先生，遂窥礼堂论赞之绪。其间采获旧闻，或摭秘逸要，于郑氏治经家法，不敢诬也。昔郑氏笺《诗》云：'注《诗》宗毛为主。毛义若隐略，则更表明。如有不同，即下己意，使可辨识也。'《礼笺》之名，盖首其义。"（《礼笺序》）金榜父兄皆为进士，家境优渥，"幼与戴东原从事于江布衣慎修之门，得其说礼之旨。著《礼笺》二（应为"三"）卷。徽之士翕然从之"（《扬州画舫录》卷十）。《礼笺》一书既承续了郑玄笺《诗》注《礼》之"家法"，崇汉学，"宗郑氏"，又继承了江永"综形名，任裁断"的方略，故宗尚考核，"长于比勘"，鄙弃玄言义解，"上溯古义，而断以己之律令"，[①] 故金榜笺《礼》，纯以汉学之法入手，以文字训诂为基，钩稽经史，通贯古今。如卷一"九赋九式"之"关市之赋以待王之膳服"条下曰："待，犹给也，此九赋之财给九式者。膳服，即羞服也。稍秣，即刍秣也，谓之稍，稍用之物也。丧纪，即丧荒也。赐予，即好用也。郑司农云：'币余，使者有余来还也。'此与《大宰》注不同，当以彼注为正。玄谓币余，占卖国之斥币。"《周礼正义·天官·大宰》中云："以九赋敛财贿：一曰邦中之赋，二曰四郊之赋，三曰邦甸之赋，四曰家削之赋，五曰邦县之赋，六曰邦都之赋，七曰关市之赋，八曰山泽之赋，九曰币余之赋。"郑注曰："关市山泽谓占会百物，币余谓占卖国中之斥币，皆末作，当增赋者。"金氏承郑注之说而更为证实，认为前六赋皆以远近为别，以征土地产物，曰："万民之贡，即九赋所敛者是也。九赋给九式之用，其藏中余见者，则职内叙其财以待邦之移用，若遗人掌邦之委积以待施惠。仓人掌粟入之藏，有余则藏之以待凶而颁之，皆其充府库者也。"（《礼笺》卷一《九赋九式》）金氏以万民之贡以充府库，不仅涉及赋税收入，也兼有分配、贮备和荒政，及"遗人""仓人"的职掌与"以待邦之移用"的问题，从而从《周礼》的制度体系出发，揭示了赋入和赋出的民生实用。

金榜的《九赋九式》之解，也颇为孙诒让认可，故其《周礼正义》多取江永、金榜之说。如《九式》"丧荒"，金氏谓当从《大府》作"丧纪"，认为凶

① 参考自傅杰编校：《章太炎学术史论集》，云南人民出版社2007年版，第389—390页。

荒事出非常，不可预为节度，此为孙氏《正义》所引用。《周礼正义》曰："金榜云：'九式者，冢宰以岁之上下制之，其式凡九。'"又曰："金榜云：'丧荒，大府作丧纪凶荒，事出非常，不可预为节度。遗人、县都之委积，以待凶荒。仓人辨九谷之物，有余则藏之，以待凶而颁之。故耕三余九，耕九余三，以三十年之通，虽有凶旱水溢，民无菜色，此治凶荒之道也。'"孙氏摘取金榜所引用的《周官》《墨子》和《国语》中的文献为例证，以证明"天子之田九畡，以食兆民，王取经入，以食万官"（《国语·楚语下》）。

又如《周礼正义·冬官·冶氏》"是故倨句外博"一文，郑玄注："博，广也。倨之外，胡之里也。句之外，胡之表也。广其本以除四病而便用也。俗谓之曼胡，似此。"金氏曰："外读如'大防外䋎'之外。戈广二寸，广于二寸外者谓之外博。胡上邪与援接，取圆磬折者为倨。由倨下度之，博逾二寸者为倨之外博，故外为胡里也。……胡下横与援接者为句。由句上度之，博逾二寸者为句之外博，故外为胡表也。"倨，钝角；句，锐角。倨、句两字连用，即角度。倨句外博（最合适的）角度是略大于直角。金氏通过对"外""博""援""胡""倨""句"等文字的诠释，将戈、戟形制描述得十分清楚。今有闻人军《考工记译注》一书对此问题详加考证，并引入戴震之说以为金氏之助，认为戈"向前部分为'援'，援上下皆有刃，援后接柄的部分称内，援下曲而下垂的部分称'胡'，商戈无胡，西周始有短胡及中胡戈出现……至战国中后期，戈形更为进化，援、胡、内三者皆出利刃，杀伤力更大"①。皖派学者如金榜、程瑶田等多为博物学家，善于通过"名物器数"以求"义理"，这正是对江戴之学的继承与发扬。金榜早年受学于江永，故得"窥礼堂论赞之绪"，终成乾嘉汉学之中坚，更以一部成就斐然的《礼笺》推进了礼制实学的发展，使礼学研究"从经书文字之校勘、辑佚，到厘清经、传、记、注，分章句、明训诂，再到一名一物之考释，节次之划分，仪文度数之厘清，宫室、服饰之绘图、制表，再到释例、正义，终至通论著作之出现，终于使得古代礼制灿然重现"②。此后，师弟相传，故有凌廷堪的《礼经释例》、

① 闻人军：《考工记译注》，上海古籍出版社2008年版，第46—47页。

② 张寿安：《十八世纪礼学考证的思想活力》，北京大学出版社2005年版，第50页。

胡培翚的《仪礼正义》等礼学著作问世，共同谱写出皖派朴学的新篇章。

在父母之丧上，《仪礼》中记录由初死至练冠衰升数之变，以明练后服制之等差。金氏《礼笺》卷二中的“冠衰升数”，即探讨了古代丧服典制的疑难问题。金氏胪列《仪礼》中《丧服》的经文，认为“斩衰二章、齐衰四章、大功二章、小功二章、缌麻一章，咸未著其冠衰升数。……后儒因齐衰、大功、小功各具三等，遂分降服、正服、义服当之”，并下按语云：“《丧服经》大功布衰裳，三月，受以小功衰。传曰，大功布九升，小功布十一升。此大功章具有降服、正服、义服，同服衰九升，冠十一升，则五服冠衰升数，不以降服、正服、义服为差审矣。”又案：“传者于斩衰菅履下，但言衰三升，足明君父至尊，衰同升数，则三升有半，为布带绳履者言之，是为斩衰二等。”黄以周《礼书通故》第九曰：“金榜云：《传》于‘斩衰菅屦’下但言‘衰三升’，足明君父至尊，衰同升数，则‘三升有半’为‘布带绳屦’者言也。江筠云：‘三升有半’之服专以公士、大夫之臣言。益其衰之升数为‘三升有半’，以异于‘三升’之凡为君者，正别嫌明微之意。又《经》不缀于‘臣为君’之后，而独箸之末条，则等杀亦从可知矣。以周案：金、江说亦备一义。”围绕着《仪礼》中的丧服问题，历来众说纷纭，莫衷一是，明清学者多从“礼贵变通”的角度对实践礼学的“权”与“变”予以充分肯定。王夫之曾言：“夫礼，经也；因事变之不齐而斟酌以中节者，权也。”（《船山全书》第四册《礼记章句》卷三《檀弓上》）“经”是制定礼仪制度的原则与根本，“权”则是在不同境况中体现出的具体意蕴及多种抉择。金榜论“布带绳屦”之数，与戴震“礼之设所以治天下之情，或裁其过，或勉其不及，俾知天地之中而已矣”（《戴震全书》第六册《孟子字义疏证》卷下）的说法一致，既能体现对儒家元典的坚守与“勿轻议礼”的复古心态，也能遵循“礼时为大”的社会趋势，因此既能在一定程度上松弛礼教纲纪的束缚，又能使得古礼在现实生活中落到实处。

《礼记·曾子问》中关于“阴厌阳厌”（设奠于奥，迎尸之前谓之阴厌；尸谡之后改馔于西北隅，谓之阳厌）的丧礼问题，历来也为学者争议不止。对此，金榜《礼笺》卷二专列《阴厌阳厌》一条加以论证：认同郑玄之注以祭于奥名阴厌、祭于西北隅得户明者名阳厌，又因曾子“殇不备祭，何谓阴厌、阳厌”之言，明成人得备祭者，当有阴厌、阳厌，故于特牲尸谡之后，撤荐俎，敦设于西北隅，注云：“此所谓当室之白，阳厌也。则尸未入之前，为阴厌矣。”金榜案：“《记》云‘是谓阴厌’‘是谓阳厌’，明阴厌、阳厌为祭殇与无后者之定名，不得通于成丧之祭。《杂记》‘有父母之丧，尚功衰，而附兄弟之殇，则练冠附于殇，称阳童某甫……’案：《祭统》云，尸亦馂鬼神之余也。明祝于主者为正祭。尸谡之后，祝彻荐俎，敦设于西北隅，谓之厌祭。上经‘摄主不厌祭’是也。《曾子问》‘祭必有尸乎？若厌祭亦可乎？’本承上‘摄主不厌祭’设问者。厌祭在尸谡后，则与阴厌、阳厌绝不相涉，不辨自明。”金榜之论，本诸经史，推于情理，虽不能定论，但后之凌廷堪《礼经释例》、胡培翚《仪礼正义》、凌曙《礼论略钞》、曹元弼《礼经学》等皆有补充论证。曹氏以胡氏说为据，并断以己意，曰：“金氏《礼笺》据《杂记》‘有父母之丧，尚功衰，而附兄弟之殇，则练冠附于殇，称阳童某甫’，注云：‘阳童，谓庶殇也。宗子则曰阴童。’谓阴厌、阳厌以阴童、阳童得名，不系于所祭之地。案：阴童之称唯见于注，阴厌、阳厌之称自古有之，是阴童、阳童正由祭以阴厌、阳厌得名也，否则童何分于阴、阳乎？且《曾子问》云‘当室之白’‘是谓阳厌’，明是据所祭之地名之，金说未确。”（《礼经学》卷五下《阴厌阳厌辨》）经过以上礼学家的不断争议和逐步推进，如阴厌阳厌之类的古代礼仪细节问题，逐渐引起人们的关注，经由学者的辨章钩稽而明晰起来，并被施用于现实生活，使之发挥出社会引导功能。在清代特殊的时代环境下，学者固守传统，大多能从维护社会秩序、提升个人修养的角度出发，呼吁民众注重对礼仪的践履，如颜元曰：“治平之道，莫先于礼。惟自牌头教十家，保长教百家，乡长数千家，举行冠、婚、丧、祭、朔望、令节礼，天下可平也。”又云，“孔门习行礼乐射御之学，健人筋骨，和人血气，调人情性，长人仁义。一时学行，受一时之福；一日习行，受一日之福；一人体之，锡福一人；一家体之，锡福一家；一国、天下皆然。小之却一身之疾，大之措民物之安。”（《颜习斋先生言行录》卷下）清儒“为往圣继绝学”的心态与“以礼经世”的实践，在一定程度上使古礼在民间社会得到推行，逐步成为民众生活的准则；同时，民间礼仪践行的淆杂情状，又使朝廷愈发稽古右文、崇尚经术，学者也更是努力地考证古礼，以求圣贤之志。曾国藩曾道："顾亭林氏著书，以扶植礼教为己任。江慎修氏纂《礼书纲目》，洪纤毕举。而秦树澧氏遂修《五礼通考》，自天文、地理、军政、官制，都萃其中。旁综九流，细破无内。国藩私独宗之。"（《曾国藩全集》第十四册《孙芝房侍讲刍论序》）曾氏事功根本于学问，他尤其善于借鉴乾嘉学人的礼学成果，故而"大本内植，伟绩外充"，堪称一代"完人"。

三、考证典章制度，传承"皖派"学术

《礼书纲目》是江永礼学研究的重要成果，它以《仪礼》为本、以朱熹《仪礼经传通解》为辅增订而成，在编撰旨趣上与朱熹同调，可以说是完成了朱熹的未竟之业。然而，在该书的编撰体例上，江永又遵循《周礼》，"式法黄氏（榦）"，改变了朱熹礼书"内圣外王"的固有体系，回归"吉凶军宾嘉"的五礼系统，展现了汉学"回归元典"的特色，奠定了自己在礼学研究史上的卓越地位。作为江永的受业弟子，金榜解经释礼宗尚江氏之学，就古音以求古义，触类旁通，不限形体；在对经文经义的解读与阐释上，他"博稽而精思，慎求而能断"，走的正是"皖派"学术"由小学以通经学"的路子，尤其是其《礼笺》，常引江永之说以为己证。《礼笺》卷一《冕旒》篇曰："榜闻之师曰：前旒义取蔽明，则无后旒可知。《记》言十二旒，未尝谓前后皆有也。《玉藻》所云前后邃延者，谓延之前后出于武者皆深邃耳。前后据延言，不据延之垂者言。斯言可正诸儒相传之误。古冕旒之制，当从大小夏侯氏说。"金氏对古礼的考证，遵循先"存礼"再"求仁"的治学程序，掇拾遗经，承续圣贤，由汉学而至宋学，"悉信亦非，不信亦非"，贯串群言，折衷一是，终至仁礼兼得，故颇为晚清曾国藩信服推崇。曾国藩有云："修身、齐家、治国、平天下，则一秉乎礼。自内焉者言之，舍礼无所谓道德；自外焉者言之，舍礼无所谓政事。"（《曾国藩全集》第十四册《笔记二十七则·礼》）"盖古之学者，无所谓经世之术也，学礼焉而已。"（《曾国藩全集》第十四册《孙芝房侍讲刍论序》）金榜早年也曾供职于军机处，学问与事功兼备。后学曾国藩"以礼为归"的治学宗旨和经世之方，即受清儒"圣人之道，一礼而已"之论的深刻影

响。作为一代中兴大臣，曾氏在经世实践中推行“以礼纲维万事”的驭世之术，就是力避清儒所批判的“舍多学而识，以求一贯之方，置四海之困穷不言，而终日讲危微精一之说”（《顾亭林诗文集》卷三《与友人论学书》），故而能明了礼对“经世宰物”的重要价值与儒家“不学礼，无以立”的深刻用意。

在金榜的时代，考据学已成为主流学术，学者研治礼学也不再以前朝所重视的《书仪》《家礼》等“私家仪注”为重心，而是回归元典、注重实物，举凡器数之微、仪节之细，尽在“精义弥纶”间，一如凌廷堪所言：“是故礼也者，不独大经大法悉本夫天命民彝而出之，即一器数之微、一仪节之细，莫不各有精义弥纶于其间，所谓‘物有本末、事有终始’是也。”（《凌廷堪全集》第一册《复礼》中）以经籍为主，以史传诸子、六乐九数为辅，核其制以明其道，追溯礼义之本，彰显礼仪之义，将礼学研究推向实处。金榜在这样的学术环境中，深知必先习器数仪节，方知礼之本于性，此所谓致知也；既知礼本于性，然后行出于诚，此所谓诚意也。因此，金榜多方探究，将礼制实证渗透到礼意升华之中，如其《礼笺》卷二《金奏肆夏》曰：“天子诸侯燕群臣及聘问之宾，皆歌《鹿鸣》，合乡乐。榜闻之师曰：乐有金奏，有升歌，《仪礼》及《仲尼燕居》《郊特牲》《左传》《国语》所载甚分明。金奏主器声，升歌主人声，《诗谱》以升歌与金奏混合为一，误也。《仲尼燕居》云入门而金作，此奏《肆夏》也；升歌则用《清庙》，何尝歌《肆夏》乎？榜案：升歌职于大师小师瞽蒙，金奏职于钟师镈师，既殊事异职，《大射礼》主人献大夫后，乃纳工升歌。先时献宾献公奏《肆夏》，工尚未入，明金奏不得有工歌。”金氏旁稽经典文献，引用乃师之论，对金奏《肆夏》的分工与效用详细考辨，其结论为：“天子诸侯燕群臣及聘问之宾，升歌《小雅》，合乡乐，其用金奏也。唯天子享元侯备三《夏》，余皆奏《肆夏》而已，是其尊卑用乐之差。”这一观点也颇为黄以周、孙诒让、皮锡瑞及钱玄认同和引用。又如古礼仪中较为复杂的“肆献祼馈食礼”问题，《礼笺》卷三《加爵》篇在征引礼经郑注及崔灵恩、熊安生的观点后指出：“贾（公彦）疏谓《祭统》据侯伯礼，宗庙七献，二祼为奠不饮，朝践已后，有尸饮五献卿。天子与上公同九献，二祼为奠不饮，是尸饮七，可以献诸臣。若然子男五献者，二祼为奠不饮，是尸饮三，可以献卿，其差数与郑义合。江先生曰：如（孔）冲远说，则宾未献尸，而君先献宾，失其序矣。此破的之论也。”金氏于江永著述最为熟悉，对前辈学者的精见卓识，加以引证发明，“详稽制度，卓然可补江（永）、戴（震）之缺，而尾随之，必传于后无疑也”①。可以说，金氏在礼学领域的不凡成就，既推动了“皖派”学术风格的形成，又促进了清代礼学的纵深发展，但这皆得益于江、戴之学的陶染，故金榜有言：“予之获师友此数公者，生平之幸也。吾闻猿得木而捷，鱼得水而骛，士之有明师贤友也，犹百鸟依鸾皇，而毛羽因之改色也。君子其急求天下士广交之乎？”②

金榜师事江永，与戴震则义兼师友，故其《礼笺》的撰述也受到了戴震的启发与帮助。如卷一《周官军赋》篇小序曰：“岁丁亥，与戴东原同居京师。东原以《司马法》赋出车徒二法难通，余举《小司徒》正卒羡卒释之，东原曰：此有益于为《周官》之学者。遂著录焉。”据《史记》所载，《司马法》系齐威王使大夫追论古兵法而撰成，并附司马穰苴于其中，以之与今本《周礼》所载司马诸职相比勘，已缺略甚多，不得其详矣。金氏排比史籍，翔实考核，推算军赋之数而得其大法为“十人而赋其一”。对于周朝末年因战乱频仍而与时俱进的兵役制度，金榜也能从情与理两方面推明本末，得其大略，曰：“榜谓大司徒之职，凡造都鄙，制其地域而沟封之，以其室数制之。不易之地家百亩，一易之地家二百亩，再易之地家三百亩，《周官》造都鄙之法具于是。至于匠人为沟洫，司险设国之五沟五涂，皆掌其事于官。其用民力也，则均人均其力征，丰年公旬用三日，中年公旬用二日，无年公旬用一日，谓缘边一里治洫、十里治浍，非古制也。如郑君说，一同百里，仅四千九十六井出田税，又与《司马法》邱乘之制不合。《小司徒》有九夫为井之法，《遂人》有十夫有沟之法。地之险夷异形、广狭异数，因地势而制其宜。凡不可井者，济以遂人法，而地无旷土。孟子请野九一而助，国中什一使自赋，国中城郭宫室差多，涂巷又广，于遂人法为宜。是小司徒实与遂人联事通职，不以乡遂都鄙异制，审矣。”金榜、司马田赋之说与江永、戴震之言有同有异，而为江藩、黄以周、孙诒让等人认同。江藩《国朝汉学师承记》对金氏“十人取一，

①② 黎庶昌：《黎庶昌全集》八，上海古籍出版社2015年版，第4907页。

为正羡卒”之说颇为欣赏，以为训释精准。焦循也称赏金榜云：“殿撰金君，学长于《礼》。十人取一，为正羡卒。古《司马法》，岂穰苴说？”（《雕菰集》卷六《赞颂铭》）金氏崇奉汉学，探求儒学要义，由考证经典文献入手，揭示儒家元典精神及伦理思想，又因与戴震同出于江永门下，故他们的礼学研究无论是在内容上，还是在成就上，皆有相通之处。戴震早年即撰《考工记图》，对《考工记》中的宫室、车舆、兵器、礼乐之器等，分别列图考论说明，又对东汉郑众、郑玄之注做了文字考证。该书颇为学界同仁激赏，纪昀当即将之刊刻，使其流布世间，泽惠后学。金榜《礼笺》首卷就多次引用戴说以为证，如其《缫藉采就》篇曰：“戴东原谓缫形制如其玉，上玄下纁，《聘礼》记‘皆玄纁’，是也。”此说出自戴震《学礼篇》。《戈戟》篇曰：“戴震曰：《说文》既引《周礼》‘重三锊’，当云‘北方以二十两为三锊’。是以郑注引《说文》，证三锊为一斤四两。今本盖脱去‘三’字。”此说出自戴氏《辨尚书考工记锾锊二字》一文。又《桃氏为剑》篇曰：“戴震云：设其后，犹曰设其旋，设其羽尔。”此说出自《考工记图》。又如《凫氏为钟》篇小序曰：“郑注凫氏钟制，往往滋后儒之疑。休宁戴震释舞为钟上覆，其说足补郑注所未逮。”可见金氏《礼笺》多依戴说为据，借以纠正前人的疏漏，而由此体现出的徽州礼学“重礼器、论礼义”与“就器数中论义理”的学术风格，也深为后世学者认同。对此，王国维说：“周人以尊尊、亲亲二义，上治祖祢，下治子孙，旁治昆弟，而以贤贤之义治官”，“周之制度、典礼，乃道德之器械，而尊尊、亲亲、贤贤、男女有别四者之结体也。此之谓民彝。其有不由此者，谓之非彝”①。由此可见，王氏“制度、典礼，乃道德之器械”之论，与金榜“器数亦从义理而生”之说呼应，相互证发，由此形成了清代徽州学者精研礼学，蔚为一派学术风尚的局面。其实，时人已有赞誉：“我朝经学昌明，说经之儒辈出。昆山顾氏为之倡，徐健庵、秦树峰为之继。近时若江慎修、金辅之诸君，皆能恪守古训，博而有要，虽论难时有抵牾，而综核无伤本始，诚不朽之盛业也。”（曾燠《礼论略钞序》）

① 王国维：《殷周制度论》，参见《观堂集林（外二种）》卷十，河北教育出版社2003年版，第240、242页。

在传统儒家社会中，仁义礼智的深层理念蕴含在圣贤经典中，“教天下习礼博文”；而人们外在的礼仪活动及社会秩序，则需落实在“齐其度量，同其文字，别其尊卑”之上，这就需要人们借用礼器和礼仪，加以标识和表述，如阮元所言：“器者所以藏礼，故孔子曰：‘唯器与名，不可以假人。’先王之制器也，齐其度量，同其文字，别其尊卑。用之于朝覲燕飨，则见天子之尊，锡命之宠，虽有强国，不敢问鼎之轻重焉。用之于祭祀饮射，则见德功之美，勋赏之名，孝子孝孙，永享其祖考而宝用之焉。且天子诸侯卿大夫非有德位，保其富贵，则不能制其器；非有问学，通其文词，则不能铭其器。然则器者，先王所以驯天下尊王敬祖之心，教天下习礼博文之学。”（《揅经室集》之《商周铜器说》上）金榜出身被誉为“东南邹鲁”的徽州，深知当地社会风尚的改观，以及徽商立世的法则，尤需礼仪的支撑，故其治学尤重礼器与礼制。在《礼笺》卷二《特牲馈食礼祭服》篇和卷三《明堂》篇中，金榜会通诸籍，经史互证，并参以戴震《毛郑诗考正》和《考工记图》之说，比勘类推，左右逢源，冰释千古疑惑，嘉惠后学良多。如所释明堂，他征引《礼记·月令》：“汉以来言明堂者，人各异说，由未辨于其地，以王居听政之明堂，与合诸侯之明堂，溷而一之也。所谓王居听政之明堂，即路寝，路寝者，大寝也……王宫大寝之制，其言左祖，则谓世室为宗庙者非也；其言国中，则谓明堂为在国之阳者非也。据大室言之曰世室，据南堂言之曰明堂，盖异名同实……昔儒所以致误者，《月令》《考工》言明堂详矣，不知其即路寝。因近郊及四岳明堂之名最著，遂以室庙个之制加之，而《周官》《仪礼》为宫为坛之为明堂，其名转不可考。于是路寝明堂异名同实，王朝之明堂与近郊之明堂，同名殊制，均失其传矣。”金氏所论，于情于理颇为平正，也与戴震所释较为近似。戴震曰：“王者而后有明堂，其制盖起于古远。夏曰世室，殷曰重屋，周曰明堂。三代相因，异名同实与？世室重屋义未闻。明堂在国之阳，祀五帝，听朔会，同诸侯，大政在焉。夏曰世室，世世弗坏，或以意命之也。殷曰重屋，阿阁四注，或以其制命之也。周人取天时方位以命之，东青阳，南明堂，西总章，北玄堂，而通曰明堂，举南以该其三也。四正之堂，皆曰大庙，四正之室，共一大室，故曰大庙大室，明大室处四正之堂中央尔。世之言明堂者，有室无堂，不分个夹，失其传久矣。”（《戴震全书》第六册《明堂考》）明堂之制因时代悠远，又“失其传久矣”，今无实物相对照，故而聚讼纷纭。戴震与金榜的论述皆根植于上古经籍，以古证古，颇为近实，姚鼐赞之曰：“其于礼经博稽而精思，慎求而能断。修撰所最奉者康成，然于郑义所未衷，纠举之至数四。夫其所服膺者，真见其善而后信也；其所疑者，必核之以尽其真也。”（《礼笺》卷首序）凌廷堪称之曰：“国朝多通儒，吾郡尤粹深。江戴既云逝，存者程与金。修撰究郑贾，他学旁不侵。”（《凌廷堪全集》第四册《题程易田先生让堂话别图》）近代王国维则以较为科学的方法，对古代明堂的发展史给予充分的考证，曰：“明堂之制，本有四屋、四堂相背于外，其左右各有个，故亦可谓之十二堂。堂后四室相对于内，中央有太室，是为五室。太室之上为圆屋以覆之，而出于四屋之上，是为重屋。其中除太室为明堂宗庙特制外，余皆与寻常宫室无异，其五室、四堂、四旁、两夹、四阿、重屋，皆出于其制度之自然。”[①] 作为一种颇富礼学意蕴的古典建筑，明堂是儒家心目中“王者之治”的象征，蕴含着深刻的伦理政治意味，也承载着儒家的社会理想。清儒宗尚“士生千载后，求道于典章制度”（《戴震全书》第六册《古经解钩沉序》），故而倾心于“明礼义以化之”，对历代明堂或功能近似明堂的建筑研究颇勤，其用意即在于规诫后人尊奉先贤、举措有度，从而彰显出礼仪之邦之风范。

《礼笺》不仅在治学内容上侧重于江、戴之学，而且在治学方法上秉承“皖派”学者“不以人蔽己，不以己自蔽”（《戴震全书》第六册《答郑丈用牧书》）的求是精神，倡导通核，反对墨守，即“戴派之言训诂名物，虽常博引汉人之说，然并不墨守之”[②]。该书以《郑志》所言“悉信亦非，不信亦非”为准则，明言“斯言也，敢以为治经之大法。故郑义所未衷者必纠正之，于郑氏家法不敢诬也”。（《清史稿》卷四百八十一《儒林二》）金榜以郑玄为宗，但不做其“舌人”，体现了“皖派”学术去非存是、空所依傍的治学风貌。如

① 王国维：《明堂庙寝通考》，见《观堂集林（外二种）》卷三，河北教育出版社2003年版，第60页。

② 梁启超：《清代学术概论》，岳麓书社2010年版，第42页。

《礼笺》卷一《都鄙公邑异同》篇曰："郑君注云：百里、五十里、二十五里为三等，似臆说。""注以稍人主为县师，令都鄙邱甸之政，非也。"卷二《妇人不杖》篇曰："郑君谓妇人成人者皆杖，于《丧服传》妇人不杖，《小记》女子子一人杖，通释为童子，皆违失经意。"又同卷《君子子为庶母慈己者》篇曰："郑君援《内则》慈母食母以与此庶母慈己相比附，皆失经意。"此等评判皆为是其所是、非其所非，于郑注之失章疑别微，而于郑氏治经家法则不敢背弃。如《礼笺》卷三《禘》篇曰："后郑合昊天上帝为一，误。"但同时指出："惟郑君识古，能述其义……故《郑志·答赵商》云'悉信亦非，不信亦非'。斯言也，敢援以为治经之大法。"金氏崇尚郑注，又不墨守成规，"俾治礼服者可取正焉"，书中此类见解尤为多见，如卷二《女子子嫁者未嫁者为世父母叔父母姑姊妹》篇曰："今既据郑注是正传文，复为是经疏通其义，俾后之为朱异者不得摭此逆降之文，为郑学口实也。"又卷二《祥禫》篇曰："两汉经师更相传授者，无异说也。自子雍好为野言，浮辨蜂起，虽郑学之徒申明之征验显著如是，学者犹或依违其间。甚矣！礼学之难明异晦也。故具录其说，俾治礼服者可取正焉。"可见金榜治学深得江、戴之精髓，体现出的正是"皖派"不佞古、不墨守的学风，梁启超称之为"所见不合，则相辩诘，虽弟子驳难本师，亦所不避；受之者从不以为忤"[①]。金榜在撰写《礼笺》时，的确能够做到心知其意而空所依傍，这也正是此书的独特之处。书中不少论学精言，继前人治学方略，成一时至理名言，如："不遍考全经，辄为异说，此学者之大患也。"（《礼笺》卷一《周易占法》篇）"苟不明制度，而执一说以求之，鲜有不失其义者。"（《礼笺》卷一《任正者衡任者》篇）更是对乾嘉汉学精神和学术宗尚的精辟概括和理论总结，对此，王念孙简约其意为：经之有说，触类旁通。不通全书，不能说一句；不通诸经，亦不能说一经。乾嘉时期，学术论著之所以如雨后春笋，既由于经学的昌明，亦由于"皖派"学风的滋养。仅就《礼笺》一书而言，段玉裁《说文解字注》、王念孙《广雅疏证》、焦循《孟子正义》、刘宝楠《论语正义》、朱彬《礼记训纂》、胡培翚《仪礼正义》、凌廷堪《礼经释例》、黄以周《礼书通故》、孙希旦《礼记集解》、孙诒让《周

① 梁启超：《清代学术概论》，岳麓书社2010年版，第46页。

礼正义》等都多加引用，无不受金氏经史考证成果的佐助及其方法论的沾溉。刘师培曾说："张惠言《仪礼图》颇精，然张氏之学亦受金榜之传，仍徽州学派也。"[①] 金氏秉承江、戴"淹博精审识断"的治学理念，"贯串群言，折衷一是"，在《礼笺》的字里行间寄寓着深切的历史意识、哲学思考和人文关怀，又于礼制礼仪的深层内涵中汲取人生之意义，进而探讨物我关系与整个社会的政治秩序。

四、坚守儒家礼仪，补救世道人心

《礼笺》一书既是清代考据学的经典著述，也是"皖派"汉学的代表之作，在当时就颇为学界推崇，朱珪为之作序称："新安殿撰金君，枕葄六经，尤邃于礼，以郑氏书为言礼者之舌人，而病贾孔二疏不能补其漏疏、宣其奥密，非善译郑氏者，乃自著论数十篇，大而天文地域、田赋学校、郊庙明堂，以及车旗服器之细，罔弗贯串群言，折衷一是，不自矜饰其文，第祖郑诗笺毛之义，名曰《礼笺》，以为译郑云尔。录以寄余，余读之叹其词精而义覈，不必训诂全经，而以之宣译圣典，不失三代制作明备之所在，岂独以礼家聚讼，姑以是为调人也哉？余经学疏陋，而于三礼尤甚，服官中外逾四十年，未遑矻矻卒经生之业，今老矣，读殿撰此书，其言《司马法》有正卒羡卒之分，三江汉为北、岷为中、浙为南，秦正月用亥，禘兼天地人，皆于予夙所见合。君以名殿元养疴林泉多暇日，读书实事求是，所诣益深，当更取诸经之疑义而译之，为承学者矩臬。余虽耄，尚思遍读以资秉烛之明焉。"《礼笺》中"正卒羡卒""三江""太学"之论的博通与精审，历来为学者称道、引用。上古时代官学一体，使得后人对"太学"的理解莫衷一是，《礼记·王制》中有"大学在郊。天子曰辟雍，诸侯曰頖宫"（"頖宫"同"泮宫"）之说，但辟雍和泮宫又皆非纯然之"大学"而与明堂布政、燕饮祭祀之事密切相关。金榜对此深思有得，于《礼笺》卷三《大学》一篇中捃拾经籍，抽绎文意，认为若要真正弄清太学为何物，则应知人论世，不可拘泥："周立三代之学，夏后氏之东序在东郊，殷之瞽宗、有虞氏之上庠在西郊，皆大学也。大学之教，乐正崇

① 刘师培：《清儒得失论》，吉林人民出版社2013年版，第215页。

四术，立四教，顺先王，诗书礼乐以造士。……成均，五帝之学，其法即五帝之遗法，诗书礼乐四术是也。故曰乐正司业，其由来远矣。《文王世子》'春夏学干戈，秋冬学羽籥，皆于东序。小乐正学干，大胥赞之。籥师学戈，籥师丞赞之。胥鼓《南》。春诵夏弦，大师诏之。瞽宗秋学礼，执礼者诏之。冬读书，典书者诏之。礼在瞽宗，书在上庠。'……是诗书礼乐造士之四术，备具于东序、瞽宗、上庠，周之大学，实因此三学修而兼用之者也。……榜案：'《乐记》武王克商，散军而郊射，左射《狸首》，右射《驺虞》，而贯革之射息也。注云：左东学，右西学，明左学、右学皆在郊。《王制》云：大学在郊，天子曰辟雍，诸侯曰泮宫，则辟雍、泮宫皆在郊也。故郑君驳《异义》云，《王制》大学在郊，辟雍即大学也。《大雅·灵台》一篇之诗，有灵台，有灵囿，有灵沼，有辟雍，则辟雍及三灵皆同处在郊。……辟雍者，大学之统名，周立三代之学，通名曰辟雍，犹五帝之学通名成均矣。……《礼器》曰：鲁人将有事于上帝，必先有事于頖宫。注云：先有事于頖宫，告后稷也。告之者将以配天。頖宫，郊之学也。"金榜之说颇为朱珪、阮元等人认同，他们皆认为明堂、大学或辟雍都起源于上古始建宫室之时，"自汉以来，儒者惟蔡邕、卢植实知异名同地之制，尚昧上古、中古之分。后之儒者，执其一端，以蔽众说，分合无定，制度鲜通，盖未能融洽经传，参验古今，二千年来，遂成绝学"（《揅经堂集》之《明堂论》）。实际情况应该是古时物资穷困、宫室无多，故大学泮宫、明堂太庙、灵台辟雍皆同处一地，只是就事殊名而已。三代以后，制度大备，王居建于城内而别建明堂于郊外，以存古制。金榜、阮元之说得到了黄以周、皮锡瑞、张锡恭及吕思勉、杨宽等学者的认同与推扬。

与太学同称的，还有国子学的名义问题，对此，金榜《礼笺》卷三《明堂》中也一并进行考证。他从《三礼》之郑注入手，认为郑注将公卿大夫之子弟称作国子，不下及于士："《大传》'公子有宗道，公子之公，为其士大夫之庶者，宗其士大夫之适者。'此公族有大夫，复有士之说也。然《丧服》经齐衰以下，大夫以尊降，公之昆弟以旁尊降。凡于为大夫者，则得服其亲服。《穀梁春秋》曰：'公子之重视大夫。'然则在王族者，不更别以大夫士审矣，故郑注或云公卿大夫之子弟，或兼举士之子，义得两通。唯《王制》《尚书大传》

言王太子、王子、群后之太子、卿大夫、元士之适子皆造焉。下及元士，又专举适子，与周制不合，乃周、秦闲记人之异说也。其乡人子弟，不得学于王宫小学，父师少师教之门塾之基，所谓家有塾也。国子由小学入大学，乡人子弟由家塾入乡学，其俊选之士乃得升于大学，是其贵贱之差。"

虽然"国子学"的名称是汉代以后出现的，而且在学制上的称谓时有演变，但追根溯源，它仍与"嫡子""庶子"及"国子"有关。对这一问题，金榜从《周礼》的职官标识、《仪礼》的酬酢仪式等方面引证，其言可备一说："公卿大夫之子弟当学者，谓之国子，其职宿卫者，则谓之庶子。《周官经》言士庶子者甚众。《宫伯》'掌王宫之士庶子凡在版者'，《酒正》'凡飨士庶子，皆共其酒'，《外饔》'飨士庶子，掌其割亨之事'，《大司马》'王吊劳，士庶子则相。大会同，则帅士庶子而掌其政令'，《都司马》'掌都之士庶子之戒令'，《掌固》'颁其士庶子及其众庶之守'。郑君《宫伯注》云：'王宫之士，谓王宫中诸吏之适子。庶子，其支庶也。'窃以群经考之，《秋官·象胥》'凡作事，王之大事诸侯，次事卿，次事大夫，次事上士，下事庶子'，《掌客》'王巡守殷国，从者三公视上公之礼，卿视侯伯之礼，大夫视子男之礼，士视诸侯之卿礼，庶子一视其大夫之礼'。周人凡宾客之事，《射人》作卿大夫从，《司士》作士从，《诸子》作群子从，凡庶子于士相差一等。故《燕礼》《大射礼》于献大夫、献士后，并云主人洗升自西阶，献庶子于阼阶上，如献士之礼，《燕义》'席，小卿次上卿，大夫次小卿，士庶子以次就位于下。献君，君举旅行酬；而后献卿，卿举旅行酬；而后献大夫，大夫举旅行酬；而后献士，士举旅行酬；而后献庶子'，此其先后受献之差。王宫之士庶子在版者，未闻其数，而朝大夫每国庶子八人，都则庶子四人。司士掌群臣之版，周知卿大夫士庶子之数，是庶子虽未受爵王朝，而其数已列于群臣之版如是。盖已命者谓之士，《司士》所云'王族故士在路门之右'是也。未命者谓之庶子，《大仆》所云'闻鼓声则速逆御仆与御庶子'是也。此公卿大夫之子弟，宿卫王宫，而或曰士，或曰庶子，所由名位不同，要不以适庶殊也。"（《礼笺》卷三《大学》）以上金榜所案之语，多被林昌彝《三礼通释》、黄以周《礼书通故》、孙诒让《周礼正义》、张锡恭《丧服郑氏学》、沈文倬《宗周礼乐文明考论》等书征引，足见金氏礼学研究之成就和影响，故而支伟成称赞道："先生邃于经学，尤擅长三礼，一依高密为宗。尝因司马法赋出车徒二法难通，乃举小司徒正卒羡卒以释之，累千余言。东原读之叹曰：'此有益于为周官之学者矣！'"[①] 金氏之作词综义核，不失三代制作明备之意，朱珪序之于前，阮元收之于后，可谓"与江、戴巍然并峙"[②]，故姚鼐在《礼笺》序中叹之曰："修撰为今儒之魁俊，治经之善轨，前可以继古人，俯可以待后世，则于是书足以信之矣。"

金榜以《礼笺》扬名于学林，亦为后学者留下了进一步探究的空间。如卷二《降其小宗》论及《仪礼·丧服》"为人后者，于兄弟降一等，报……于所为后之兄弟之子，若子"时，金氏本着"夫礼，承天之道以治人之情"，以及"缘情制礼"的丧服观，注重个人之情与家族之谊。在文献考证上努力发掘上古的宗法秩序，以新的情理观与落后的"存理灭欲"学说相抗衡，强调和引导人之情欲的张扬："所为后之子，谓为人后者，自所后之兄弟目之为所为后之子，其服之如子。今本作'于所为后之兄弟之子若子'，《记》言小功以下为兄弟，是兄弟为小功以下通称，不得更称兄弟之子。唐石经误与今本同。兹据贺循为后服议校正，斯无疑于小功以下为兄弟之义矣。"近代学者曹元弼与吴廷燮都深信金氏此说，曹氏称说道："为人后之礼，言人人殊，惟金氏此说与经传吻合，确不可易。"（《礼经学》卷五下《降其小宗解》）吴氏又从石经校勘的角度，深挖经文内涵，说："若所释《仪礼》'为人后者于兄弟争（应为"降"）一等'一节，据贺循'为后服'议，作'于所为后之子兄弟若子'，遂改经文。胡氏《正义》谓戴氏校《仪礼集释》，程氏《丧服足征记》因之，说虽不同，皆以石经为误。卢氏《详校》、阮氏《校勘记》亦用金说。胡氏力引凌氏说，辟是书改经之非，谓《通典》刻易淆，未可据以改经，则是书亦有可议者，尚不止此。"[③] 君子秉礼以修己，先王制礼以治人，古人如此汲汲于对礼经字句的探研，看似与现实社会无关，实则胸怀天下，于揖让进退之节中

①② 支伟成：《清代朴学大师列传》，岳麓书社 1998 年版，第 78 页。

③《续修四库全书总目提要·经部》，中华书局 1993 年版，第 554 页。

寄寓着“继绝学、开太平”的深沉之思。

又如《礼笺》卷二《君子子为庶母慈己者》篇中，金氏分别师母、慈母、保母三种不同身份下的情形，条分缕析，各得其所。金榜开“皖派”治礼之先声，其后的胡培翚、朱彬以及黄以周、孙诒让等，闻风继起，后出转精。胡氏《正义》取金榜“嫡子妾子同”之说，而不取其“君子专指士”之说，曰：“今案，此庶母慈己之服，本为适妻子而制，故此注主适妻子言。但妾子养于他妾，亦为慈己，故《齐衰三年章》注又兼妾子言。昭十一年《左传》：其僚无子，使字敬叔。此妾子养于他妾者也。金氏谓适子妾子同，是矣。至君子之名，各书多以称士，不必定指大夫，此注言大夫子而不及士子，与金氏专指士子言，皆偏也。《丧服》‘慈母如母’及‘庶母慈己’二条，盖皆大夫士之礼，诸侯以上无之。《曾子问》：子游问慈母，孔子曰：古者男子外有傅，内有慈母，君命所使教子也，何服之有？郑注：言无服也，此指谓国君之子也。大夫士之子，为庶母慈己者服小功。孔疏引熊氏云：士之适子无母，乃命妾慈己，亦为之小功。知者，以士为庶母缌，明士子亦缌，以慈己加小功，故此连言大夫士也。是郑亦兼士言之矣。”（《仪礼正义》卷二十四《丧服四》）胡培翚乃凌廷堪高弟，于学术辈分上可谓金榜之再传，他不仅在学问上传承“皖派”之脉，更在学理上秉承前贤“求真是”的精神，充分体现了乾嘉汉学实事求是、空所依傍的精神。

金榜《礼笺》一书长于质疑、本于求是，虽忠于郑注，间有辟宋之词，却无过激之语，每出一说，皆足以承前启后。凌曙在《礼论略钞》的三十余篇中，较多地选取了徐乾学、金榜、程瑶田诸儒的文章，其中金氏竟占三篇，并对金氏所论钩沉阐微，志在存古。而张锡恭《丧服郑氏学》直接引用金榜之说二十余处，文中多见“金氏此说至为精确”“金说为是”之语，间或也有“误说，不可从”之言。由此可见，乾嘉时期的礼学研究颇为世人称道，金榜之功可谓前继古人，嘉惠来学，其之后的礼学家如金鹗、凌廷堪、胡培翚、张惠言以及朱彬、黄以周、孙诒让等，对金榜之说皆甚推崇，针对疑难问题，前说而后证，辨伪并存真，共同将清代礼学研究推至高峰。金榜一生研礼，颇得治礼窍奥，即重视对经文、器物的考证，“由器明道”，更将“以礼经世”的思想寄寓其中，使世人明通经之用。在学理上，金榜努力维护儒学的纯正，抵御释道异端的浸入，意在重整儒家礼制，展现礼学躬行践履的社会实践品格，发挥圣贤礼义的社会教化功能，落实戴震“先考字义，次通文理，志存闻道”的治学理念，其作为，正合钱大昕倡导的“明道，经世，阐幽，正俗”的治学之道。

五、结　语

清初，朝廷确立了“崇儒重道”的文化政策，奖励经术，以实学为尚。乾隆时期，开三礼馆，编订《三礼义疏》和《大清通礼》，更引发了朝野学者对礼学的极大关注。在清代诸多礼学学者的著述中，金榜的《礼笺》甚为复古，但也颇合时尚。大而言之，金榜的“复古”缘于其宗尚郑学，“以复古求解放”；“时尚”之处则在其以经术驳心学、斥佛道；小而言之，作为一位久居徽州的传统儒者，金氏对佛道末流及地方陋俗颇为反感，希望风俗再醇，故其晚年居家时，集中精力为儒家经典和正统文化“循名责实”，以此“为天地立心，为生民立命”，并将“皖派”礼学传承下去，这正如其同乡汪应镛所赞：“吾乡铿锵说礼经，曰若慎修江先生。山林肇辟起南国，提唱后学经昌明。同时高弟海阳戴，羽翼先生功亦宏。吾生也晚未及见，徒尔仰企心怦怦。传经幸赖有耆宿，依归得侍夫子程。柘田殿撰共探讨，时聆奥诣开昏冥。后来继起凌进士，群经纷纶莫与京。……”[①]

金榜出身于徽商家庭，自考取功名之后，便退隐居乡，一面操持家族的繁杂事务，一面从事枯燥艰深的礼学研究，将研治礼学作为完善自身、治理社会的重要手段，并以此影响家族成员及周遭民众，切实践履顾炎武“礼者，本于人心之节文，以为自治治人之具”（《顾亭林诗文集》之《仪礼郑注句读序》）的理念，遵循戴震“士生千载后，求道于典章制度”（《戴震全书》第六

① 参见拙文《凌廷堪与〈校礼图〉》中所引汪氏赞语，该文载《中国区域文化研究》2020年第1期，第103页。

册《古经解钩沉序》）的治学路径，克己复礼，躬行践履，引领乡民移风易俗，以此振兴久废之礼，提撕彬彬之仪。金榜晚年居家，除了为维系宗族而努力恢复“宗法礼制”、利用朝野人脉维护金氏所营商业之外，还聘请吴定、鲍桂星和张惠言等著名学者前来为金氏子弟督课，同时与他们切磋学问，传承“皖派”之学，张惠言的《仪礼图》即是在此期间完成的，该书为阮元赏识，阮元认为其所配考释之文，横则贯通三礼，纵则兼及古今，融会江永、戴震、金榜之说，闻见博而积学深，精审突过前人。由此可见，张惠言的学术成就与金榜的指导和提携密切相关。

金氏辞官归乡，本欲“悠然林下”，但见徽州“程朱阙里”之誉已然名存实亡，故而致力于古礼研究，使世风民俗轨于礼教。只是，任何伦理道德规范都是依附于具体形器而存在的，而“丽于器”的“道”也正是“藏于器”的“礼”的抽象，因而“器以藏礼”在一定程度上开启了古代哲人思考礼仪与礼义的通道。金榜的礼制研究是从辨证日常的婚丧宴集诸事入手，进而落实到扩建宗祠、设置祭田、考订祭礼、撰制祠规上的，意在移风易俗，使乡民知理循礼。《周易·系辞上》中有“形而上者谓之道，形而下者谓之器”之语，可知道为器之道，器为道之器，道为用，器为体，体立而用方行，器存而道不亡。金榜以《礼笺》“回归元典”，同时又以躬行践履承续儒家道统，实现了道器并行、立人达人之愿。

（徐道彬撰，原载《中华孔学》2020年第1期，收入本书时有改动）

主要参考文献

杨伯峻译注:《论语译注》, 中华书局 2006 年版

许慎撰、段玉裁注:《说文解字注》, 上海古籍出版社 1981 年版

许慎撰、徐铉校定:《说文解字》, 中华书局 2013 年版

杨伯峻译注:《孟子译注》, 中华书局 2008 年版

李民、王健撰:《尚书译注》, 上海古籍出版社 2004 年版

王国轩、胡平生译注:《大学·中庸·孝经》, 中华书局 2011 年版

朱熹撰, 朱杰人、严佐之、刘永翔主编:《朱子全书》, 上海古籍出版社、安徽教育出版社 2002 年版

陆学艺、王处辉主编:《中国社会思想史资料选辑》, 广西人民出版社 2007 年版

张觉撰:《荀子译注》, 上海古籍出版社 1995 年版

贾谊:《贾谊集》, 上海人民出版社 1976 年版

王喜卡译注:《六韬　鬼谷子》, 光明日报出版社 2014 年版

杜占明主编:《中国古训辞典》, 北京燕山出版社 1992 年版

李翱:《李文公集》,四库全书本

余万伦:《周易象释》,巴蜀书社 2017 年版

徐志锐:《周易大传新注》,齐鲁书社 1986 年版

左丘明撰:《国语》,上海古籍出版社 2015 年版

胡平生、陈美兰译注:《礼记 · 孝经》,中华书局 2007 年版

陈澔注,金晓东校点:《礼记》,上海古籍出版社 2016 年版

郑玄注,孔颖达正义:《礼记正义》,上海古籍出版社 2008 年版

司马迁:《史记》,中华书局 1959 年版

周振甫译注:《诗经译注》,中华书局 2002 年版

董仲舒著,陈蒲清校注:《春秋繁露 · 天人三策》,岳麓书社 1997 年版

董仲舒:《春秋繁露》,上海古籍出版社 1989 年版

班固撰,颜师古注:《汉书》,中华书局 1962 年版

韩愈撰,马其昶校注,马茂元整理:《韩昌黎文集校注》,上海古籍出版社 1986 年版

陈淳:《北溪字义》,中华书局 1983 年版

张载撰,王夫之注,汤勤福导读:《张子正蒙》,上海古籍出版社 2000 年版

北京师联教育科学研究所编选:《张载"关学"教育思想与教育论著选读》:中国环境科学出版社、学苑音像出版社 2006 年版

程颢、程颐著,王孝鱼点校:《二程集》,中华书局 1981 年版

方勇译注:《庄子》,中华书局 2015 年版

叶楚伦主编:《三国晋南北朝文选》,正中书局 1936 年版

梁归智译注:《金刚经 · 坛经》,山西古籍出版社 2007 年版

房玄龄注,刘绩补注,刘晓艺校点:《管子》,上海古籍出版社 2015 年版

阮元校刻:《十三经注疏》,中华书局 1980 年版

汪克宽:《经礼补逸》,四库全书本

叶自成编译:《〈老子〉:新视角、新解译》(今本、帛本、简本综合版),上海财经大学出版社 2017 年版

邓谷泉著:《郭店楚简〈老子〉释读》,湖南人民出版社2005年版
王先谦撰,沈啸寰、王星贤点校:《荀子集解》,中华书局1988年版
司马光编撰,邬国义校点:《资治通鉴》,上海古籍出版社2017年版
张金吾著,郑永晓整理:《爱日精庐文稿》,凤凰出版社2015年版
李梦生撰:《左传译注》,上海古籍出版社1998年版
陈洪主编:《诸子百家作品经典》,大连出版社1994年版
汪荣宝撰,陈仲夫点校:《法言义疏》,中华书局1987年版
赵岐注,孙奭疏:《孟子注疏》,上海古籍出版社1990年版
朱熹撰:《四书章句集注》,中华书局1983年版
赵翼撰:《陔余丛考》,商务印书馆1957年版
商鞅、韩非著,张觉点校:《商君书·韩非子》,岳麓书社2006年版
许嘉璐主编:《二十四史全译·新唐书》,汉语大词典出版社2004年版
许嘉璐主编:《二十四史全译·旧唐书》,汉语大词典出版社2004年版
刘安等编著,高诱注:《淮南子》,上海古籍出版社1989年版
顾迁译注:《淮南子》,中华书局2009年版
尚永亮、洪迎华编选:《柳宗元集》,凤凰出版社2007年版
吴兢编著:《贞观政要》,上海古籍出版社1978年版
王勃著,汪政、沈泓选注:《王勃文铣》,浙江古籍出版社2017年版
董诰等编:《全唐文》,中华书局1983年版
胡应麟撰:《少室山房笔丛》,上海书店出版社2009年版
赵翼撰,曹光甫校点:《廿二史札记》,凤凰出版社2008年版
王溥撰:《唐会要》,中华书局1955年版
黄宗羲著:《黄宗羲全集》,浙江古籍出版社1985年版
脱脱等撰:《宋史》,中华书局1977年版
沈约撰:《宋书》,中华书局1974年版
陆九渊著:《陆象山全集》,中国书店1992年版
陆九渊著,钟哲点校:《陆九渊集》,中华书局1980年版
曾枣庄、刘琳主编:《全宋文》,上海辞书出版社、安徽教育出版社2006

年版

黎靖德编，王星贤点校：《朱子语类》，中华书局1986年版

李珥：《栗谷全书》，成均馆大学校出版部1975年版

李珥：《栗谷全书》，早稻田大学图书馆藏书木活字版

田愚：《艮斋先生全集》，保景文化社1984年版

程曈辑撰，王国良、张健点校：《新安学系录》，黄山书社2006年版

朱升撰，刘尚恒校注：《朱枫林集》，黄山书社1992年版

胡方、杨荣、金幼孜等纂修，周群、王玉琴校注：《四书大全校注》，武汉大学出版社2009年版

黄宗羲原著，全祖望补修，陈金生、梁运华点校：《宋元学案》，中华书局1986年版

佚名：《松下杂抄》，民国六年（1917）商务印书馆影印本

张廷玉等撰：《明史》，中华书局1974年版

朱升：《周易旁注》，《续修四库全书》本，上海古籍出版社2002年版

戴震撰，汤志钧校点：《戴震集》，上海古籍出版社1980年版

赵吉士辑撰，周晓光、刘道胜点校：《寄园寄所寄》，黄山书社2008年版

郑玉：《师山遗文》，影印文渊阁四库全书，台湾商务印书馆1986年版

郑玉：《师山集》，影印文渊阁四库全书，台湾商务印书馆1986年版

黄宗羲：《明儒学案》，中华书局1985年版

郑玉：《春秋阙疑》，影印文渊阁四库全书，台湾商务印书馆1986年版

永瑢等撰：《四库全书总目》，中华书局1965年版

黄宗羲：《明夷待访录》，中华书局1981年版

宋濂等撰：《元史》，中华书局1976年版

吴澄：《吴文正集》，影印文渊阁四库全书，台湾商务印书馆1986年版

顾炎武著，黄汝成集释，栾保群、吕宗力校点：《日知录集释》，上海古籍出版社2013年版

陈栎：《定宇集》，影印文渊阁四库全书，台湾商务印书馆1986年版

倪士毅：《四书辑释》，《续修四库全书》本，上海古籍出版社2002年版

赵汸：《东山存稿》，影印文渊阁四库全书，台湾商务印书馆 1986 年版
程敏政、程瞳辑，张健校注：《道一编 · 闲辟录》，安徽人民出版社 20007 年版
施璜编：《紫阳书院志》，黄山书社 2010 年版
王守仁撰，吴光、钱明等编校：《王阳明全集》，上海古籍出版社 1992 年版
王阳明撰，邓艾民注：《传习录注疏》，上海古籍出版社 2012 年版
解光宇：《新安理学论纲》附录《新安理学先觉会言》，安徽大学出版社 2014 年版
韩梦鹏、谢文烨等辑：《新安理学先觉会言》，民国安徽通志馆传抄本
赵所生、薛正兴主编：《中国历代书院志》，江苏教育出版社 1995 年版
王畿：《龙溪王先生全集》，明万历四十三年（1615）丁宾、张汝霖校刊本
王畿著，吴震编校整理：《王畿集》，凤凰出版社 2007 年版
汪道昆著，胡益民、余国庆点校：《太函集》，黄山书社 2004 年版
邹守益著，董平编校整理：《邹守益集》，凤凰出版社 2007 年版
戴震撰：《戴震全书》，黄山书社 1995 年版
丁廷楗修，赵吉士纂：《徽州府志》，清康熙三十八年刊本，成文出版社有限公司 1975 年版
民国《歙县志》，成文出版社有限公司 1975 年影印版
歙县地方志编纂委员会编纂：《歙县志》，中华书局 1995 年版
俞正燮撰，于石、马君骅、诸伟奇校点：《俞正燮全集》，黄山书社 2005 年版
许承尧撰，李明回、彭超、张爱琴校点：《歙事闲谭》，黄山书社 2001 年版
吴翟辑撰，刘梦芙点校：《茗洲吴氏家典》，黄山书社 2006 年版
无名氏：《歙县风土论》，见陈绍闻主编：《中国古代经济文选》第二分册，上海人民出版社 1981 年版
李慈铭著，由云龙辑：《越缦堂读书记》，上海书店出版社 2000 年版
《清史列传》，中华书局 1928 年版
李斗撰，汪北平、涂雨公点校：《扬州画舫录》，中华书局 1960 年版

金榜:《礼笺》,《续修四库全书》本, 上海古籍出版社 2002 年版

孙诒让撰, 王文锦、陈玉霞点校:《周礼正义》, 中华书局 1987 年版

黄以周:《礼书通故》, 见《黄式三黄以周合集》第 8 册, 上海古籍出版社 2014 年版

凌廷堪:《荀卿颂并序》, 见刘桂荣编著:《论荀辑要》, 安徽师范大学出版社 2016 年版

王夫之:《船山全书》, 岳麓书社 1991 年版

曹元弼:《礼经学》,《续修四库全书》本, 上海古籍出版社 2002 年版

钟錂纂:《颜习斋先生言行录》, 中华书局 1985 年版

曾国藩:《曾国藩全集》(第十四册), 岳麓书社 2011 年版

凌廷堪:《校礼堂文集》, 中华书局 1998 年版

吴定:《紫石泉山房文集》, 光绪十三年李氏刊本

焦循:《雕菰集》,《雕菰楼文学七种》, 凤凰出版社 2018 年版

阮元:《揅经室集》, 中华书局 1993 年版

凌曙:《礼论略钞》, 清维扬汪耀南重刊本

凌廷堪撰, 纪健生校点:《凌廷堪全集》, 黄山书社 2009 年版

胡培翚:《仪礼正义》, 江苏古籍出版社 1993 年版

钱大昕撰, 吕友仁校点:《潜研堂集》, 上海古籍出版社 2009 年版

顾炎武撰, 华忱之点校:《顾亭林诗文集》, 中华书局 1983 年版

蔡冠洛编著:《清代七百名人传》下册, 北京市中国书店 1984 年版

赵尔巽等撰:《清史稿》, 中华书局 1977 年版

后记

中国有几千年的文明史，儒学是随着中华文明的发展而发展的；中国传统文化博大精深，而儒学又是传统文化的主干。了解儒学的基本观点，有助于我们加深对我国几千年文明史的理解，加深对传统文化的理解。儒学中的精华，对于我们个人心性的修炼、人格的塑造以及人生观的培养，都有很好的启迪作用；对于当下我国政治、经济、文化、伦理道德、生态文明等方面的建设，也有很好的借鉴意义。

弘扬中华民族的优秀传统文化是文化自信的表现，在儒学复兴的今天，继承、弘扬、创新儒学，是每一个学人义不容辞的责任。鉴于此，我们编撰了本书，裒辑了我与团队成员研治儒学的相关论文，以飨读者。

本书分为五章，共收二十七篇论文。其中，《金榜〈礼笺〉述论》一文，由徐道彬撰写；《扬雄对孟子思想的继承与发展》《韩愈尊孟与孟学的复兴》《论阳明心学的自觉道德意识》三文，或由宋冬梅独撰，或由其与我合撰；《阳明学在徽州的传播及其意义》《儒学大众化的典范——以阳明学在徽州的传播为中心》二文，由刘艳与我合撰；《朱熹与栗谷理气论比较研究》《朱熹与栗谷修养论比较研究》二文，则由丁晓慧与我合撰。在此，我由衷感谢他们为本书编撰工作所做的贡献。

另外，我还要感谢济宁市人才工作领导小组和孔子研究院诸位领导的关心与指导，感谢孔子研究院人才办及相关部门的支持，感谢团队成员的帮助与协作。

特别要感谢责任编辑赵锐先生，他为本书查阅了大量资料，补充和完善了许多注释，并提出了不少中肯的意见，为本书增色不少。

受时间与学力所限，本书可能会有不少疏漏，敬请读者朋友们不吝赐教。

孔子研究院特聘专家、尼山学者　解光宇

2020年6月8日于孔子研究院